KB128340

수정판

The Aesthetics of Negotiation

협상의 미학

상생 협상의 이론과 적용

하혜수 · 이달곤

박영사

머리말

왜 협상인가?

감정의 절제와 관리는 성공적인 대화와 소통을 좌우하는 핵심 요소이다. 최근 들어 사회관계가 수직적 계층 관계에서 수평적 네트워크 관계로 전환되면서 그 어느 때보다 개인이 자기 자신이나 다른 사람의 감정을 지각하고 관리하는 감성 지능이 더 크게 요구되고 있다. 감성 지능(emotional intelligence)은 이성적 사유 능력에 대응되는 개념으로써 인내심, 지구력, 충동 억제력, 만족 지연 능력, 용기, 절제 등 감정 조절과 관련된 개념이다.

세계적인 심리학자 골먼(Daniel Goleman)은 감정 지능을 다섯 가지 영역으로 나누고 있다(Goleman, 1997). 첫째, 자기 인식(self awareness)은 자신의 감정이나 동기유발 요인과 그것의 영향력을 인지하고 이해하는 능력이다. 둘째, 자기 규제(self regulation)는 부정적인 충동이나 기분을 통제하고 방향을 수정하는 능력이다. 셋째, 자기 동기화(self motivation)는 돈이나 지위를 초월하여 자신의 내적인 이유 때문에 일하려는 열정과 목표 추구 성향이다. 넷째, 감정이입(empathy)은 타인의 감정을 이해하고 상대의 정서적 반응에 따라 적절히 행동하는 능력이다. 다섯째, 사회적 기술(social skill)은 공통의 기반을 찾고 신뢰와 친근감을 바탕으로 네트워크를 구축하고 관리하는 능력이다.

협상은 대화와 소통을 근간으로 사회 갈등을 해결한다는 점에서 그 어떤 현상보다 더 감성 지능을 필요로 한다. 협상의 이러한 특징은 사법적 판단과 권력적 수단에 의한 갈등 해결과 비교하면 보다 분명해진다. 사법적 판단은 법규에 따라 누구에게 권리가 있는지 판정하여 갈등을 해결하기 때문에 당사자의 감정을 크게 고려하지 않으며, 권력적 수단은 물리적 강제력에 의해 갈등을 해결하기 때문에 당사자의 감정을 억압하거나 악화시킬 수 있다는 약점을 내포하고 있다. 그에 반해 협상(negotiation)은 갈등 관계에 있는 둘 이상의 사람이 서로의 관심사를 탐색하고 조율하는 심리 게임의 일종으로써 상대의 감정에 대한 이해와 자신의 감정에 대한 절제에 의해 좌우되는 측면이 강하다.

이러한 점에서 협상에 관한 체계적 연구인 협상론은 감성 지능과 밀접하게 관련된 학문 중 하나라고 할 수 있다. 협상론(negotiation theory)은 갈등 당사자가 자신의 감정을 다스리고 상대의 감정을 이해하면서 서로의 관심사를 교환함으로써 서로가 만족하는 윈윈 대안(win-win options)을 창조하는 과정을 체계적으로 탐구하고 이론화한다. 또한 이러한 이론적 지식과 과학적 연구결과를 활용하여 갈등을 포함한 여러 가지 사회문제를 해결하는 처방에도 관심을 갖는다. 따라서 협상론은 감정 조절과 이해관계 조정에 관한 지식의 축적을 통해 감성 지능의 체득에 기여한다고 주장할 수 있다.

최근 사회문제의 해결과 관련하여 알고리즘이 주목을 받고 있다. 알고리즘(algorithm)은 본래 정보통신 용어로 어떤 문제를 논리적으로 해결하기 위한 절차, 방법, 명령어를 모아 놓은 것을 의미하지만, 일반적으로는 문제의 해결을 위한 명령의 내용, 순서, 방법을 뜻하는 용어로 사용된다. 협상은 사회적 갈등을 해결하기 위한 내용, 절차, 방법의 체계, 즉 알고리즘이라는 의미에서 네고리즘이라고 할 수 있다. 네고리즘(negorithm)은 협상(negotiation)과 알고리즘(algorithm)의 합성어로, 사회적 갈등에 대한 협상적 해결 절차와 방법이라고 할 수 있다. 따라서 협상은 갈등에 대한 기본 지식, 절차, 방법 등을 제공함으로써 갈등의 효과적 해법을 위한 알고리즘으로 활용될 수 있을 것이다.

케네디(Gavin Kennedy)의 저서 〈모든 것이 협상의 대상이다(Everything is Negotiable)〉(Kennedy, 2012)와 코언(Herb Cohen)의 저서 〈어떤 것도 협상할 수 있다(You can Negotiate Anything)〉(Cohen, 1982)는 협상의 알고리즘적 성격을 적절히 대변해 주고 있다. 협상적 접근 방법은 과학적 지식과 감성적 지능을 응용하기 때문에, 특히 소통과 대화를 통해 서로의 관심사를 만족시키는 해법을 찾아내기 때문에 복잡하게 얽힌 갈등, 심지어 종교와 신념에 바탕을 둔 해묵은 갈등의 해결을 위한 유력한 수단이 될 수 있다.

오늘날 공공 갈등으로 인해 매년 수 십 조원의 비용이 초래되고 일부 정책은 극단적 대립과 반목으로 인해 지연되거나 아예 추진되지 못하는 상황에서 협상의 지식과 절차는 매우 유용할 것이다. 이러한 협상의 지식에 근거한 협상적 관점과 마인드(mind)를 갖출 경우 사회적 갈등의 효과적 해결, 특히 서로의 이해관계를 만족시키는 상생 대안을 손쉽게 발견할 수 있을 것이다. 따라서 협상의 지식, 원리, 절차, 방법 등으로 이루어진 네고리즘은 개인간, 집단간, 국가간 갈등의 효과적 해결을 위해 필수불가결한 요소라고 할 수 있다.

왜 협상의 미학인가?

행정학에 있어서 해묵은 논쟁 중 하나는 학문의 성격이 과학이냐 예술이냐에 관한 것이다. 과학성을 강조하는 입장은 행정학도 자연과학만큼은 아니지만 인과적 법칙을 지향한다는 것이고, 예술성을 강조하는 입장은 행정학은 일반 법칙보다는 사회 문제에 대한 처방을 지향한다는 것이다. 과학성은 행정 현상에 존재하는 일반 법칙을 탐구하여 체계화·이론화하는 작업, 즉 보편적 진리나 법칙의 발견에 중점을 둔다. 그에 반해 예술성은 과학적 지식뿐만 아니라 개인의 직관과 상상력을 동원하여 문제를 해결하는 처방에 중점을 둔다. 예술은 넓게 보면 과학이론을 실제로 적용하여 자연의 사물을 인간 생활에 유용하게 만드는 방법과 수단을 포함한다. 행정학은 한편으로 행정 현상에 대한 체계적 탐구를 통해 일반 법칙을 발견하지만, 다른 한편으로 공공 문제의 해결을 위한 처방에도 관심을 갖는다. 따라서 행정학은 일반 법칙의 탐구와 문제에 대한 처방을 동시에 추구한다는 점에서 과학적 성격과 예술적 성격을 모두 갖는다고 볼 수 있다.

협상론(협상학)도 협상에 대한 이론적 탐구를 시도하는 동시에 협상 전략과 기법에 대한 처방을 제공한다는 점에서 과학적 성격과 예술적 성격을 동시에 지니고 있다고 할 수 있다. 하버드 대학의 라이파(Howard Raiffa) 교수는 〈협상의 예술과 과학(The Art and Science of Negotiation)〉이라는 저서에서 협상론은 과학적 성격과 더불어 예술적 성격을 함께 가지고 있다고 역설하였다(Raiffa, 1985). 협상론의 과학적 성격은 협상에 관한 일반 법칙의 발견에 중점을 둔다는 것이고, 예술적 성격은 과학적 지식을 응용하고 직관과 상상력을 동원하여 갈등을 상생적으로 해결하는 처방을 지향한다는 것이다. 어떤 응용 학문이든 과학적 연구에 근거를 두지 않고는 실천 가능한 대안을 제시하기 어렵기 때문에 처방 지향의 협상론도 과학적 성격을 동시에 지니고 있다고 볼 수 있다.

협상론이 예술적 성격을 지니고 있다면, 협상론의 연구 대상인 협상도 예술의 일종으로 간주할 수 있을 것이다. 거꾸로 협상을 예술에 비유할 수 있다면, 협상론은 예술에 관한 체계적인 학문인 미학(美學)의 범주에 포함시킬 수 있을 것이다. 미학(aesthetics)은 아름다움이나 예술에 관한 이론과 사색, 즉 미적인 것에 관한 학문이다. 일반적으로 미학은 객관적인 미학과 주관적인 미학으로 구분할 수 있다. 객관적 미학은 객관적 입장에서 미(美)적 대상을 연구하는 학문이고, 주관적 미학은 주체의 미적 체험을 연구의 대상으로 삼는 학문이다. 여기서 미적인 것은 자연적인 대상과 예술적인 대상을 포함하는 개념이다. 자연미는 인간의 기교를 넘어선 직접적인 아름다움이고, 자연의 사물이나 대상에서 주어지는 아름다움이다. 예술미는 자연미와 인간 사이의 매체 내지 통로로 존재하며, 예술 작품의 미로써 인간에 의해 창조되는 정신의 소산이라고 할 수 있다.

협상이 넓은 의미의 예술에 포함되는지 판단하기 위해서는 예술에 대한 개념 정의를 살펴볼 필요가 있다. 예술의 사전적 의미는 다음 세 가지를 포함한다(두산백과, 2017.07.21. 검색). 첫째, 기예와 학술을 뜻한다. 둘째, 특별한 재료, 기교, 양식 따위로 감상의 대상이 되는 아름다움을 표현하려는 인간의 활동 및 그 작품, 공간 예술, 시간 예술, 종합 예술 등이다. 셋째, 아름답고 높은 경지에 이른 숙련된 기술을 비유적으로 이르는 말이다. 이처럼 예술은 학술, 미술, 숙련된 기술을 포괄하는 개념이다. 즉 예술은 미적 작품을 형성시키는 인간의 창조 활동으로써 예와 술을 포함한다. 예(藝)는 본디 심는다는 뜻으로, 인간적 결실을 위해 필요한 기초 교양의 씨를 뿌리고 인격의 꽃을 피우는 수단을 의미한다. 술(術)은 본디 나라 안의 길을 의미하며, 곤란한 과제를 능숙하게 해결할 수 있는 방도로서의 기술을 의미한다. 따라서 예술은 미적 의미뿐만 아니라 수공 또는 효용적 기술을 함축한다.

협상은 예술미, 인간의 창조 활동, 갈등 해결의 기술을 포함한다는 점에서 아름다움에 비유될 수 있다. 협상은 갈등 상황에 놓인 둘 이상의 당사자가 전략적 대화와 소통을 통해 서로가 만족하는 상생의 대안을 모색하고 창조하는 현상을 지칭한다. 협상은 서로의 주장을 펼치는 과정에서 마음 깊숙이 숨어있는 관심사를 자극하면서 마치 춤을 출 때 스텝을 밟듯 밀고 당기는 과정을 거친다. 협상론에서도 협상 무도(negotiation dancing)라는 표현을 사용할 정도로 협상의 예술적 측면을 강조하고 있다.

협상의 과정뿐만 아니라 그 결과도 예술적이다. 협상은 이해관계의 교환 과정을 통해 다른 수단으로는 도출할 수 없는 창조적 결과를 만들어내기도 한다. 이러한 과정을 통해 산출된 상생 대안, 즉 서로가 만족하는 창조적 대안은 아름다운 예술 작품이라고 할 수 있다. 협상의 과정은 아름답고 그 결과는 경이롭다. 따라서 우리는 협상의 과정과 결과를 예술 작품에 비유할 수 있고, 본서도 협상의 예술미에 대한 이론적 연구라는 의미에서 협상의 미학이라는 제목을 감히 붙였다.

본서의 특징과 구성

본서의 특징

본서는 다른 협상론 교재와 다른 몇 가지 특징을 가지고 있다. 첫째, 상생 협상에 초점을 두고 있다는 점이다. 어느 일방의 승리에 중점을 두는 승패 협상(win-lose negotiation)이 아닌 당사자 모두가 만족하는 상생 협상을 지향하고 있다. 대개 협상은 입장 협상과 원칙 협상으로 구분될 수 있다. 입장 협상(positional negotiation)은 숫자 중심, 요구 중심, 분배 중심의 협상으로 불린다. 자신의 입장에 집착하는 협상은 숫자에 매몰되기 쉽고, 겉으로 드러난 요구(입장)와 주어진 몫의 분배에 관심을 둔다. 그에 반해 원칙 협상은 숫자가 아닌 합리적 논거에 초점을 두며, 요구(주장)가 아닌 그 이면에 깔려 있는 이해관계(욕구)를 중시하며, 몫(pie)의 분배가 아니라 몫의 증대에 관심을 둔다. 본서도 서로가 만족하거나 승리하는 상생 협상에 중점을 두고 그 내용을 전개할 것이다.

둘째, 문제 해결과 처방에 중점을 두고 있다. 본서는 협상에 관한 당위론적 이론을 소개하거나 협상에 관한 지식의 연찬에 중점을 두지 않는다. 협상에 관한 기본 지식을 단순하게 전달하기 보다는 협상에 관한 지식의 응용과 그를 통한 갈등 해결 역량의 체득에 관심을 둔다. 때때로 협상에서 우위를 점하기 위한 전략과 전술을 소개하였지만, 이는 어느 일방의 승리나 지배를 위해서가 아니라 상생 협상의 촉진을 위해 필요하였기 때문이다. 따라서 각 장은 기본 개념 정의, 이론적 논의, 사례 분석과 적용의 순서로 소개된다.

셋째, 학부 학생들이 갖추어야 할 기본 지식과 응용 능력을 가르치는 데 중점을 둔다. 1학기 15주 분량의 내용을 중심으로 기본 지식 전달, 이론 탐구, 사례 적용 등을 포함하고 있다. 따라서 협상 사례 감상법에서부터 제3자의 활용에 이르기까지 총 12장으로 구성되어 있고, 1주에 1장씩 강의할 수 있도록 안배하였다. 나머지 3주 중 1주는 모의 협상의 진행에 할애하고, 2주는 중간시험과 기말시험을 위한 기간이다. 학생이 아닌 일반 사람인 경우 대학을 졸업한 사람이라면 누구나 쉽게 이해하고 깨칠 수 있도록 하였다.

본서의 구성

본서는 앞서 살펴본 바와 같이 제1장 협상 사례 감상법에서는 협상 사례를 바라보는 관점과 해석에 대하여 다룰 것이다. 전통적인 해석과 협상론적 해석의 차이를 비교하여 협상적 관점의 중요성을 확인하고, 이를 통해 갈등과 협상 사례에 대한 올바른 이해와 처방 능력을 갖추도록 할 것이다.

제2장 협상의 본질에서는 협상적 사고와 역량을 갖추기 위해 협상의 개념과 내용 그리고 기본 원칙에 대하여 논의할 것이다. 협상의 개념을 정의하고, 유사 개념과의 차이를 설명하며, 갈등 해결에 있어서 협상의 중요성과 의의 그리고 구성 요소를 다룰 것이다.

제3장 상생 협상은 이 책의 윤곽을 제시한다. 먼저 상극 협상의 유형인 입장 협상과 분배 협상의 개념을 정의하고 각각의 전략과 전술을 살펴볼 것이다. 그 다음 원칙 협상과 통합 협상의 개념을 고찰하고, 이를 절충하고 보완하여 상생 협상의 기본 틀을 구성할 것이다. 즉 기존의 원칙 협상과 통합 협상의 내용에 배트나(BATNA, 차선책)의 활용, 윈셋(win-set)의 활용, 그리고 인식 틀(frame) 전환 등의 내용을 추가하여 상생 협상의 내용과 범위를 설정할 것이다.

제4장 이슈 중심 협상에 대하여 다룰 것이다. 이슈 중심 협상은 사람(상대방)과 인격을 공격하기 보다는 협상 이슈와 의제를 공략하기 때문에 상생 협상을 위한 선결 조건이다. 이 장에서는 이슈 중심 협상의 개념을 정의하고, 이슈(의제)와 사람(감정)을 구분하며, 사례 분석과 적용을 통해 사람과 이슈의 구분이 어떻게 가능하며 왜 중요한지에 대하여 규명하고자 한다. 이를 통해 이슈 중심 협상을 위한 방법과 요령을 제시하고자 한다.

제5장은 이해관계 협상은 상생 협상의 출발점이라고 할 수 있다. 이해관계 협상은 요구(입장)가 아닌 그 이면에 깔려 있는 근본적인 관심사를 중심에 놓기 때문에 상생 협상을 위해서는 필수불가결하다. 따라서 이 장에서

는 이해관계 협상의 개념을 정의하고, 요구(입장)와 이해관계(욕구)의 차이를 고찰하며, 요구 협상과 이해관계 협상에 대한 사례 분석을 통해 이해관계 협상을 위한 방법과 요령을 제시하고자 한다.

제6장은 객관적 기준(objective criteria)의 개발과 활용에 대하여 다룰 것이다. 객관적 기준은 과학적 판단, 선례, 공정한 절차 등을 의미하는데, 상충되는 요구와 이해관계의 효과적 조정을 위한 준거로 활용된다. 이 장에서는 객관적 기준의 개념을 정의하고, 객관적 기준과 합리적 논거의 차이를 규명하며, 사례 분석과 적용을 통해 객관적 기준의 개발과 활용 방법을 제시할 것이다.

제7장은 상생 협상 전략에 대하여 다룰 것이다. 협상 전략은 상대의 예상되는 행동을 고려한 일련의 거시적 대응 체계를 말하는데 그 유형으로는 협조 전략, 위협 전략, 철수 전략 등으로 다양하다. 이 장에서는 전략과 전술의 개념을 정의하고, 협상 전략의 유형을 고찰하며, 사례 분석을 곁들여 상생 협상 전략(맞대응 전략, 통합 전략, 그리고 협상 단계별 차별 전략)의 적용 방안을 제시할 것이다.

제8장은 배트나(BATNA)의 개발과 활용에 대하여 다룰 것이다. 배트나는 협상에 버금가는 차선의 대안으로, 협상력(negotiation leverage)을 높일 수 있는 유력한 수단이다. 이 장에서는 배트나의 개념을 명확히 정의하고, 그에 관한 이론적 기초에 대하여 논의할 것이다. 그 다음 사례 분석과 적용을 통하여 배트나의 개발과 활용을 위한 방법과 요령을 제시할 것이다.

제9장은 윈셋(win-set)의 활용에 대하여 다룰 것이다. 윈셋은 국내적 비준을 얻을 수 있는 국제적 합의의 집합으로 배트나와 더불어 협상력을 좌우하는 개념이다. 이 장에서는 윈셋의 개념을 정의하고, 그에 관한 이론적 기초로서 양면 게임이론을 소개할 것이다. 이를 통해 윈셋의 크기에 따른 협상력의 차이를 분석하고 윈셋의 활용 방안을 제시할 것이다.

제10장은 창조적 대안(creative options)의 모색에 대하여 다룰 것이다. 창조적 대안은 당사자들의 상충되는 이해관계를 만족시킬 수 있는 새로운 대안으로써 상생 협상의 완성을 위한 핵심 요건이다. 이 장에서는 창조적

대안의 개념을 살펴보고, 사례 분석과 적용을 통해 창조적 대안의 개발 방법을 고찰할 것이다.

제11장은 인식 틀(frame) 전환에 대하여 다룰 것이다. 인식 틀은 사물을 인식하고 이해하는 마음의 창으로써 상생 협상을 위해서는 협상의 상대와 이슈 그리고 맥락에 대한 긍정적 인식이 필요하다. 이 장에서는 인식 틀의 개념을 명확히 하고, 그에 관한 이론적 기초인 프레임 이론을 고찰할 것이다. 그 다음 사례 분석 및 적용을 통해 인식 틀의 전환 방법에 대하여 살펴볼 것이다.

제12장은 제3자(the Third Party)의 활용에 대하여 다룰 것이다. 제3자는 협상의 당사자는 아니지만 협상에 개입하는 중립적인 사람들을 지칭하며, 당사자간 자율 협상이 어려운 상황에 개입하여 조정이나 중재 역할을 수행함으로써 상생 협상의 유도에 기여한다. 이 장에서는 제3자의 개념을 정의하고, 제3자를 효과적으로 활용한 사례를 분석하며, 제3자의 활용 전략을 제시할 것이다.

차 례

제 1 장

협상 사례 감상법

제 2 장

협상의 본질

제 3 장

상생 협상

제 4 장

이슈 중심 협상

제 5 장

이해관계 협상

제 6 장

객관적 기준의 활용

제 7 장

상생 협상 전략

제 8 장

배트나(BATNA)의 개발과 활용

제 9 장

윈셋(win-set)의 활용

제 10 장

창조적 대안의 모색

제 11 장

인식 틀(프레임) 전환

제 12 장

제3자의 활용

01 협상 사례 감상법

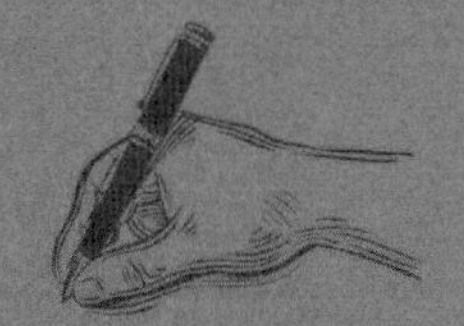

The Aesthetics of Negotiation

The mistake is to think that some people are born geniuses, and others of us are not. Negotiation genius is about human interaction, and the only raw material you need to achieve it is the ability to change your beliefs, assumptions, and perspective.

〈Deepak Malhotra and Max H. Bazerman, Negotiation Genius〉

우리가 흔히 범하는 실수는 타고난 천재는 따로 있으며, 우리들 중에는 없다고 생각하는 것이다. 협상의 천재성은 인간의 상호작용에 관한 것이며, 그에 도달하기 위해 갖출 필요가 있는 유일한 요소는 자신의 신념과 가정 그리고 관점을 변화시킬 수 있는 능력이다.

〈Malhotra & Bazerman, 2007〉

THE AESTHETICS OF NEGOTIATION

협상 사례 감상법

제1절 서 론

우리는 뛰어난 재능을 타고난 사람을 천재라고 부른다. 이 사전적 개념을 차용하면, 협상 천재는 협상에 관한 천부의 재능을 소유한 사람이라고 할 수 있다. 그러나 협상론에서는 협상 천재를 조금 다르게 정의한다. 협상 천재는 협상에 관한 선천적 능력을 소유한 사람이 아니라 자신의 신념과 가정 및 관점을 바꿀 수 있는 능력을 갖춘 사람이라는 것이다. 비슷한 논리로 유능한 협상가가 되기 위해서는 선천적 능력이 아니라 협상에 관한 지식을 쌓아야 하고, 협상의 내용과 당사자 등에 대한 고정관념에서 탈피할 수 있어야 한다.

협상은 흥정이고 타협에 불과하다는 기존의 관점에서 벗어나지 못하는 한 협상을 성공적으로 이끌기 어렵다. 또한 협상의 당사자를 경쟁자 또는 적대자로만 보는 시각에 빠져 있고, 요구(입장)에 집착하는 경직된 사고에서 벗어나지 못하며, 그리고 협상의 상황을 한쪽이 이익을 본 만큼 다른 쪽이 손해를 보는 제로섬(zero-sum)으로 이해할 경우 서로가 만족하는 상생 협상을 기대하기 어렵다. 이러한 관점과 신념을 바꿀 수 있는 능력을 갖추는 것이 중요하다는 것이다.

누구든 생래적으로 협상적 마인드를 갖출 수는 없고 후천적으로 획득해야 한다. 그렇다면 기존의 생각, 관점, 그리고 신념을 어떻게 전환할 수 있을까? 사람의 신념과 관점은 오랜 기간의 축적된 경험을 통해 형성되기 때문에 일정한 계기가 없다면 전환되기 어렵다. 새로운 지식과 경험의 획득만이 신념과 관점을 변화시킬 수 있는 첩경이다. 그러나 협상의 특성상 당사자가 되지 않는 한 협상을 직접 경험하기는 어렵다. 실전적 경험이 어렵다면, 차선책으로 협상에 관한 지식의 축적과 반복 연습을 실시해야 한다.

지식과 연습은 동전의 양면이다. 지식은 연습의 기회를 늘리고 연습은 지식을 심화시킬 수 있다. 협상 능력을 키우기 위해서는 지식의 축적 못지않게 부단한 단련(鍛錬)이 중요하다는 의미이다. 미야모토 무사시(宮本武蔵)에 의하면 단(鍛)은 1천 번 연습하는 것이고 연(錬)은 1만 번 연습하는 것이라고 한다(안수경 역, 2016). 협상적 관점과 능력을 키우기 위해서도 지속적인 단련이 필요하다. 실전이 단련을 위한 최선책이라면 사례를 통한 연습은 차선책일 것이다.

협상에 관한 이론적 지식과 방법을 소개하기에 앞서 협상 사례를 통해 협상적 관점이 갈등의 해결에 어떠한 영향을 미치는지 살펴보고자 한다. 2008년부터 우리 사회를 뜨겁게 달구었던 밀양 송전탑 갈등 사례에 대한 언론 기사를 통해 관점의 중요성을 확인할 수 있다. 이 기사는 진보 성향의 신문에 게재된 것이므로 정부 정책에 대한 비판에 중점을 두었을 것이다. 이러한 점을 감안하여 객관성을 유지하려고 노력하면서 갈등 상황에 대한 정부의 시각과 관점을 분석하고자 한다.

"송전탑 사태 성찰과 밀양의 교훈"

한전과 산업통상자원부는 지난 7년간 이어져온 밀양 송전탑 갈등을 통해 자신들이 '무엇을 모르고', '무엇을 잘못했는지' 알아야 한다. (중략) 첫째, 이들은 형식적 논의는 알아도 실질적 논의는 모른다. 그들 말대로 수차례 협의회를 만들고 주민과 수천 번 만났다고 하지만, 대화위원회, 보상협의회, 그리고 지난달 특별보상협의회에서 확인되듯이 대안을 요구하는 핵심적 이해관계자는 늘 배제의 대상이었고, 입맛(?)에 맞는 사람만이 대화의 상대였다. 불편하지만 입장이 다른 반대자를 참여시키고, 결론이 열린 논의를 하고, 상대의 말이 옳고 보다 설득력이 있으면 수용할 줄 아는 실질적 논의는 없었다. 둘째, 이들은 같은 사안도 사람마다 '생각'에 차이가 있을 수 있다는 것을 알지 못한다. 지난 5월 송전탑 건설을 기술적으로 검토하자며 '전문가협의회'를 구성했다. 찬반간에 관점의 차이가 드러나고 쟁점이 부각되었으나 예정대로 40일 만에 문을 닫고 말았다. 반대 의견은 묻히고 수적 우위를 앞세워 공사 강행의 명분으로 삼았다. 소중한 기회를 스스로 차단한 것이다. (중략) 넷째, 이들은 반대주민을 '적'으로 생각하고 있다. 이들은 다른 입장을 갖고 반대하는 사람을 '불편한 상대'를 넘어 배제하고 물리쳐야 할 '적'으로 인식하고 있다. 실제로 이들은 핵심반대 세력을 축소·배제시키기 위해 회유, 협박, 이이제이(以夷制夷), 마타도어 등 다양한 전술을 동원해왔다. 이들의 이런 잔혹한 태도가 신뢰를 무너뜨리고 갈등을 심화시켰다. (중략) 여섯째, 이들은 국가사업은 항상 선이고, 이를 막는 것은 이기주의라는 잘못된 신념을 갖고 있다. 그러나 밀양송전탑 사태의 본질은 생존을 위해 몸부림치는 주민들의 지역 이기주의에 있는 것이 아니라, 공익과 국가사업이라는 명분을 앞세워 자신들의 조직적 이해를 유지·발전시키기 위해 법과 공권력을 함부로 남용하는 한전과 산업부의 조직이기주의에 있다는 것을 국민들은 알고 있다. (이하 생략)

〈출처: 경향신문 시론, 2013.10.07., 31면〉

이 사례에서 정부는 기본적으로 정책 갈등의 상황을 제로섬으로 보고 있다. 정부나 지역주민 중 어느 한쪽에서 얻는 이득과 다른 쪽에서 잃는 손실의 합이 제로가 된다는 관점이다. 즉 밀양 송전탑 갈등구조를 정부의 합법적 정책 추진과 주민의 이기주의적 반대간 충돌로 간주하면서, 주민의 요구를 수용하면 정부 정책이 좌초되는 상황으로 인식하고 있다. 이러한 인식 하에서는 이슈에 대한 관점도 고정될 수밖에 없다. 정부는 주민의 안전과 생존 요구를 이기적 투쟁의 도구로 간주하면서 주민의 주장과 의견을 정책에 반영할 의지를 보이지 않고 있다. 만약 정부가 고압송전탑 갈등 상황을 제로섬이 아닌 모두가 승리하는 포지티브섬(positive-sum)으로 보았다면, 다양한 대안에 관심을 가졌을 것이고 정부와 주민의 이해관계를 만족시킬 수 있는 창조적 대안을 모색할 수 있었을 것이다.

갈등 상황에 대한 관점은 갈등 당사자에 대한 인식으로 연결된다. 갈등 상황을 정당한 정책 추진에 대한 이기주의적 반대로 프레임할 경우, 정부는 주민들을 정당한 정책 추진에 딴지를 거는 방해꾼으로 인식하게 된다. 그에 따라 고압송전탑 건설에 반대하는 주민들을 공격하거나 적대시할 것이다. 정부는 당초부터 송전탑 문제를 협상의 대상으로 인식하지 않았고, 주민들을 협상의 당사자로 간주하지 않았다. 주민들을 적대자가 아닌 협상의 당사자로 간주했다면, 정부는 형식적인 대화나 협박 대신 역학 조사와 주민의 진정한 이해관계를 파악하는 데 관심을 기울였을 것이다. 주민의 반대에 대한 정부의 형식적 대응은 정부에 대한 주민의 불신과 더 큰 저항으로 연결되고, 이는 다시 정부의 강제 진압으로 이어지는 '힘과 힘의 대결'이라는 악순환을 초래하게 된 것이다.

모든 갈등에 대한 정부의 시각과 대응이 이와 같지는 않겠지만, 갈등에 대한 정부의 관점이 갈등의 해결에 중대한 영향을 미친다는 사실을 일깨워 준다. 본격적인 협상 사례를 감상하고 해석하기 위해 국내 협상과 국제 협상에서 각각 하나의 사례를 발췌하고자 한다. 첫째, 국내 협상 사례는 KTX 김천구미역 명칭을 둘러싼 갈등이다. 국내 협상은 조직내 부서간, 조직간, 자치단체간, 정부와 주민간, 노사간, 그리고 중앙과 지방정부 사이에서 이루어지는 협상을 포함하는데, 여기서는 최근 증가되고 있는 지자체간 갈등을 선택하였다. 둘째, 국제 협상 사례는 한미(韓美) 쇠고기 수입을 둘러싼 협상이다. 국제 협상은 FTA, 어업, 군비 통제, 기후 변화, 그리고 남북 관계

등에서 이루어지는 협상을 포함하는데, 국제 통상 협상 중에서 가장 극적인 협상을 선택하였다.

제2절 협상 사례 분석

1. 국내 협상 사례: 김천구미역 명칭 협상

1) 사례 개요

이 사례는 김천시 남면 일원에 입지한 KTX 중간역 명칭을 둘러싼 김천시와 구미시간의 갈등이다. 2003년 11월 국토교통부(당시 건설교통부, 이하 국토부)가 경부고속도로 중간역의 신설 계획을 발표할 때 KTX역 명칭을 '김천구미역'으로 표기하면서 갈등이 표면화되었다. 김천시는 역사가 김천시 관내에 입지하는 만큼 김천역으로 명명해야 한다고 주장하였고, 구미시는 이용객의 70% 이상이 구미시의 방문객인 만큼 김천(구미)역으로 명명하는 것이 타당하다고 주장하였다. 양측의 갈등이 지속되자 국토부와 코레일은 김천구미역과 김천역을 번갈아 표기하는 등 일관성 없는 행태를 보였다.

2008년 8월 역사 기공식을 앞두고 양 지자체간 갈등이 최고조에 이르면서 기공식이 무산되는 사태가 빚어졌다. 그 와중에 구미와 김천의 각 기관 및 단체들도 성명서를 발표하거나 기자회견을 여는 등 다양한 방법으로 자신들이 주장하는 명칭의 타당성을 강조하였다. 이후 지자체간 상생에 대한 지역 여론이 높아지면서 김천시와 구미시는 지역의 기관·단체 관계자들과 토론회를 개최하여 KTX 중간역 명칭을 김천(구미)역으로 하는 데 합의하였다. 경상북도는 양측의 합의를 바탕으로 코레일 역명심의위원회(이하 역명심의위)에 합의안을 상정하였고, 역명심의위는 별다른 이견 없이 원안을 통과시켰다. 이후 코레일은 자체적으로 사용하는 단말기에 최대 다섯 글자까지 넣을 수 있는 점을 고려하여 괄호를 없애고 '김천구미역'을 사용하기로 결정하였다.

2) 일반적 해석

김천·구미 KTX 정차역 명칭 갈등은 이미 해결되었으므로 해법이 아닌 해석에 초점을 두어야 할 것이다. 이 갈등에 대한 일반적인 해석은 어떻게 될까? 첫째, 타협안의 채택에 대한 해석이다. 양측의 강대 강 대결국면에서 서로 한 발자국씩 양보하여 극단적인 최악의 상황을 모면하였다는 점은 긍정적으로 평가할 수 있다. 김천시 관내에 역사가 입지하므로 김천역으로 해야 한다는 김천시의 주장은 일견 타당하였고, 역사 이용객의 70%가 구미시 방문객이기 때문에 구미역도 병기되어야 한다는 구미시의 주장 역시 타당하였다.

이러한 상황에서 양 자치단체는 조금씩 양보한 김천구미역이라는 절충안에 합의함으로써 최선은 아니지만 최악은 피했다는 해석이 가능할 수 있다. 구미시는 김천(구미)역을 주장하였는데, 코레일 단말기 사정으로 김천구미역으로 결정되었으므로 당초의 이해관계를 관철시켰다고 할 수 있다. 김천시의 경우 단독 명칭의 관철에는 실패하였으나 명칭의 앞부분에 김천을 명기하였으므로 큰 불만은 없다고 할 수 있다.

둘째, 조정자의 역할에 대한 해석이다. 갈등은 원칙적으로 당사자간 자율적 협의를 통해 해결하는 것이 가장 효과적이다. 그러나 실제로는 협상지식의 부족, 서로의 감정과 자존심, 그리고 대화 기법의 부족 등으로 인해 당사자간 자율적 협의가 여의치 못한 경우가 허다하다. 이 경우 중립적인 조정자가 양측의 의견을 듣고 대안을 제시하여 갈등을 해결할 수 있다.

본 사례에서 중립적인 조정자는 국토부, 경상북도, 코레일 등을 들 수 있다. 국토부는 적극적인 조정자로서의 역할을 수행하지 못하였을 뿐만 아니라 김천역과 김천구미역을 번갈아 사용하는 등 중립적 조정자로서의 신뢰성을 잃었다고 평가할 수 있다. 그에 반해 경상북도와 코레일은 중립적인 조정자로서 적절한 역할을 수행하였다고 해석할 수 있다. 경상북도는 양 지자체간 대화와 합의를 유도하고 타결안을 역명심의위에 상정하였고, 코레일은 단말기 이용에 관한 내부 규칙을 적용하여 명칭의 글자 수를 다섯 글자로 조정하는 역할을 수행하였다.

셋째, 여론의 영향이다. 갈등에서 청중이나 구경꾼과 같은 맥락적 요인의 영향은 무시할 수 없다. 어떤 당사자도 주변의 지지가 전혀 없는 상황에서는 자신의 주장을 끝까지 관철시키기 어렵다. 김천역사 명칭 갈등의 경우 당초 김천시와 구미시의 주장만이 팽배하였으나 서로의 주장이 첨예하게 대립하는 상황에서 지역여론과 시민단체 등이 중요한 역할을 수행하였다. 당초 양측의 기관과 단체들은 성명서를 발표하거나 기자회견을 여는 등 정치적 수단에 호소하여 주민의 반대여론을 부추겼다. 그러나 점차 지역주민들 사이에서 상생해야 한다는 여론이 확산되면서 지역의 기관·단체들도 대결에서 상생으로 입장을 선회하였다. 이러한 여론의 영향을 받은 양 지자체는 대결보다는 양보를 통해 합의해야 한다는 압박을 받았고, 결국 시민들의 지지 여부에 민감한 자치단체장은 이러한 여론을 수용할 수밖에 없었다고 해석할 수 있다.

3) 협상론적 해석

김천구미역 명칭 갈등에 대한 협상론의 해석은 다음과 같다. 협상 사례의 감상에서 가장 먼저 고려해야 할 사항은 해당 협상이 입장(요구) 중심인지 이해관계 중심인지를 따져보아야 한다. 김천시와 구미시의 경우 협상의 초기 단계에서는 각자 자신의 입장(요구)을 강조하였다고 볼 수 있다. 김천시는 명칭 부여의 근거로 관할지역을 강조하였고, 구미시는 최대 이용자라는 입장에 갇혀 있었다. 그러나 협상이 진행되면서 상대방의 입장(요구) 이면에 깔려 있는 근본적인 관심사, 즉 이해관계(interests)에 초점을 두었다고 할 수 있다.

김천시가 관할지역을 근거로 김천역을 주장하는 이면의 근본적 관심사(이해관계)는 지역의 정체성과 자존심이었다. 김천시는 KTX 역사의 소재지이면서 역사 유치의 최대 공헌자이기 때문에 김천역이라는 단독 명칭을 사용하지 못할 경우 지역의 정체성과 자존심이 훼손될 수 있다고 생각하였다. 구미시가 최대 이용자를 논거로 구미역의 병기를 주장하는 이면의 근본적 관심사는 이용자의 편의 확보와 재정적 이유였다. 즉 최대 이용자를 가진 지자체의 자격으로 이용자의 편의를 도모하고, 역사 건설비용의 분담자로서 그에 상응하는 위상을 확보하기 위해서였다. 김천시와 구미시는 서로의 요구(입장)가 아닌 상대방의 이해관계에 집중하면서 서로가 만족하는 대안(김천구미역)에 합의할 수 있었던 것이다.

협상 사례의 감상에서 두 번째로 고려해야 하는 사항은 객관적 기준(objective criteria)의 채택 여부이다. 상대의 이해관계에 관심을 가지는 것만으로 협상이 저절로 타결되지 않기 때문에 상충되는 이해관계를 조화시키기 위한 객관적 원칙과 기준을 채택하는 것이 중요하다. 김천시와 구미시의 경우 서로의 이해관계(욕구)를 파악하였으나 서로 충돌되는 측면이 있어 자율적인 조정이 쉽지 않았다. 이러한 상황에서 당사자 모두에게 합리적으로 인식되는 객관적 기준을 채택함으로써 갈등을 효과적으로 해결하였다.

객관적 기준 중 전례(천안아산역)를 따를 수도 있었으나 그렇게 한다면 순서 문제, 즉 김천구미냐 구미김천이냐가 쟁점이 될 가능성이 있었다. 따라서 양 지자체는 다음 두 가지 기준을 결합한 전략(mixed strategy)을 사용하였다고 볼 수 있다. 하나는 역사가 입지한 관할지역 기준이고, 다른 하나는 이용자의 수 기준이다. 두 가지 기준 중에서 관할지역을 우선적으로 고려하고 이용자 수를 부차적으로 고려하여 김천(구미)역으로 합의하였고, 코레일 단말기 규칙이라는 내부기준에 따라 김천구미역으로 확정하였다고 볼 수 있다.

세 번째로 고려해야 할 사항은 당사자간 협상이 어려울 때 중립적인 제3자(the Third Party)를 적절히 활용하였는가 하는 점이다. 협상에서 제3자의 역할은 양측의 주장을 청취하고 근본적인 이해관계를 파악한 후 조정안 또는 중재안을 제안하는 것이다. 조정안이나 중재안은 당사자들이 제안한 것과 동일한 내용일 경우에도 서로에게 수용될 가능성이 높기 때문에 제3자는 협상의 타결에 중요한 영향을 미칠 수 있다. 김천시와 구미시는 당사자간 자율적인 협의를 통해서는 만족스러운 합의가 어렵다고 판단하여 중립적인 제3자의 도움을 받기로 하였다.

중립적인 제3자로는 국토부, 경상북도, 코레일 등을 들 수 있다. 국토부가 조정자로서 충분한 역할을 수행하지 못하는 상황에서 양측은 중립적인 제3자로 경상북도와 코레일(역명심의위)을 활용하였다. 경상북도는 두 자치단체의 주장을 청취하고 조정안으로 김천(구미)역을 제안하였고, 양 지자체는 이를 수용하였다. 이후 코레일 역명심의위에서는 단말기 규칙을 근거로 괄호를 없애내는 조정안을 제안하였고, 이 대안이 최종안으로 채택되었다. 조정자 또는 제3자의 역할 부분은 일반적 해석과 거의 동일하다고 볼 수 있다.

네 번째로 당사자의 인식 틀(frame)과 그것의 전환(reframing)에 대해 살펴보아야 한다. 협상론에서는 편향되거나 정형화된(stereotyping) 인식 틀을 분해 또는 전환해야 원활한 협상이 진행되고 상생 타결을 이룰 수 있다고 주장한다. 김천과 구미시의 경우 협상 초기 단계에는 서로에 대하여 불신하고 적대시하는 인식 틀을 형성하고 있었다고 할 수 있다.

김천시는 구미시를 KTX역 명칭 침탈자로 인식하고, 구미시는 김천시를 명칭 독점자로 인식하고 있었다. 김천시는 구미시를 관할지역이 아님에도 불구하고 무임승차하려는 존재로 생각하고, 구미시는 김천시를 역사의 입지만을 고집하는 당사자로 생각하는 등 서로를 부정적으로 인식하고 있었다. 그러나 협상이 진행되면서 지역의 상생 여론과 참여적 의사결정(상공회의소와 시민단체 대표 등이 참여한 토론회)을 계기로 인식 틀이 전환되었다. 이러한 편향된 인식틀이 전환되면서 서로에 대한 적대감이 완화되고 상생 협상을 이룰 수 있었다고 해석할 수 있다.

마지막으로 창조적 대안의 활용도 협상 사례의 감상에서 빼놓을 수 없는 사항이다. 창조적 대안(creative option)은 당사자의 상충되는 이해관계를 함께 만족시키는 새로운 대안인데, 상생 협상의 완성을 좌우하는 핵심 사항이다. 서로의 이해관계가 충돌하는 상황에서 이를 조화시킬 수 있는 대안 중 이전에 알려지지 않은 새로운 대안을 발견하는 것은 매우 중요하다. KTX역 명칭 갈등에서도 김천시와 구미시는 상충되는 이해관계를 조화시킬 수 있는 창조적 대안을 발견함으로써 상생 타결을 이루었다고 볼 수 있다.

김천구미역 대안은 서로에게 특출난 최선의 대안은 아니라 할지라도 만족할만한 또는 수용할만한 대안이라고 할 수 있다. 김천시의 입장에서는 김천이 중심이 되고 구미가 병기되는 명칭을 사용함으로써 자존심을 회복할 수 있었고, 구미시로서는 명칭에 구미를 포함시킴으로써 방문객의 편의 제공이라는 실속을 챙길 수 있었다.

이러한 성과에도 불구하고 김천구미역이 최선의 대안이었는가에 대한 의문은 남는다. 행정구역을 기준으로 기차역 명칭을 정하는 것이 최선은 아닐 것이다. 관례적으로는 공항, 전철역, 버스터미널 등 공공시설의 명칭이 대부분 행정구역을 기준으로 삼고 있다. 이는 이용자의 편의와 연계되어 있는데, 행정구역을 기준으로 명칭을 정할 경우 해당 지역이나 그 인근 지역을 방문하는 사람들이 쉽게 이해할 수 있다는 것이다. 그러나 실제로 역사 위치가 김천과 구미의 시가지로부터 멀리 떨어져 있어 그 명칭과 관계없이 이용상 편리성은 높지 않을 것이다. 이러한 점에서 제3의 명칭을 부여하는 대안에 대한 모색이 부족하였다 평가할 수 있다. 외국의 사례에서 발견되는 지리적 공통점이나 역사인물을 사용하는 방안도 충분히 고려될 수 있었음에도 불구하고 그러한 노력은 시도되지 않았다는 점이다.

2. 국제 협상 사례: 한미 쇠고기 협상

1) 사례 개요[1]

한미(韓美) 쇠고기 협상은 2006년 1월 미국의 강력한 요청에 의해 이루어졌다. 미국은 자유무역협정(FTA)의 선결조건으로 미국산 쇠고기에 대한 한국 시장의 전면 개방을 요구하였다. 한국은 미국의 이러한 요구에 대하여 30개월 미만의 소에서 추출된 뼈 없는 쇠고기만을 수입하는 대안을 제시하였다. 양국간 협상 과정에서 미국은 한국의 제안을 수용하였고, 그에 따라 한국은 2006년 9월부터 30개월 미만의 뼈 없는 쇠고기를 수입하기 시작했

1 한미 쇠고기 협상 사례에 대해서는 김관욱(2009)의 논문을 참조하였다.

다. 그러나 미국은 2007년 2월 다시 뼈 있는 쇠고기의 수입을 촉구하였고, 한국은 식품안전성의 문제를 이유로 미국의 제안을 거부하였다. 2007년 8월 미국산 수입산 쇠고기에서 특정위험물질(SRM: Special Risk Material)로 분류된 척추 뼈(수입 금지품목)가 발견되면서 검역이 중단되었고, 그해 10월 등뼈가 발견되면서 수입이 전면 중단되었다.

2007년 10월 쇠고기 협상은 다시 시작되었고, 미국은 그해 5월 내려진 국제수역사무국(OIE: Office International des Epizooties)의 결정(미국을 위험통제국가로 분류)을 계기로 미국산 쇠고기의 안전성이 국제적으로 공인되었다고 강조하였다. 미국은 이러한 국제 상황을 이용하여 2008년 4월 이명박 대통령의 방미 기간 중 협상을 진행시켰다. 한미 양국은 30개월 이상 소의 수입허용, 4개 부위(뇌, 눈, 척수, 그리고 머리뼈)의 수입 허용, 등뼈와 내장의 수입 등에 합의하였다. 그러나 합의 결과에 대한 한국 내 여론은 크게 악화되었다. 한국의 중학생과 고등학생의 촛불시위로 시작된 미국산 쇠고기 수입 반대는 이명박 대통령의 탄핵을 외치는 수준으로까지 진행되었다. 특히 MBC의 PD 수첩이 미국산 쇠고기의 안전성에 의문을 제기하면서 수입 개방 반대 및 재협상 요구 시위로 이어졌다.

재협상에 대한 요구를 포함하여 한미 쇠고기 협상에 대한 반대 시위의 규모는 점점 커졌고, 마침내 2008년 6월 10일 전국 최대 규모의 촛불시위가 일어났다. 이러한 여론의 압박에 따라 집권 여당도 재협상을 요구하고, 한승수 총리는 사태에 대한 책임을 지고 내각 총사퇴를 선언하였다. 결국 이명박 대통령도 재협상 거부라는 당초의 입장에서 벗어나 재협상에 준하는 추가 협상을 수용하는 쪽으로 입장을 선회하게 되었다. 한미 양국은 2008년 6월 추가 협상을 통해 30개월 미만 소의 수입, SRM과 4개 부위(뇌, 눈, 척수, 머리뼈 등)의 수입금지, 미국정부가 검증하는 품질시스템 평가(QSA: Quality System Assessment) 제도의 도입에 합의하였다.

2) 일반적 해석

한미 쇠고기 협상에 대한 일반적인 해석은 협상에서 누가 무엇을 더 얻었느냐에 관심을 가질 것이다. 미국과의 다른 협상에서처럼 국력이 협상을 좌우할 것이므로 약한 국력을 가진 우리나라가 더 손해를 보았을 것이라고 추측할 수 있다.

첫째, 최종 협상에서 월령 30개월 미만의 소를 수입하는 것으로 타결한 것은 실패에 가깝다고 할 수 있다. 그나마 당초 30개월 이상의 소 수입에서 30개월 미만의 소 수입으로 바꾼 것은 긍정적으로 평가할 수 있다. 촛불시위 등 국내 여론의 압박에 의해 소의 월령이 30개월 이상에서 30개월 미만으로 낮아질 수 있었던 것이다. 그러나 월령 30개월 미만은 협상 이전(2006년 9월)의 수준으로 되돌아간 것일 뿐 새롭게 개선된 내용이 아니라는 점을 지적할 수 있다. 더욱이 일본은 18개월 미만의 소 수입에 합의한 데 반하여 우리나라는 30개월 미만의 소 수입으로 타결한 것은 아쉬운 부분이 아닐 수 없다.

둘째, 정부의 소극적인 대응을 지적할 수 있다. 쇠고기 협상을 FTA 타결의 전제 조건으로 내세운 미국의 압박에 대하여 정부가 적극적으로 대응하지 못하였고, 국민의 재협상 요구에 대해서도 소극적인 대응으로 일관하다가 여론의 압박이 거세지자 추가 협상을 선택하였던 것이다. 당초 정부는 야당과 시민단체 등의 재협상 요구에 대하여 국제 협상에서 특별한 이유 없이 재협상을 요구하는 것은 관례가 아니라는 점을 들어 반대하였다. 그러나 촛불집회와 집권 여당의 재협상 요구 그리고 내각 총사퇴 등이 이어지는 상황에서 정부는 재협상이 아닌 추가 협상 대안을 선택하였다. 처음부터 재협상 또는 그에 상응하는 대안을 검토할 수 있었던 상황에서 소극적으로 대응하다가 여론의 압박에 몰려 추가 협상 대안을 선택하였다고 해석할 수 있는 대목이다.

셋째, 정부의 협상 전략 부족을 지적할 수 있다. 정부는 광우병이 월령과 부위에 의해 영향을 받을 수 있는 가능성에 대한 면밀한 분석 없이 협상을 진행함으로써 당초 매우 불리한 조건에 합의하였다. 촛불시위 등 부정적 여론이 형성되면서 그나마 다소 개선된 조건에 합의할 수 있었지만, 정부의 치밀한 협상 전략에 의해서라기 보다는 국내 여론에 의해 협상 결과가 달라졌다는 점을 지적할 수 있다.

넷째, 한미 쇠고기 협상에서 얻은 점도 있다. 비록 추가 협상을 통해 얻었지만, 광우병 위험이 있는 특정위험물질(SRM)과 4개 부위 등이 수입 금지 품목으로 포함된 점은 긍정적으로 평가할 수 있다. 최종 협상에서 30개월 미만의 소를 수입하되 SRM과 4개 부위(뇌, 눈, 척수, 머리뼈 등)는 수입 품목에서 제외하였다. 아울러 미국 정부가 검증하는 품질시스템 평가 제도의 도입에 합의한 점도 긍정적이다. 국민들의 불안감을 줄이기 위해 광우병 감염 위험성이 높은 부위를 수입 품목에서 제외하고, 미국 정부의 시스템이지만 품질 검사를 받도록 한 점은 협상의 긍정적인 성과로 평가된다.

한미 쇠고기 협상에 대한 언론의 평가는 일반적인 해석과 유사한 맥을 유지하지만 다소 유보적인 입장을 취하고 있다. 즉 한미 쇠고기 협상의 성공과 실패에 대한 단기적 평가보다는 중장기적인 시각이 필요하다는 것이다. 다음은 파이낸셜뉴스에 게재된 사설이다.

“아쉬움 남긴 한미 쇠고기 협상 타결”

한·미 쇠고기 협상이 마침내 타결됐다. 이로써 조만간 이른바 LA갈비를 비롯한 미국산 쇠고기가 상륙하게 됐다. 이번 협상으로 미국은 그 동안 막혔던 한국 시장을 되찾게 됐고 우리는 한·미 자유무역협정(FTA) 비준 등을 둘러싼 미국 정계와 경제계의 경색됐던 분위기를 완화시킬 수 있게 됐다. 문제는 한·미 양국이 거둔 이익이 균형을 이룬 것이냐 아니면 미국에 밀린 것인가이다. 그러나 이는 당장에, 성급하게 판단할 사안이 아니라 중장기적으로 계산해야 할 과제라는 점을 간과해서는 안 된다. 성급하게 서두른다면 또 다른 역효과를 유발, 확산시킬 우려가 없지 않기 때문이다. 이번 합의의 핵심은 지금까지 수입 대상에서 제외됐던 30개월 이상을 ‘동물사료 금지 조항 강화 노력’을 해야 하는 조건으로 푼 점이다. 그 동안 줄기차게 주장해 온 미국의 요구를 들어 준 것이다. 그 대신 국제수역사무국(OIE)이 규정한 광우병위험물질(SRM)보다 더 많은 부위, 예를 들면 내장, 우족 등도 수입금지 품목에 포함시켰다.

문제는 미국이 비록 OIE로부터 '광우병위험 통제국' 지위, 다시 말하면 광우병에 잘 대처하고 있다는 지위를 부여받았으나 '완전 청정지역'은 아니라는 점이다. 이는 축산업계와 일부 시민단체가 극렬하게 미국 쇠고기 수입을 반대하는 논거다. 그러나 여기서 한 가지 짚고 넘어갈 것은 미국산 쇠고기 수입을 더 이상 막을 수 없다는 점이다. 동시에 미국산 쇠고기가 과연 광우병에 노출돼 있느냐도 따져 볼 필요가 있다. 다시 말하면 제기된 문제점을 보다 현실적으로, 또 이성적으로 검토 판단할 필요가 있다는 뜻이다.

물론 지금까지 미국 검역당국이 반드시 철저하게 그리고 성의 있게 대처하고 있다고 보기 어려운 면이 있는 것은 사실이다. '뼈 없는 쇠고기 수입'에 뼈 조각이 포함돼 통관이 중단된 것이나 미국 축산업계가 광우병 대응에 반드시 철저하지 못한 면이 없지 않은 것은 사실이다. 그러나 OIE로부터 '위험통제국 지위'를 부여받은 것 역시 사실이다. 따라서 이번 협상 타결이 반드시 만족할 수준이 아니라는 아쉬움이 있더라도 일단 수용하는 것이 좋다. 검역당국이 보다 철저한 감시 감독을 한다면 현재 제기되고 있는 우려는 상당 수준 제거할 수 있을 것이기 때문이다.

〈출처: 파이낸셜뉴스 사설, 2008.04.18.〉

우선, 한미 쇠고기 협상의 타결로 한미 FTA 비준에 긍정적인 영향을 미치게 되었다는 점과 함께 경색된 경제가 뚫릴 것이라는 전망을 내놓았다. 그러면서도 어느 국가에 유리한 협상 결과인가에 대해서는 중장기적으로 따져보아야 한다는 신중한 의견을 제시하고 있다. 둘째, 미국이 국제수역사무국에 의해 위험통제국의 지위를 얻었지만 미국산 쇠고기의 광우병 노출에 대해서는 지속적인 관심을 가져야 한다고 지적하였다. 특히 이 기사는 추가 협상 이전인 2008년 4월에 게재된 것으로, 30개월 이상 소의 수입 허용으로 표시되어 있음에도 불구하고 다소 유보적인 평가를 내리고 있다. 셋째, 협상 결과가 만족스럽지 못하더라도 일단 수용해야 한다는 점을 지적하고 있다. 광우병 감염 우려 등 국민들의 불안에 대해서는 검역 당국의 철저한 감시 감독이 필요하다는 점을 지적하고 있다.

3) 협상론적 해석

국제 협상 사례에 대한 감상법도 기본적으로 국내 협상 사례와 유사할 것이다. 다만, 국제 협상과 국내 협상은 공통점과 더불어 차이점도 존재한다. 따라서 국제 협상의 경우 국내 협상 사례 감상법에서와 동일한 내용을 점검하되, 국제 협상 사례에 특징적으로 나타나는 윈셋(win-set)의 활용 등에 대해 추가적으로 검토해야 할 것이다.

먼저, 요구(입장) 중심의 협상이 아닌 이해관계 중심의 협상을 전개하였는가 하는 점이다. 미국과 한국은 서로의 요구(입장) 이면에 깔려 있는 근본적인 관심사를 중심으로 협상하였는가 하는 점을 따져볼 수 있다. 미국의 입장은 가능한 한 월령이 높은 소와 광범위한 부위의 수출이었고, 한국의 입장은 월령이 높은 소와 광우병 위험이 큰 부위의 수입을 금지하는 것이었다. 미국의 이해관계는 월령이 높은 소의 수출을 통해 농축산물의 수출 확대 및 시장 개방을 촉진하고, 그를 통해 축산업계의 지지(2006년 중간선거)를 확보하는 것이었고, 한국의 이해관계는 월령이 높은 소와 위험물질의 수입 금지를 통해 국민의 안전과 위생을 보장하고, 축산물에 대한 검역 주권을 확보하는 것이었다. 이러한 관점에서 한미 쇠고기 협상은 서로의 입장(요구) 이면에 깔려 있는 이해관계를 파악하고 이를 관철시키는 데 집중한 것으로 평가된다.

둘째, 객관적 기준(objective criteria)의 활용 여부이다. 한국과 미국은 상충되는 이해관계를 조정하기 위하여 객관적 기준과 원칙을 활용하였는가 하는 점이다. 미국은 국제수역사무국의 결정(위험 통제국가)을 충분히 활용하였으나 한국은 협상의 전과정에서 객관적 기준을 활용하지 못한 것으로 평가된다. 특히 월령 및 4개 위험부위는 광우병과 관련성을 가질 수 있다는 언론과 시민단체의 문제 제기나 국민적 불안이 존재하는 상황에서도 전문기관(국제수역사무국 등)의 과학적 판단에 맡기자는 주장을 관철시키지 못하였다. 또한 선례라는 객관적 기준에 대한 검토가 부족하였고, 이를 협상에서 충분히 활용하지 못한 것으로 해석된다. 즉 우리보다 앞서 진행한 미일

(美日) 쇠고기 협상에서 18개월 미만의 소를 수입하는 것으로 타결한 선례가 있었는데, 한미 쇠고기 협상에서는 이러한 객관적 기준을 적극적으로 활용하지 못하였던 것이다.

셋째, 창조적 대안(creative option)의 모색 여부이다. 한미 양국은 서로의 이해관계를 충족시킬 수 있는 새로운 대안의 발굴을 위해 노력하였는가 하는 점이다. 사후적 해석이지만 추가 협상에서 타결된 내용을 본 협상(추가 협상 이전의 협상)에서는 적극적으로 주장하거나 제시하지 못하였다. 다만, 추가 협상에서는 30개월 미만의 쇠고기 수입 등과 같이 서로의 이해관계를 충족시킬 수 있는 대안에 합의하였으나 그 전에는 미국의 요구를 일방적으로 수용하는 태도를 취하였다. 미국의 이해관계인 축산물 수출 확대와 한국의 이해관계인 국민의 안전성 확보를 조정하기 위한 새로운 대안의 모색에는 관심이 부족하였다고 평가할 수 있다. 다행히 추가 협상에서 창조적 대안(사실상 그에 근사한 대안)에 합의할 수 있었지만 이는 국민의 여론에 의해 얻은 것으로, 한국 정부의 전략적 대응에 의한 결과라고 보기 어렵다.

마지막으로, 국제 협상에서 특징적으로 강조되는 윈셋(win-set)의 활용 여부이다. 윈셋은 나중에 자세히 기술하겠지만 국내적 비준을 얻을 수 있는 국제적 합의의 집합을 의미한다. 미국은 협상의 초기 단계에서 축산업계, 상하원, 여야 정당이 정부를 압박하고 있는 상황, 즉 좁은 윈셋을 쇠고기 협상에 충분히 활용하였다고 평가된다. 그러나 한국은 협상의 초기 단계부터 국내 협상을 가볍게 생각하였고, 추가 협상에서도 촛불시위, 여야의 반대, 내각 총사퇴 등으로 인해 매우 좁아진 윈셋을 적극적으로 활용하지 못한 것으로 평가할 수 있다. 그에 따라 재협상을 요구하는 국민의 여론에 대해서도 국제적 관행 등을 이유로 결정을 지연하는 소극적 태도를 취하다가 여론이 크게 악화되기에 이르러서야 정책 방향을 추가 협상으로 전환하였다. 따라서 극도로 좁아진 윈셋을 적극적으로 활용하였다면, 보다 유리한 협상 타결을 이룰 수 있었을 것이라고 해석할 수 있다.

제3절 협상적 관점을 위한 조건

우리는 오늘날 개인간, 집단간, 국가간 의견 충돌이 빈번해지는 고(高) 갈등 사회에 살고 있다. 최근 들어 이념 갈등(역사교과서), 정치 갈등(여야정당간), 정책 갈등(누리사업), 노사 갈등(노동개혁법), 그리고 사회 갈등(양극화)이 심화되어 갈등 공화국이라는 표현이 등장하고 있다. 사회적 갈등으로 인해 초래되는 비용만 해도 연간 수 십 조원이 된다고 한다. 이러한 갈등을 효과적으로 해결하는 것은 천문학적인 비용을 절감할 뿐만 아니라 사회 통합에도 기여할 것이다. 앞서 살펴본 두 가지 사례에 대한 일반적 해석과 협상론적 해석을 비교함으로써 협상의 효과성과 우수성을 인식할 수 있다. 따라서 점증하는 사회 갈등을 효과적으로 해결하기 위해서는 협상적 관점을 갖추는 것이 무엇보다 중요할 것이다.

1. 모든 것이 협상의 대상이다

협상의 관점을 갖추기 위해서는 "모든 것이 협상의 대상이다(everything is negotiable)"라는 생각을 가져야 한다. 협상의 대가 코언(Herb Cohen)은 '세상의 8할이 협상'이라고 주장한다. 앞서 살펴본 한미 쇠고기를 둘러싼 국가간 갈등이나 KTX 중간역 명칭을 둘러싼 지자체간 갈등뿐만 아니라 조직간, 집단간, 개인간, 심지어 개인의 심리적 갈등까지도 협상을 통해 해결할 수 있다. 케이크 나누기 사례는 협상 관련 교재에서 가장 빈번히 소개되는 내용이다. 케이크를 더 많이 먹기 위해 갈등을 빚고 있는 자매의 스토리이다. 언니는 서열과 나이라는 권위를 내세울 수 있고, 물리적 강제력을 사용할 수도 있다. 그러나 이러한 방법은 동생의 수용을 얻지 못할 것이고, 언니도 마음이 편치 않을 것이다. 교재의 정답은 제3자(엄마)의 활용이다. 엄마가 공정한 룰(언니가 먼저 자르고 동생이 먼저 선택한다)을 제시하는 것이다. 언니는 나중에 선택하기 때문에 최대한 똑같이 자르려고 할 것이고 이는 공정한 분배를 담보한다는 것이다.

협상의 관점을 갖춘 당사자들은 제3자의 도움 없이도 다양한 방법으로 갈등을 상생적으로 해결할 수 있다. 첫째, 이번 케이크는 언니의 주도로(언니가 나누고 언니가 먼저 선택한다) 나누고, 다음번의 케이크는 동생의 주도로 나누는 방식에 합의할 수 있다. 이러한 해법을 협상론에서는 '파이의 확대'라고 명명한다. 이번의 케이크에 다음번의 케이크를 추가하여, 즉 협상에서 나누어야 할 몫을 키운 다음 분배하는 방법이다.

둘째, 언니가 동생에게 케이크를 완전히 양보하는 대신 동생이 아끼는 장신구를 양보 받는 방법이다. 만약 케이크에 부여하는 동생의 선호도가 매우 높다면 이 대안이 채택될 수 있다. 이를 협상론에서는 '가외의 보상요구'(즉 협상 의제에 포함되지 않은 사안에 대한 보상을 요구하는 것)라고 한다.

셋째, 사회적 관행에 따르기로 합의하는 것이다. 케이크뿐만 아니라 음식물을 둘러싼 자매간 갈등이나 형제간 갈등에서 주로 채택된 해법이 쌓이고 쌓여 사회적 관행을 형성할 수 있는데, 이러한 관행에 따르기로 합의하는 것이다. 그 관행이 나중에 어느 한 사람에게 유리한 것으로 판명되더라도 서로가 그에 따르기로 합의한 이상 그에 대한 불만은 최소화되고 상호 윈윈할 수 있을 것이다. 이러한 사례는 빙산의 일각일 뿐 모든 것이 협상의 대상이 될 수 있다. 어떤 것이든 협상할 수 있다는 생각, 협상의 관점은 여기에서 출발할 것이다.

2. 통합적 사고

협상의 관점은 분배적 사고가 아닌 통합적 사고(integrated thinking)를 강조한다. 갈등 해결에서 가장 경계해야 하는 것이 고정된 몫을 나누는, 즉 분배적 사고인 것이다. 분배적 사고하에서는 서로 더 많이 가지려고 하기 때문에 끝없는 갈등이 반복될 수 있고, 고정된 몫을 나누는데 집중하기 때문에 어느 한쪽이 많이 가지면 다른 쪽에서 그만큼 손해를 보아 이득과 손해의 합이 0이 되는 제로섬(zero-sum)의 결과를 초래한다. 분배적 사고와 제로섬 시각을 가진 당사자들은 일방이 승리하고 타방은 패배하는 결과를 맞게 되고, 기껏해야 양쪽 모두 조금씩 양보한 타협(compromise)의 결과를 손에 쥐게 된다. 이는 갈등의 표면적 진정과 일시적인 완화에는 도움이 되겠지만, 언제든지 재발할 가능성을 내포하여 갈등의 근본적 해결에 기여하지 못할 것이다.

갈등의 근본적 해결을 위해서는 승리한 당사자가 모든 것을 차지하는 승자 독식(winner takes all)이 아닌 당사자 모두가 승리 또는 만족해야 한다는 통합적 사고를 가져야 한다. 여기서 통합의 의미는 몫의 크기를 물리적으로 키우는 것뿐만 아니라 서로의 만족이나 효용을 증대시키는 의미를 포함하고 있다. KTX역 명칭 갈등에서 김천구미역이라는 통합적 대안을 통하여 김천시의 몫(관할지역의 자존심)과 구미시의 몫(이용객의 편의 제공)을 증대시킬 수 있고, 그로 인해 양 지자체의 만족감을 높일 수 있다는 것이다. 이처럼 상생적·통합적 시각은 협상을 새로운 대안의 창조 기회로 간주한다. 당사자간 의견 충돌 과정은 서로의 이익을 증대시킬 잠재적 대안을 발견할 절호의 기회이며, 협상은 바로 이러한 기회를 살릴 수 있는 방법이라는 것이다.

통합적 사고에서는 상대방을 경쟁적 협조자로 간주한다. 경쟁적 협조자는 각자의 몫을 더 많이 가지기 위해 경쟁하면서도 공동의 몫을 키우기 위해 협력하는 관계를 상정한다. 서로 경쟁만 하는 관계에서는 각자의 몫을 더 많이 챙기려고 하기 때문에 '일방 승리-일방 패배'의 제로섬 결과를 초래할 수 있고, 서로 협력만 하는 관계에서는 일방적 순응만이 존재하므로 상대방의 근본적 관심사를 파악하기 어렵고 공동이익을 증대시킬 새로운 대안을 발견하기 어렵다.

한미 쇠고기 협상의 초기 단계에서 한국은 미국의 요구에 순응하는 태도를 보여 상생 대안이 아닌 일방적 대안(30개월 이상의 소와 광우병 위험이 큰 부위의 수입)에 합의하였던 것이다. 마라톤에서 경기자들이 최선을 다해 함께 달려주는 페이스메이커(pace maker)의 존재만으로도 좋은 기록을 만들 수 있다. 협상에서도 공동 이익을 증대시키기 위해서는 서로 경쟁하면서도 상대를 배려하고 게임의 규칙을 깨지 않는 것이 중요하다. 경쟁적 협조자 관점에서는 상대방의 입장·요구·주장보다는 그 이면에 깔려 있는 이해관계나 욕구에 관심을 갖는다.

3. 인식 틀의 전환

협상적 관점을 갖추기 위해서는 자신이 가지고 있는 인식 틀을 바꾸는 것이 중요하다. 인식 틀은 사물을 바라보는 마음의 창으로, 이를 통해 사물을 감지하고 이해하고 해석한다. 이러한 인식 틀은 협상에 관한 지식의 축적이나 제3자의 조언 등을 통해 바꿀 수 있다. 협상에 관한 지식은 협상에 직접 참여함으로써 가장 효과적으로 축적할 수 있고, 직접 참여가 어렵다면 독서, 사례, 다른 사람의 강연 등을 통해 간접적으로 쌓을 수 있다. 협상 당사자가 서로 불신하거나 부정적 인식을 가지고 있을 경우 협상 자체가 진행되기 어렵고, 특정 이슈에 대하여 고정관념이나 선입견이 있을 경우 상생 타결이 어려울 수 있다.

한미 쇠고기 협상에서 한국이 미국을 광우병 쇠고기를 수출하려는 존재로 인식할 경우나 반대로 미국이 한국을 근거 없는 정보와 광우병 위험을 빌미로 쇠고기 수입을 반대하는 존재로 인식할 경우 협상은 원만하게 진행되기 어렵다. 또한 한국은 30개월 이상의 월령과 광우병이 인과관계가 있다는 결과 프레임을 강조하고 미국은 의회동의라는 절차 프레임을 강조할 경우 원만한 협상 타결이 어려울 수 있다.

이러한 상황에서는 당사자의 편향된 인식 틀을 분해하거나 전환하는 과정이 선행되어야만 갈등의 상생 해결을 이룰 수 있다. 또한 객관적으로는 상호 만족스러운 타결을 만들었더라도 당사자 또는 권한위임자(국회와 국민들)가 그렇게 인식하지 못하는 상황에서도 상생 해결에 실패할 수 있다. 한미 쇠고기 협상에서 한미 양국은 30개월 이하의 쇠고기 수입에 대하여 서로 만족스러운 타결이라고 생각하였지만, 최종적 당사자인 국민들은 그렇게 인식하지 않았다. 협상 당사자들이 기존의 인식 틀에 갇혀 있었거나 국민의 프레임을 전환하지 못해 생긴 일이다. 광우병과 월령의 인과관계에 관한 객관적인 지식이나 권위적인 판단을 제시하여 국민들이 가지고 있던 인식 틀을 전환하였다면 협상은 보다 순조롭게 타결될 수 있었을 것이다. 이처럼 인식 틀을 전환하는 것은 협상의 시작과 끝을 위해 매우 중요한 요소이다.

02 협상의 본질

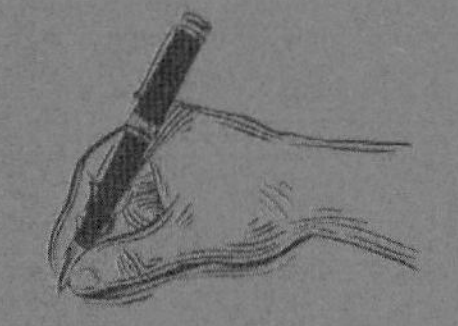

The Aesthetics of Negotiation

Effective negotiation is, in my judgment, 10 percent technique and 90 percent attitude. To acquire the right attitude, you need all three of elements mentioned above: realism, intelligence, and self-respect.

〈G. Richard Shell, Bargaining for Advantage〉

효과적인 협상은 10퍼센트의 기교와 90퍼센트의 태도로 구성되어 있다. 올바른 태도를 갖추기 위해서는 세 가지 요소, 즉 현실주의적 사고, 지적 통찰력, 그리고 자존감을 가져야 한다.

〈Shell, 2006: 236〉

THE AESTHETICS OF NEGOTIATION

협상의 본질

제1절 협상의 정의

1. 협상의 개념

협상은 영어로 negotiation 또는 bargaining으로 표현된다. 협상론 관련 저서나 논문은 대체로 두 가지 용어를 구분 없이 사용하고 있다. 굳이 두 가지 용어를 구분하자면 negotiation은 주로 공식적인 영역에서 사용되고, bargaining은 비공식적 영역에서 사용되는 정도의 차이가 있다. 따라서 어느 용어를 사용하든 크게 문제되지 않을 것이다. 협상의 bargaining은 bar(막대기, 장애)와 gaining(개선, 이득)으로 구성되어 있다. 장애물을 개선한다는 의미와 빗장을 치워 이득을 취한다는 의미를 포괄하고 있다. 갈등을 겪고 있는 당사자들이 대화와 소통을 가로막는 장애물을 제거하여 타결(합의)에 이르는 과정을 떠올리면, 협상의 원래 의미가 이해될 수 있을 것이다.

이처럼 글자를 쪼개어 의미를 캐는 방식을 파자(破字)라고 하며, 글자나 단어를 좇아 정의하는 방식을 축자(逐字)라고 한다. 협상은 협(協)과 상(商)으로 이루어져 있는 데, 이를 축자적으로 정의하면 협력적 거래(또는 상호작용)를 의미한다. 협력은 도움을 주는 행위이고, 거래는 서로 이득을 많이 보려는 경쟁적 행위이다. 따라서 협상은 협력과 경쟁의 성격을 동시에 내포하고 있다(Schoonmaker, 1989: 5). 고정된 몫(pie)을 나누어 갖는 분배적 협상(distributive bargaining)은 경쟁적 요소가 상대적으로 강한 데 반해 서로의 몫(효용, 만족 등)을 키우는데 중점을 두는 통합적 협상(integrative bargaining)은 상대적으로 협력적 요소를 더 많이 가지고 있다.

▌그림 2-1▌ **협상의 성격**

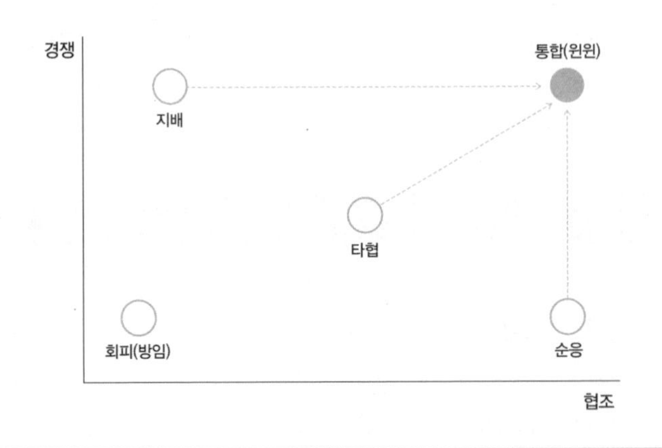

〈그림 2-1〉에서 경쟁만 있고 협조가 부족한 상태는 당사자 중 일방이 지배하는 결과를 가져오고, 반대로 협조만 있고 경쟁이 없다면 당사자 모두 순응하는 결과를 가져올 것이다. 두 가지 유형 모두 바람직한 결과를 가져오지 못할 것은 자명하다. 협조와 경쟁이 아예 없는 상황은 회피 또는 방임의 결과를 가져올 것이다. 회피는 갈등 상황을 피하는 것이고 방임은 아무런 조치를 취하지 않는 것이다.

회피나 방임으로는 갈등을 일시적으로 가라앉힐 수 있지만 갈등을 해소시키지는 못할 것이다. 중간에 위치한 타협은 협조와 경쟁이 중간 정도로 존재하는 상황이다. 이 경우 당사자들은 자신의 요구를 일정 정도 양보하면서 손실을 감수하게 된다. 가장 오른쪽 상단에 위치한 통합은 경쟁과 협력이 최대한 발휘되는 상황으로, 서로에게 이익이 되는 상생의 결과(win-win solution)를 가져올 것이다.

매우 좁은 의미의 협상은 협상 테이블 위에서 일어나는 당사자간의 상호작용이라고 정의할 수 있다. 이는 협상의 공식적·명시적 측면을 강조하는 것이다. 협상의 개념을 공통적이면서 상반되는 이익의 조합을 새롭게 변화시키려는 개인, 조직, 국가의 명시적인 상호작용이나 행태라고 정의하는 경우가 이에 속한다. 그러나 현실의 협상은 공식적인 관계 외에 비공식적인 측면을 포괄하는 경우가 많다. 이처럼 매우 넓은 의미의 협상은 둘 이상의 당사자 사이에서 이루어지는 갈등의 조정과 관련된 일체의 공식적·비공식적 상호작용이라고 할 수 있다.

따라서 광의의 협상은 협상 테이블 위에서 이루어지는 전략적 상호작용(tactics), 제도판 위에서 이루어지는 대안의 창안(deal design), 그리고 협상 테이블 바깥에서 이루어지는 협상 틀의 설계(setup)를 포함한다(Lax & Sebenius, 2006: 19). 즉 1차원(전략·전술의 단계)은 협상 테이블에서 이루어지는 의사소통, 신뢰 형성, 그리고 대응 조치 등을 포함하고, 2차원(대안 창안의 단계)은 제도판 위에서 유력한 대안을 분석하고 창안하는 활동이며, 그리고 3차원(협상 틀 설계의 단계)은 협상 테이블의 바깥에서 이루어지는 협상의 범위(참가자, 이해관계, 협상 결렬시 대안 등), 순서, 기본 프로세스의 설정을 포함한다.

협상에 관한 두 가지 정의(협의 또는 광의)는 협상을 효과적인 갈등 해결 수단으로 바라본다는 공통점을 가지고 있다. 여기서 갈등은 자원, 가치, 이념 등의 차이로 인한 의견 충돌 및 그에 따른 의사결정의 어려움을 의미한다. 사람들은 상호 의존성을 관리하기 위해 다양한 형태의 상호작용, 즉 협력(cooperation), 조정(coordination), 그리고 협업(collaboration)을 시도한다. 이러한 상호작용은 공동의 목적을 달성하는 데 기여하지만 의견 충돌과 갈등을 심화시키는 요인으로도 작용할 수 있다. 따라서 협상은 상충하는 다수 행위자들이 상호 수용 가능한 합의에 도달하기 위해 의사소통하는 과정이라고 할 수 있다(Jennings et al., 1998: 1). 다시 말해 협상은 둘 이상의 갈등 당사자가 서로 이익이 되는 합의에 도달하기 위해 상호작용하는 과정인 것이다.

협상 이론에서는 기본적으로 당사자들이 서로 자신의 이득(pay-off)이 상대방의 전략과 결정에 따라 좌우되기 때문에 상대방의 예상되는 대응을 고려하면서 전략적으로 행동할 것이라고 가정한다(Child & Faulkner, 1998; 이달곤, 1995; Pruitt & Carnevale, 1995; Schoonmaker, 1989). 이러한 가정하에서는 당사자 중 어느 한쪽이 일방적으로 이득을 추구할 경우 상대방의 필연적 견제에 직면할 수밖에 없을 것이다. 따라서 당사자들은 전략적 협조를 통해 서로의 공동 이득을 증대시킬 수 있는 대안을 모색하고 이를 통해 갈등을 해결하게 된다. 이러한 관점에서 협상은 둘 이상의 당사자가 상호 이익이 되는 합의에 도달하기 위해 갈등과 이견을 축소 또는 해소하는 과정이라고 정의할 수 있다(Moran & Harris, 1999: 54). 즉 협상은 상충되는 이해관계를 가진 둘 이상의 당사자들이 대화와 소통을 통해 이해관계의 차이를 줄이고 이를 통해 사회적 갈등을 해결하는 과정인 것이다.

이상의 논의를 바탕으로 본서는 협상을 둘 이상의 당사자들이 대화와 협의를 통해 상충되는 이해관계를 조정하는 과정으로 정의하고자 한다. 이러한 정의를 좀 더 자세히 살펴보면 다음과 같은 다섯 가지 사항을 강조할 수 있다.

첫째, 협상은 둘 이상의 당사자들이 서로 대화와 소통을 통해 갈등을 해결하는 과정이다. 둘 이상의 당사자를 전제로 한다는 점에서 혼자서 내면적 갈등을 해소하는 것과는 차이가 있다. 또한 대화와 소통을 특징으로 한다는 점에서 어느 일방이 의견을 전달하는 지시나 명령과 다르다.

둘째, 협상은 대화와 소통을 중시하지만 상충하는 이해관계의 조정이라는 분명한 목적을 지니고 있다. 이러한 점에서 개인의 심경 고백, 고민 상담, 방담 등을 포함하는 일반적인 대화와 소통과는 차이가 있다.

셋째, 협상은 서로의 이해관계나 관심사에 초점을 두고 대화를 진행한다. 이러한 점에서 서로의 입장과 주장에 초점을 둔 흥정과는 차이가 있다.

또한 협상은 상대의 요구 이면에 깔려 있는 욕구나 이해관계를 분석하고 이를 조정한다는 점에서 재판을 통해 갈등을 해결하는 권리적 수단과 다르며, 강제력을 동원하여 갈등을 해결하는 권력적 방법과도 차이가 있다.

넷째, 협상은 상충되는 이해관계를 조정하기 위해 객관적 기준을 사용한다. 이러한 점에서 원칙 없이 의견을 주고받는 행위나 논쟁 등과는 차이가 있다. 협상은 정의원칙과 관례 그리고 과학적 판단 등과 같은 객관적 기준을 사용하여 상충하는 의견을 조율한다.

마지막으로, 협상은 합의에 도움이 되는 다양한 기법과 전략을 사용한다. 이러한 점에서 단순한 대화와 토론 그리고 회의와는 다르다. 협상은 객관적 기준의 제시뿐만 아니라 차선책(BATNA)의 개발, 창조적 대안의 개발, 윈셋(win-set)의 활용, 인식 틀의 전환 등을 통해 서로에게 유리한 합의를 도출해낸다.

2. 협상의 유사 개념

일반적으로 협상은 다른 용어들과 명확한 구분 없이 사용되고 있다. 이러한 유사 용어와 협상을 구분하는 것은 협상의 개념을 제대로 이해하고 적용하기 위해 필요하다. 협상의 유사 개념으로는 흥정, 교섭, 제3자 방식, 대안적 분쟁 조정(ADR), 타협, 그리고 문제해결 등을 들 수 있다.

1) 흥정

흥정(haggling)은 협상과 가장 유사한 개념이다. 협상과 흥정을 구분하지 않고 혼용하는 견해도 있다(조정곤, 2013: 6). 일반적으로는 흥정의 비공식적 측면을 들어 협상과 구분한다. 대표적인 사례는 물건 값을 둘러싼 구매자와 판매자간 흥정이다. 구매자는 고객의 입장에서 가능한 한 저렴한 가격으로 사고자 하는 반면, 판매자는 주인의 입장에서 가능한 한 높은 가격으로 팔고자 한다. 이처럼 흥정에서는 입장만을 중시한다. 어떤 문제에 대한 태도나 견해를 의미하는 입장을 중시하게 되면 자신이 제시한 가격(또는 요구)을 고수하게 되고, 이 가격을 중심으로 타협하게 될 가능성이 높다. 흥정에서도 가격을 뒷받침하는 논거를 제시하기도 하지만 객관적이지 않은 경우가 많다. 자신이 들은 친구의 의견, 인근 가게의 가격 등이 고작이다. 이러한 관점에서 흥정과 협상의 차이를 정리하면 〈표 2-1〉과 같다.

표 2-1 협상과 흥정의 차이

구분	협상	흥정
공식화수준	공식적	비공식적
중점(초점)	이해관계(욕구)	요구(입장)
합의기준	객관적 기준	부재(즉흥적 판단)
논거	합리적 논거	비합리적 주장
분석수준	높은 분석활동	낮은 분석활동

〈표 2-1〉에서 보는 바와 같이 첫째, 흥정은 입장과 요구를 중시하고 그 이면에 깔려 있는 이해관계(욕구)에 관심을 갖지 않는다. 그에 비해 협상은 입장이나 요구의 이면에 깔려 있는 근본적인 관심사나 욕구를 중시한다. 둘째, 흥정은 상충하는 요구를 조정하기 위해 주관적 판단에 의존하지만 협상은 객관적 기준이나 원칙을 개발하여 적용한다. 셋째, 흥정은 자신의 요구를 강변하지만 협상은 객관적인 자료나 과학적 근거 등 합리적 논거를 제시한다. 넷째, 흥정은 즉흥적인 성격이 강한 반면 협상은 높은 수준의 분석을 필요로 한다. 협상은 각자 주장의 논거를 제시하기 위해, 상대의 숨은 가격을 짐작하기 위해, 그리고 객관적 기준을 모색하기 위해 높은 수준의 분석을 실시한다. 마지막으로 흥정의 결과는 타협(compromise)이 될 가능성이 높지만 협상은 서로 윈윈하는 통합(integration)의 결과를 만들 수 있다. 흥정은 입장을 중시한 나머지 자신의 요구를 약간 양보하는 대신 상대의 양보를 받아내는 타협에 초점을 두지만, 협상은 이해관계(욕구)를 중시하여 객관적 원칙이나 기준에 입각하여 상충되는 이해관계를 조화시킴으로써 상호 만족하는 대안에 합의할 수 있다.

2) 교섭

교섭(交涉)은 협상과 거의 동일한 개념이다. 교섭의 사전적 의미는 둘 이상의 당사자가 목적과 합의를 위해 의논하고 절충하는 것이다. 교(交)는 '사귀다', '거래하다'의 의미를 담고 있고, 섭(涉)은 '건너다', '겪다'의 의미를 담고 있다. 둘 이상의 당사자가 서로 협력하여 공동의 난관을 헤쳐 나가는 것을 의미한다. 이러한 점에서 교섭은 협상, 특히 공동의 이익 증대에 관심이 있는 통합적 협상에 가까운 개념이다. 따라서 협상론에서 사용되는 집단협상(collective bargaining)은 단체교섭으로 대체하여 사용할 수 있다. 교섭이 협상과 동의어로 사용되지만 굳이 구분한다면, 교섭은 법률적 용어라는 것이다. 단체교섭은 그 내용상 단체협상을 의미하지만 근로기준법상 단체교섭으로 사용되고 있다.

3) 제3자 방식

제3자 방식(The Third Party)도 협상과 유사한 용어이다. 협상이 당사자간 자율적·주도적 문제해결이라면 제3자 방식은 중립적인 조정자나 중재자의 도움을 받아 갈등을 해결한다는 점에서 차이가 있다. 그러나 제3자의 도움을 받는다고 하더라도 당사자간 협상은 지속된다는 점에서 두 가지는 혼재될 가능성이 높다. 제3자에 의한 갈등 해결은 제3자의 역할에 따라 알선, 조정, 중재, 재정 등으로 구분된다. 알선(斡旋)은 당사자가 한 자리에서 모여서 대화할 수 있도록 주선하는 것이고, 조정(調停)은 제3자가 절충안을 제시하는 방식이다. 중재(仲裁)는 제3자가 절충안을 제시하는 것은 조정과 같지만 그것을 당사자가 수용해야 한다는 점이 다르다. 재정(裁定)은 강제적 수용을 전제로 하고 있다는 점에서 사실상 사법적 수단에 가깝다.

4) 대안적 분쟁 조정

최근 갈등 해결에 있어서 강조되고 있는 대안적 분쟁 조정을 의미하는 ADR(Alternative Disputes Resolution)도 협상과 유사한 용어이다. 원래 대안적 분쟁 조정은 사법적 수단을 통한 강제적 분쟁 조정에 대한 대안적 수단을 의미하는 용어이다. 따라서 ADR의 범주에 들어가는 용어는 협상, 조정, 중재 등이 모두 포함될 수 있다. 결국 대안적 분쟁 조정은 협상에 한정되지 않지만 협상 과정을 포함하는 개념이라고 할 수 있다.

5) 타협

타협(compromise)도 갈등 해결에서 빈번히 사용되는 용어이다. '타협하다'는 어떤 일을 서로 양보하여 협의한다는 의미를 갖는다. 타협은 상호 만족스럽지 못하지만 서로 양보하여 적당한 상태로 타결된 것을 지칭한다. 갈등 관리 또는 협상 전략으로서의 타협은 자신의 목표(결과) 추구에 대한 적당한 노력과 동시에 상대의 목표(결과) 달성 지원에 대한 적당한 노력을 의미한다. 여기서 타결(妥結)이라는 용어에 주의할 필요가 있다. 타결은 협의하여 문제를 해결하는 것, 즉 협상에서 갈등이 해결된 상태를 말한다. 그런데 협상의 결과는 앞서 말한 바와 같이 타협, 지배, 순응, 통합 등으로 다양할 수 있다. 이러한 점에서 타협은 협상의 결과적 측면을 나타내는 여러 가지 용어 중 하나라고 할 수 있다.

6) 문제해결

문제해결(problem solving)은 정책학이나 조직이론에서 당사자가 함께 힘을 합하여 문제의 원인을 분석하고 공동으로 해결하는 것을 의미한다. 문제해결에서 많이 활용되는 적극적 청취와 이슈간 우선순위에 관한 정보 제공 등은 협상적 요소에 해당된다(Pruitt & Carnevale, 1995: 3-4). 이러한 점에 착안하여 공동 문제해결(joint problem solving)을 이해관계 협상(interest-based negotiation)으로 정의하는 학자도 있다(Ury, 1993: 6). 유리(William Ury)는 공동 문제해결을 입장이 아닌 그 이면에 깔려 있는 관심사, 욕구, 두려움, 소망을 중심으로 이루어지는 이해관계 협상과 동일하게 보고 있다. Lewicki et al. (2001)도 문제해결을 당사자의 공동 이득을 극대화하는 협업(collaboration) 또는 통합(integration)으로 정의한다. 따라서 일반적으로 조직이론에서는 문제해결을 공동작업이나 협업적 활동을 포함하는 광의의 개념으로 보고 있지만, 협상론에서는 윈윈 협상과 동일한 개념으로 간주할 수 있을 것이다.

제2절 협상의 의의

1. 민주적 갈등 해결 수단

갈등은 의견의 충돌을 의미한다. 그러나 단순한 의견 충돌은 조직이나 체제에 긍정적 긴장을 제공하므로 큰 문제가 아니다. 우리가 관심을 갖는 갈등은 조직이나 체제에 심각한 지장을 초래하는 의견 충돌이다. 갈등의 용어를 세세하게 쪼개보면, 동양과 서양 사이에 차이가 존재한다. 동양에서 葛藤은 칡과 등나무가 서로 얽혀 있는 모습을 의미하고, 서양에서 conflict는 'con(서로)'과 'flict(부딪히다)'의 결합으로 서로 충돌한다는 의미를 담고 있다. 동양의 갈등은 서로 얽혀 있어 쉽사리 해결하기 어려운 현상에 주목하는 반면, 서양의 갈등은 의견의 충돌에 주목하고 있다. 동서양의 차이에도 불구하고 갈등의 개념은 의견 충돌과 그를 통한 장애 발생을 전제하고 있다. 따라서 갈등은 어떤 사안에 대한 의견 상충에 의해 의사결정에 애로를 겪는 현상을 지칭한다.

이러한 개념에 착안할 때 갈등은 다음의 요소를 포함하고 있다. 첫째, 둘 이상의 행위 주체간 의견 차이가 존재해야 한다. 의견 차이가 존재하지 않는다면 갈등으로 보기 어렵다. 둘째, 의견 차이에 대한 주관적 인식이 존재해야 한다. 객관적인 의견 차이에도 불구하고 당사자들이 주관적으로 인식하지 못한다면 문제가 되지 않을 수 있다. 셋째, 의견 차이로 인해 의사결정의 곤란 등과 같은 장애가 발생해야 한다. 의견의 상충으로 인해 의사결정을 내리기 어렵고, 조직이나 체제에 심각한 지장을 초래해야 한다. March & Simon(1958)이 갈등을 의사결정에 장애가 발생하여 개인 또는 집단이 선택을 하지 못하는 상황으로 정의하는 것도 그와 일맥상통한다. 갈등은 분쟁과 거의 유사한 개념이다. 구태여 구분하자면 갈등은 잠재적·비공식적 상태를 의미하고, 분쟁은 현재적·공식적 상태를 의미한다. 갈등은 당사자간 심리적 이해 상충을 의미하고, 분쟁은 갈등이 현재화 또는 가시화된 상태(투쟁, 쟁의, 전쟁 등)를 의미한다.

협상은 갈등을 가장 민주적으로 해결할 수 있는 수단이라는 점에서 의의가 있다. 민주적이라는 의미는 대등한 관계에서 대화하고 소통하면서 갈등을 해결한다는 것이다. 일반적으로 갈등의 해결수단에는 강제적 수단, 제3자 활용, 방임과 회피, 사법적 수단 등이 있다. 강제적 수단은 억압, 폭력, 공권력 투입 등 물리적 강제력을 동원하여 갈등을 해결하는 방식이다. 제3자 활용은 중립적인 제3자가 갈등을 조정하는 방식(알선, 조정, 중재 등)이다. 방임(inaction)은 갈등에 대하여 아무런 조치를 취하지 않는 것이고, 회피(avoidance)는 갈등 상황에서 철수(withdrawal)하는 것이다. 방임은 갈등 상황에 머물러 있으면서 관여하지 않는 소극적 대응을 의미하고, 회피는 갈등 상황에서 떠나는 적극적 행위를 의미한다. 사법적 수단은 재판을 통하여 어느 한쪽의 권리를 인정해 주는 방식이다.

협상은 당사자간 협의, 상호 의견교환, 공동 문제해결 등을 특징으로 한다는 점에서 가장 민주적 갈등 해결 방법이다. 그에 따라 협상에서는 당사자 모두가 의견을 제시할 동등한 기회를 가지고, 각자의 이해관계를 충족시킬 수 있는 대안을 제시하며, 그러한 과정을 거쳐 타결된 결과에 대해서도 수용할 가능성이 높다. 즉 협상은 과정이 투명하고 공정하며, 결과도 정의롭고 상생적일 수 있다.

2. 창조적 대안의 발견 과정

협상은 발견(학습)의 과정으로서 창조적 대안(creative option)의 모색에 기여한다는 점에서 의의가 있다. 협상 과정은 상호간의 유보가격(RP: Reservation Price) 또는 최대양보선을 탐색하고 발견하는 과정이다. 이러한 과정을 통해 서로에게 만족을 주는 창조적 대안을 발견할 수 있다. 앞서 설명한 경쟁과 협조의 원리에서 창조적 대안의 가능성을 엿볼 수 있다. 경쟁만 존재한다면 서로 치열하게 다투다가 어느 한쪽의 지배로 끝날 텐데, 그 과정에서는 자신의 이익 증대를 위한 전략의 구상에 몰두하게 된다. 그에 따라 상대를 압박할 수 있는 카드나 전략을 발견할 수 있지만 서로의 이해관계를 충족시켜 줄 수 있는 창조적 대안의 발견은 어려울 것이다. 반대로 협조만이 존재한다면 기왕에 있던 대안에 대한 성급한 수용(순응)으로 인해 경쟁을 통해 발견할 수 있었던 잠재적 대안을 찾아내지 못할 것이다.

협상을 통해 창조적 대안을 발견한 사례로는 새마을 테마공원의 사업비 부담을 둘러싼 경상북도와 구미시간 갈등을 들 수 있다. 2011년 3월 경상북도와 구미시는 새마을 테마공원(구미시 입지)의 사업비 및 운영비 부담을 둘러싸고 충돌하였다. 경상북도는 시설이 입지할 구미시에서 부지 매입비 전액을 부담해야 한다고 주장한 반면, 구미시는 사업의 주관기관인 경상북도에서도 일부 분담해야 한다며 반발했다. 협상 과정에서 사업비를 부지매입비와 공사비로 구분하는 이슈 분리(issue splitting)를 통해 양측의 이해관계를 충족시키는 창조적 대안을 발견하였다(하혜수 외, 2014).

구미시는 부지 매입비의 전액을 부담하고 경상북도는 공사비를 더 많이 부담함으로써 상생 타결을 이룰 수 있었다. 통상적으로 도와 시의 공사비 분담 비율은 30% 대 70%인 데, 새마을 테마공원 사업에 대해서는 50% 대 50%의 분담률에 합의하였던 것이다(영남일보, 2013.4.17.). 결국 구미시는 부지매입비 전액(172억원)과 공사비의 25%(155억원)를 포함하여 327억원을 부담하고, 경상북도는 공사비의 25%(155억원)를 부담하였다. 이처럼 협상은 입장이 아닌 이해관계에 중점을 둠으로써 서로에게 이득이 되고 새로운 공공가치가 창출될 수 있는 창조적 대안의 발견을 가능하게 한다.

창조적 대안의 발견 과정은 조화(matching)와 부조화(mismatching)를 통해서도 설명할 수 있다(Pruitt & Carnevale, 1995: 64-72). 조화는 상대가 협조(또는 배반)하면 그에 맞게 협조(또는 배반)하는 전략이고, 부조화는 상대가 협조(또는 배반)하면 그와 반대로 배반(또는 협조)하는 전략이다. 협상에서 협조에 대하여 협조로 응수할 경우 타결 가능성은 높지만 그만큼 새로운 창조적 대안의 발견은 어려울 수 있다. 반대로 협조에 대하여 배반으로 응수할 경우 창조적 대안의 발견에는 유리하지만 협상의 결렬 가능성은 높아질 것이다. 따라서 협상 과정에서 초기에는 서로의 의중과 새로운 대안의 탐색을 위해 부조화로 응수하고, 중간에는 순조로운 협상을 위해 조화 전략으로 응수하며, 말기에는 미세한 이득을 위해 부조화로 응수하는 등의 절차를 활용할 수 있다. 이처럼 협상은 이해관계의 조정 전략 및 조화-부조화 전략을 통하여 창조적 대안의 발견을 가능하게 한다.

3. 상생의 결과 창출: 효율과 통합

협상은 상생의 결과를 창출하여 효율과 통합에 기여한다. 협상은 다른 갈등 해결 수단에 비해 효율적이다. 효율성의 측정에 있어서 비용은 화폐적·물질적 측면뿐만 아니라 심리적 비용까지 포함하며, 효과 역시 물질적 효과뿐만 아니라 당사자의 만족·갈등 소멸 정도·재협상 필요성 등 질적 측면까지 포함하는 개념이다. 협상은 최소의 비용으로 최대의 효과를 거둘 수 있다는 점에서 효율적이다. Ury et al.(1993)은 거래비용(transaction cost), 생산적 관계, 결과 만족도, 재발 가능성의 측면에서 협상이 재판(사법적 수단)이나 권력적 수단에 비해 효율적이라고 역설한다.

권력적 수단(힘의 대결, 폭력)은 화폐적·심리적 비용이 가장 높고, 생산적 업무 관계를 해치며, 일방적 지배와 복종을 강요하여 결과 만족도가 낮으며, 언제든지 여건이나 권력 관계의 변화에 따라 갈등이 재발할 수 있다. 재판 역시 권력 수단보다는 낮지만 소송비용, 승자-패자, 소송 불만, 재발 가능성(항소 등)의 측면에서 비효율적이다. 그에 반해 협상은 시간과 대화의 비용이 크지 않고, 심리적 비용이 거의 없으며, 협상 이후 언제든지 공동 작업을 진행할 수 있을 정도의 생산적 관계가 유지되며, 서로가 만족하는 윈윈 결과를 창출하며, 상호 자발적 동의하에 타결된다는 점에서 갈등의 재발 가능성이 최소화된다. 이러한 관점에서 협상은 투입비용(거래비용) 대비 효과(업무 관계, 결과 만족도, 재발 가능성)에서 가장 효율적인 갈등 해결 수단이라고 할 수 있다.

협상은 다른 수단에 비해 통합적 결과를 도출할 가능성도 높다. 창조적 대안이 반드시 서로에게 이익을 주는 윈윈 대안(win-win option)의 선택을 보장하지는 않을지라도 그렇게 할 가능성을 높여준다는 것이다. 협상은 겉으로 드러난 요구(입장)가 아니라 요구 이면에 깔려 있는 이해관계의 조정을 통해 일방적인 승리(또는 패배)가 아니라 양자 모두 승리하는 대안의 발견과 선택을 가능하게 한다. 갈등 당사자들은 협상 과정에서 입장이 아닌 이해관계에 초점을 두게 되고, 그 과정에서 서로의 이해관계(관심사)를 충족시킬 수 있는 대안에 합의할 수 있다. 이러한 대안은 서로의 이익을 단순 합산한 것보다는 크다는 점에서 결합 이득(joint gain)이라고 부른다.

이처럼 협상은 서로에게 이득을 주는 윈윈 대안을 발견하게 하고, 나아가 당사자간 이익뿐만 아니라 사회 전체적인 이득의 실현 또는 파국의 예방에 기여할 수 있다. 1993년 3~10월까지 약사의 한약 조제권을 놓고 약사회와 한의사회가 첨예하게 대립한 적이 있다. 당시 당사자간 협상이 교착상태에 빠지자 시민단체인 경제정의실천시민연합(약칭 경실련)이 한약사 제도를 중재안으로 제안하여 극적으로 타결되었다. 한약사는 일정한 과목을 이수하고 자격증을 따면 양약과 한약을 함께 취급할 수 있다는 점에서 양측의 이해관계를 만족시키는 윈윈 대안이었던 것이다. 더욱이 이 대안은 장기간의 갈등으로 인한 사회적 비용을 줄이고 일반 국민들의 불편을 완화시켰다는 점에서 사회적 이익(social interest)의 증대에도 기여하였다. 이처럼 협상은 상생의 결과를 통하여 사회 전체적인 통합에도 기여할 수 있다는 것이다.

제3절 협상의 핵심요소

협상은 씨줄(위선)과 날줄(경선)로 구성되어 있다. 씨줄은 동태적이고 가변적인 요인으로 협상을 주도하는 당사자(party)이고, 날줄은 정태적이고 구조적인 요인으로 맥락과 환경이다. 그러나 협상 유형, 객관적 기준, 협상 전략, 협상력, 창조적 대안 등은 씨줄이 될 수도 있고 날줄이 될 수도 있다.

왜냐하면 이들 요인은 객관적 현상으로 존재할 때는 날줄이지만, 협상 당사자가 활용할 때는 동태적으로 변하는 씨줄이 되기 때문이다. 따라서 대다수의 씨줄과 날줄은 고정된 것이 아니라 당사자의 선택과 활용에 따라 가변적일 수 있다. 일반적으로 협상의 구성요소로는 협상 당사자, 이슈와 이해관계, 상호작용(의사소통), 협상력, 협상 성과 등을 들 수 있다.

1. 협상의 당사자

당사자(party)는 어떤 일이나 사건에 직접 관계된 사람을 의미한다. 협상의 당사자는 협상 이슈에 대해 이해관계를 가진 사람을 의미하기 때문에 협상의 주체 측면의 성립 요건이다. 협상은 둘 이상의 당사자(party or player) 사이에 이루어지기 때문에 당사자는 필수불가결한 요소이다. 당사자의 관계는 호혜적·거래적·적대적 관계 등으로 구분할 수 있지만 성공적 협상을 위해서는 경쟁적이면서도 협조적인 당사자를 전제로 한다. 협상은 당사자간 신뢰, 공통점, 존경심, 상호 관심, 호의적(또는 적대적) 감정 등에 의해 영향을 받을 수 있다.

특히 당사자간 신뢰는 협상의 진행 여부를 결정할 수 있다는 점에서 매우 중요하다. 신뢰가 매우 낮은 상태에서는 협상이 진행되지 않을 수 있고, 다행히 진행될 경우에도 우여곡절을 겪을 수 있다. 협상의 당사자 외에도 제3자가 존재한다. 협상의 당사자간에 자율적인 협상이 이루어지지 않을 경우 중립적인 제3자가 조정과 중재 역할을 수행할 수 있다. 조정자나 중재자는 협상을 촉진시키고, 창조적 대안의 개발에 도움을 줄 것이다.

2. 이슈와 이해관계

협상의 당사자들은 이슈와 의제를 중심으로 요구를 교환한다. 요구(입장)의 이면에는 진정으로 원하는 이해관계(interest)가 포함되어 있다. 협상 의제(agenda)는 협상에서 다루어질 쟁점(issue)이다. 예를 들어, 한미 쇠고기 협상에서는 월령(나이)이 쟁점이었다. 한국은 월령 30개월 미만의 소만을 수입하겠다는 것이고, 미국은 월령 30개월 이상의 소도 수입할 것을 주장하였다. 이 경우 월령은 한미 협상의 쟁점이 될 뿐만 아니라 협상 테이블에서도 진지하게 논의되는 사안이다. 이해관계는 의제에 대한 관심사 또는 그에 관련된 이해득실이다. 월령이라는 의제에 대한 한국의 일차적 이해관계는 월령을 낮추어 건강한 소를 수입하는 것이고, 광우병의 위험에 따른 국민 불안감을 해소하는 것이 2차적 관심사이다. 미국의 일차적 이해관계는 월령을 30개월 이상으로 높여 수출량을 늘리는 것이고, 축산농가의 소득증대에 따른 정치적 지지 확보가 2차적 관심사이다.

3. 상호작용

가장 좁고 가시적인 의미의 상호작용(interaction)은 협상 테이블에서 요구를 주고받는 행위를 지칭한다. 상호작용은 당사자간의 대화와 소통, 제의와 대응 제의, 전략과 전술의 구사 등을 포함하는 개념이다. 이는 Lax & Sebenius(2006: 19)가 말하는 협상의 1차원에 해당되며, 협상 테이블에서 이루어지는 의사소통, 신뢰 형성, 그리고 대응 전략 구사 등을 포함한다. 좁은 의미의 협상은 테이블에서 이루어지는 제의의 교환이라고 할 수 있다. 한쪽의 당사자가 제의(offer)를 하면 다른 당사자가 그에 대한 대응 제의(counteroffer)를 하는 과정을 거친다. 요구를 주고받는 과정에서 요구 이면에 깔려 있는 이해관계를 파악하게 되고, 상대의 의중과 생각을 짐작하게 된다. 상호작용에 있어서는 감정에 휘둘리지 않아야 하고, 고정된 시각을 가져서도 안 되며, 사람과 이슈를 구분할 수 있어야 한다. 또한 자신의 입장(position)에 집착하는 요구 중심의 협상에서 벗어나 객관적 기준과 이해관계를 중시하는 태도를 취해야만 새로운 가치의 창출이 가능해진다.

상호작용에서 전략과 전술의 중요성은 아무리 강조해도 지나치지 않는다. 협상 전략은 협상에서 상대의 예상되는 행동을 고려한 일련의 대응 체계를 의미한다. 다시 말해 전략은 전술적 행동을 위한 거시적 방향을 의미한다. 그에 반해 전술은 전략의 달성을 위한 구체적이고 단기적인 수단을 의미한다. 삼국지의 적벽대전(전투)을 예를 들면, 제갈량은 위나라의 조조가 취할 조치를 사전에 예상하여 일련의 계획(전략)을 수립하였다. 수전에서 전함끼리 쇠사슬로 묶도록 하고, 화공을 취하며, 예상 도피로마다 장수를 배치하였는데, 이러한 일련의 계획 체계를 전략이라고 한다. 전술은 이러한 전략의 실행을 위한 하위 계획인 쇠사슬, 화공, 그리고 예상 도피로의 장수배치 등을 지칭한다. 또한 상대와의 생산적 관계 유지에 중점을 두는 것을 통합 전략이라고 하는데, 이러한 전략 수행을 위한 전술은 신뢰할만하고 예측 가능한 선호 유지, 개방식 질문(자유토론)의 활용, 적극적 청취 등이 될 것이다.

여기서 구분해야 할 용어는 기획이다. 기획(planning)은 전략을 추구하는 과정에서 전술, 자원 사용, 상황 적응적 대응 등에 관하여 협상 당사자들이 내리는 고려와 선택이다. 협상 진행에 대한 계획, 전략적 지침하에서 원하는 것을 얻기 위해 가지고 있는 자원의 사용에 관한 계획 등을 포함한다는 점에서 전략과는 차이가 난다. 따라서 협상 기획은 협상 진행 및 전략 운용에 관한 계획이라고 할 수 있을 것이다.

4. 협상력

협상력(negotiation leverage)은 협상을 구성하는 중요한 요소 중 하나이다.[1] 협상력의 개념을 제대로 이해하기 위해서는 먼저 레버리지(leverage)의 개념을 살펴보아야 한다. 레버리지는 우리말로 지렛대로, 무거운 물체를 움직이는 데 사용되는 막대기를 지칭한다. 지렛대가 있으면 작은 힘으로도 무거운 물체를 들어 올릴 수 있다. 사전적 의미는 상황 또는 사람에게 영향을 미칠 수 있는 능력을 말하며, 이를 통해 사건의 발생을 통제할 수 있다. 협상론에서 레버리지는 당사자가 자신의 조건대로 합의를 얻어낼 수 있는 힘

1 협상력은 영어로 Negotiation Power와 Negotiation Leverage로 표현되는데, 전자는 국력, 경제력, 문화력 등 협상에서 간접적으로 발휘되는 포괄적인 능력을 의미하고, 후자는 협상에서 직접적으로 발휘되는 수단적 능력을 의미한다.

(power)을 의미한다(Shell, 2006: 90). 이처럼 레버리지는 상대가 요구하는 무언가를 가지는 것이다. 그것이 상대의 욕구에 관한 것이면 더 좋고, 상대에게 없어서는 안 되는 것을 가지면 가장 좋을 것이다(Trump, 1987: 37).

레버리지를 가지고 있으면 평균적인 협상가도 노련한 협상가가 성취할 수 있는 목표에 도달할 수 있다. 레버리지를 가진 쪽은 확신에 차 있지만, 반대로 레버리지를 가지지 못한 쪽은 소심하고 불안해한다. 당사자의 레버리지를 비교하기 위한 가장 좋은 방법은 주어진 상황에서 어느 쪽이 합의 결렬시 잃게 되는 것이 많은지 따져보는 것이다(Shell, 2006: 101). 취업 협상을 예로 들면, 지원자가 특정 직종이나 회사를 갈망하는 상황에서 회사가 취업협상 불가 방침을 가지고 있다면, 지원자의 복수 대안은 그의 협상력(negotiation leverage) 제고에 기여하지 못할 것이다. 지원자는 다른 대안과 무관하게 '거래 실패(no deal)'로부터 잃는 것이 너무 많아 자신의 조건을 관철시키기 어렵기 때문이다.

협상에서는 세 가지 유형의 레버리지를 생각할 수 있다(Shell, 2006: 102-105). 첫째, 긍정적 레버리지(positive leverage)이다. 긍정적 레버리지는 욕구기반(needs-based), 즉 상대가 원하는 것을 제공할 수 있는 능력에 기초해 있다. 이러한 레버리지는 상대방이 원하는 모든 것을 탐색하고, 그러한 욕구가 얼마나 절박한가를 파악하여 제공할 수 있는 능력을 보여줄 때 높아진다. 다시 말해 긍정적 레버리지는 상대방의 요구(demand), 욕구(needs), 그리고 없어서는 안 되는 것을 가질 때 발휘될 수 있다.

둘째, 부정적 레버리지(negative leverage)이다. 부정적 레버리지는 위협기반(threat-based), 즉 상대가 가진 것을 빼앗을 수 있는 능력에 기초해 있다. 그러나 상대방을 나쁜 상황에 빠뜨릴 수 있는 능력을 보여주는 것은 불신, 저항감, 그리고 분노감을 줄 수 있기 때문에 주의 깊게 사용해야 한다. 이 경우 협상의 결렬시 대안과 합의시 대안을 동시에 제시하는 방법을 사용할 필요가 있다. 부정적 레버리지가 관심을 받는 이유는 동일한 크기의 이득보다는 잠재적 손실을 더 크게 느끼는 사람들의 선호 때문이다. 그에 따라 상대방을 나쁜 상황에 빠뜨릴 수 있는 힘을 가지고 있다는 것을 보여

줌으로써 상대의 관심을 끌고 협상에서 우위를 차지할 수 있는 것이다.

셋째, 규범적 레버리지(normative leverage)이다. 이는 일관성 원칙의 적용에 기반을 두고 있다. 즉 상대방이 거부하기 힘든 원칙과 규범에 따라 행동함으로써 협상에서 우위를 차지하는 것이다. 과거의 언행, 공언했던 행동, 도덕적 의무, 규범의 준수 등은 규범적 레버리지를 구성하는 요소이다. 최근 논의되고 있는 한미 FTA 재협상과 관련하여 미국이 신중한 태도를 보이는 것은 이러한 규범적 레버리지 측면에서 한국이 유리한 위치를 차지하고 있기 때문이다.

협상력(negotiation leverage)은 협상 과정에서 자신에게 유리한 결과를 가져오게 만드는 힘(능력)이다. Shell(2006: 90)은 협상력을 협상에서 자신이 원하는 조건으로 합의를 얻어낼 수 있는 힘으로 정의한다. 다시 말해 협상 테이블에서 자신이 원하는 것을 얻어 낼 수 있는 능력을 의미한다(안세영, 2014: 26). 협상력에 영향을 미치는 요인으로는 물리력, 협상가의 지위, 시간 제약, 협상에의 의존성, 전체집단의 반발, 차선책의 존재(BATNA), 자원 등이다.

협상에서 동원할 수 있는 물리력과 자원이 많으면 협상력이 높아질 수 있지만, 반드시 그렇지는 않다. 예를 들어, 국가간 협상에서 국력이 강하다고 협상력이 큰 것은 아니다. 일반적으로 협상 대표의 지위가 높은 경우(장관급 등)나 협상 대표에게 많은 권한이 위임되었을 때 협상력은 높아질 수 있다. 협상에 있어서 시간 제약이 큰 경우 협상력은 줄어들 것이고, 그 반대의 경우 높아질 것이다. 협상에의 의존성이 높은 경우, 즉 해당 협상이 반드시 타결되어야 하는 상황에 처한 당사자의 협상력은 떨어질 것이다.

이 책에서는 협상력에 영향을 미치는 요인 중 윈셋(win-set)과 배트나(BATNA)에 대하여 자세히 살펴볼 것이다. 윈셋은 국제 협상에서 국내적 동의를 얻을 수 있는 합의 가능 집합이라고 할 수 있다. 국내 협상에서는 협상가가 소속하고 있는 집단 구성원(대의원이나 총회 등)의 동의를 얻을 수 있는 합의 가능 집합이다. 국제 협상에서 국내 집단(국회 등) 또는 국내 협상에서 집단 구성원이 반대할 경우 협상에서 수세적 입장에 처할 수 있으나, 이를 이용하여 협상력을 발휘할 수도 있다. 이는 집단적 인준을 받을 수 있는 합의 가능한 집합이 좁다는 것을 의미하는데, 이러한 협소한 윈셋을 활용하면 협상력을 높일 수 있다. 그 다음 협상보다는 못하지만 그에 버금가는 차선책을 의미하는 배트나(BATNA)가 존재할 경우 협상력이 높아질 수 있다. 당사자가 협상 결렬시 차선책 또는 대안 계획(Plan B)을 준비하고 있다면 이는 상대방에 대한 압박 요인이 될 수 있고, 자신이 원하는 조건으로 합의에 도달할 가능성을 높여 줄 것이다.

5. 협상 성과

협상을 구성하는 마지막 요소는 협상 성과이다. 협상 성과는 협상을 통하여 달성한 최종 상태를 의미한다. 협상의 성과도 일차적 성과와 이차적 성과를 구분할 필요가 있다(이달곤, 1995: 125-126). 일차적 성과는 당사자간 협상을 통해 도출된 합의 또는 타결, 즉 협상 산출(negotiation output)을 의미한다. 협상 산출은 당사자의 만족도를 기준으로 다양한 스펙트럼을 이룰 수 있다. 즉 당사자 모두가 만족하는 상생 합의일 수도 있고, 어느 한쪽만 만족하는 상극적 합의일 수도 있다. 이득의 합이 영(零)이 되는 제로섬(zero-sum)일 수도 있고, 이득의 합이 플러스가 되는 포지티브섬(positive-sum)일 수도 있다. 사회적으로 바람직한 타결일 수도 있고, 당사자간 이익을 나누어갖는 타결일 수도 있다.

이차적 성과는 협상 산출(합의 또는 타결)이 가져온 사회적 결과를 의미한다. 예를 들어, 한미 FTA 협상의 일차적 성과(협상 산출)는 한미간에 합의한 타결을 의미하고, 이차적 성과(협상 결과)는 타결이 미친 사회적 영향, 즉 한미 FTA의 타결에 의해 나타난 양국의 무역수지 변화, 양국의 일자리 변화 등을 의미한다.

그런데 이러한 협상 성과는 협상 목표와 밀접한 관련성을 갖는다. 협상 목표는 협상을 통해 얻고자 하는 최종적인 결과 상태를 의미한다. 협상 목표를 명확하게 설정하는 것은 협상 성과를 제고하는 효과가 있다. 또한 갈등이 존재할 때 해결하고자 하는 강력한 의지를 가져야 하는데, 그 해결 수준을 어느 정도로 잡느냐에 따라 협상 성과가 달라질 수 있다.

03 상생 협상

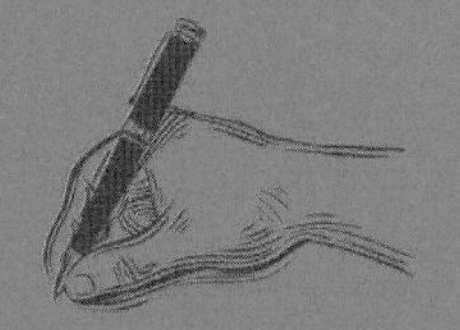

The Aesthetics of Negotiation

Win-win negotiating can come about only when you understand that people don't want the same things in the negotiation. Power Negotiating becomes not just a matter of getting what you want, but also being concerned about the other person getting what he or she wants.

〈Roger Dawson, Secrets of Power Negotiating〉

윈윈 협상은 당사자들이 꼭 같은 것을 원하지 않는다는 사실을 이해할 때만 실현될 수 있다. 상생 협상은 자신이 원하는 것을 얻는 문제일 뿐만 아니라 상대방도 원하는 것을 얻는 것에 관심을 가져야 가능하다.

〈Dawson, 2011: 332〉

THE AESTHETICS OF NEGOTIATION

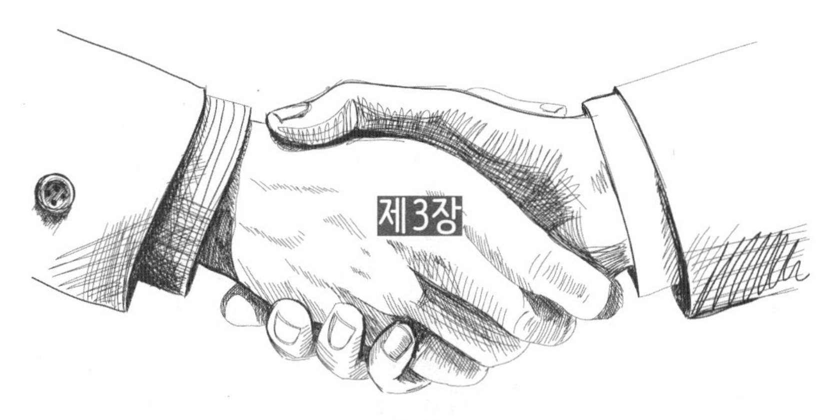

상생 협상

두 사람이 장시간 협상 테이블에 앉아 있으면서도 별다른 성과를 거두지 못할 수 있고, 협상이 타결된 후에도 서로에게 불만이 있을 수 있으며, 심지어 어느 한쪽은 만족하는 반면 다른 쪽은 패배감에 사로잡혀 있을 수도 있다. 당사자 모두가 만족하는 윈윈 결과를 만들기 위한 협상의 조건은 무엇일까? 이 장에서는 다양한 협상 유형을 살펴보고, 상생 협상의 의의와 구성 요소를 살펴보고자 한다.

제1절 상극 협상

1. 개념 정의

상극의 사전적 의미는 서로에게 해를 끼치는 관계를 의미한다. 이러한 상극의 개념을 원용하면, 상극 협상은 서로에게 이득을 주기 보다는 손해를 끼치는 협상을 의미한다. 상극 협상은 상생 협상과 대비되는 개념이다. 상생 협상은 서로에게 이득을 주는 협상으로, 당사자의 공생과 공존을 담보한다. 그에 반해 상극 협상은 서로에게 손해를 주는 협상으로, 한쪽이 승리하고 한쪽이 패배하는 '승패 협상(win-lose negotiation)'과 양쪽 모두가 패배하는 '패패 협상(lose-lose negotiation)'을 포함한다. '승패'나 '패패'의 결과를 가져오는 상극 협상은 서로에게 손해를 주고, 서로의 만족도를 떨어뜨리며, 그리고 궁극적으로 공존과 상생을 해친다. 이러한 상극 협상의 범주에는 입장 협상과 분배 협상이 포함된다.

입장 협상은 각자의 입장(요구)을 중시하는 협상이다. 입장 협상에서 당사자들은 사용자(또는 노동자)의 입장, 한국(또는 미국)의 입장, 그리고 중앙(또는 지방)의 입장 등과 같이 자신이 처한 상황과 처지를 강조하기 때문에 합리적 근거나 원칙 없이 각자의 요구와 주장을 반복한다. 입장 협상은 숫자 또는 요구가 중심이 되며, 당사자의 사정과 형편에 따라 요구가 수정되기도 한다. 분배 협상은 고정된 몫을 나누는데 중점을 두는 협상이다. 그에 따라 얻는 쪽의 이득과 잃는 쪽의 손해를 합하면 0이 되는 제로섬(zero-sum)의 결과를 가져온다. 즉 분배 협상에서는 당사자의 한쪽이 이득을 취하면 상대는 그에 해당하는 만큼 손해를 보기 때문에 공동 이득은 증대되기 어렵다.

1) 입장 협상

입장 협상(positional negotiation)은 입장 중심의 협상으로써 일관된 원칙 없이 각 당사자의 입장에 집착하는 협상이다(Fisher & Ury, 1991: 4). 여기서 입장(position)의 사전적 의미는 '당면하고 있는 상황'을 의미하고, '처지'로 순화하여 사용하고 있다. 영영 사전에는 '어떤 문제에 대한 태도 또는 견해(attitude towards or opinion of the particular matters)'라고 정의한다. 따라서 입장은 특정인이 처한 상황이나 형편을 의미한다. 예를 들어, 한미 쇠고기 협상에서 한국과 미국의 입장은 각기 처한 국내적 상황이나 개별적 처지를 의미한다. 노사 협상에서 사용자와 노동자는 각자 처한 상황과 처지가 다를 수 있다. 이처럼 입장은 당사자들이 현실적으로 처해 있는 특수한 처지나 상황이라고 정의할 수 있다.

입장 협상은 입장에 따라 요구와 주장이 달라질 수 있으므로 요구 중심의 협상이라고도 불린다. 또한 겉으로 드러난 요구 중심의 협상은 요구의 저변에 깔려 있는 욕구나 근원적 이해관계보다는 각자의 입장에서 도출된 요구나 주장을 반복한다는 점에서 숫자를 주고받는 흥정에 가깝다. 요구 중심의 입장 협상에서는 각자의 요구가 충돌되면서 협상의 결과는 다음 세 가지 중 하나로 끝날 가능성이 높다. 첫째, 각자의 완강한 요구를 굽히지 않아 협상이 결렬될 수 있고, 둘째, 각자의 요구를 조금씩 양보하여 타협할 수 있으며, 셋째, 어느 한 사람의 요구가 관철되는 일방 승리(지배)로 끝날 수 있을 것이다. 어느 결과든 서로가 만족하는 윈윈 결과의 도출에는 실패할 것이다.

입장 협상은 유순한 입장을 견지하는 연성 협상과 완고한 입장을 견지하는 경성 협상으로 구분할 수 있다. 경성 입장 협상은 협상을 어렵게 할 수 있고, 연성 입장 협상은 손쉬운 타결에 기여할 것이다. 연성 입장 협상은 유순한 입장을 견지하는 협상 또는 입장을 쉽게 바꾸는 협상으로써 다음과 같은 특징을 지닌다(Fisher & Ury, 1991: 9). 첫째, 사람과 이슈에 대하여 부드러운 태도를 취하며, 자신의 입장을 쉽게 바꾼다. 둘째, 협상의 목적은 합의를 이루는 데 있으므로 최대양보선을 공개하고 합의를 위해 쉽게 양보한다. 셋째, 각자 서로를 신뢰하며 돈독한 우호 관계의 유지를 강조한다. 넷째, 의지의 경합을 피하며 압력에 굴복한다. 다섯째, 자신만이 만족하는 대안이 아닌 상대방이 만족하는 대안을 우선시한다.

경성 입장 협상은 견고한 입장을 고수하는 협상 또는 입장을 쉽게 바꾸지 않는 협상을 의미하며, 다음과 같은 특징을 지닌다(Fisher & Ury, 1991: 9). 첫째, 사람과 이슈에 대하여 완강한 태도를 취하며, 자신의 입장을 고수한다. 둘째, 협상의 목적은 승리에 있으므로 최대양보선을 공개하지 않고 대가 없이는 쉽게 양보하지 않는다. 셋째, 각자 서로를 적으로 간주하고 극도로 불신하며 관계 유지를 조건으로 일방적 양보를 요구한다. 넷째, 의지의 경합을 불사하며 압력을 행사한다. 다섯째, 상호 만족 대안이 아니라 자신만이 만족하는 대안을 우선시한다.

연성 입장 협상이든 경성 입장 협상이든 두 가지 모두 윈윈 결과를 가져오지는 못할 것이다. 당사자 모두 또는 일방이 연성 입장을 견지하면 순응이나 일방 패배의 결과를 가져올 것이고, 반대로 당사자 모두 또는 일방이 경성 입장을 취하면 결렬이나 지배의 결과를 가져올 것이기 때문이다. 예를 들어, 서희-소손녕의 협상에서 서희가 소손녕의 요구에 협조하는 연성 입장을 채택했다면 땅을 떼어 주고 화친을 맺는 '할지강화(割地講和)' 대안에 합의했을 것이다. 이는 서희의 입장에서는 순응이고 소손녕의 입장에서는 지배이다. 반대로 서희가 소손녕의 요구에 강하게 반대하는 경성 입장을 채택했다면 전쟁이라는 대안을 피하기 어려웠을 것이다.

결론적으로 말해 연성이든 경성이든 양자의 이해관계(고려의 영토 확보와 거란의 배후 안전 보장)를 만족시키는 창조적 대안, 즉 공동경비구역(강동 6주)을 설치하는 대안을 발견하기 어려웠을 것이다. 경성 입장 협상은 강대 강의 대치를 통해 일방적 지배 또는 파국을 초래할 수 있고, 연성 입장 협상은 창조적 대안의 모색 기회를 원천적으로 봉쇄할 수 있다는 것이다.

2) 분배 협상

분배 협상(distributive negotiation)은 고정된 몫을 나누는 데 중점을 두는 협상이다(Lewicki et al., 2001). 이는 몫(pie)이 고정되어 있는 상황에서 각자가 자신의 이득을 키우고 손해를 줄이려고 경쟁하는 협상을 지칭한다. 분배 협상은 얻는 쪽의 이득과 잃는 쪽의 손실을 합하면 0이 된다는 의미에서 제로섬(zero-sum) 협상이고, 얻는 쪽의 이득과 잃는 쪽의 손실을 합치면 몫의 크기가 일정하다는 의미에서 정합 협상(constant-sum negotiation)이라고도 할 수 있다. 각자 가치가 고정된 상황에서 자신의 몫이나 이득을 증대하는 데 집중하기 때문에 타결의 결과는 승패(win-lose)의 형태로 나타날 가능성이 높다. 예를 들어, 물건 구매 협상이나 노사 협상은 이러한 분배 협상적 특징을 보여준다. 〈그림 3-1〉은 구매자(A)와 판매자(B)간의 협상 상황을 도식화한 것이다.

▌그림 3-1▌ 분배 협상의 도식화

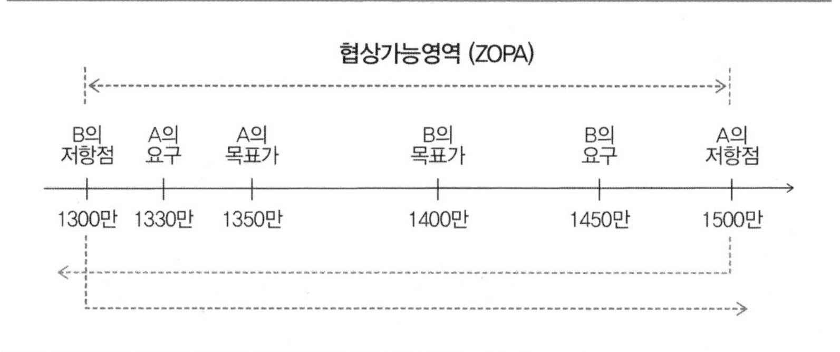

중고차를 놓고 저렴한 가격에 구매하려는 사람과 좀 더 높은 가격에 판매하려는 사람간의 협상을 예시한 것이다. A는 1,350만원에 중고차의 구매를 희망하고 있는데, 이 가격은 A의 목표 가격이다. B는 1,400만원에 중고차의 매각을 희망하고 있는데, 이 가격은 B의 목표 가격이다. A는 목표가(1,350만원)를 밝히지 않은 채 중고차의 구매가격으로 1,330만원을 제시하는데, 이 가격은 A의 초기 가격 또는 요구 가격이다. B도 목표가(1,400만원)를 밝히지 않은 채 1,450만원을 요구하는 데, 이 가격은 B의 요구 가격이다. 그러나 A는 마음속으로 1,500만원 이상을 주고는 살 수 없다고 생각하고, B는 1,300만원 이하를 받고는 팔 수 없다고 생각하고 있다. 여기서 1,500만원과 1,300만원은 각각 A와 B의 저항점이다.

저항점(resistance point)은 당사자가 심리적으로 저항감을 느끼는 지점으로써 더 이상 물러설 수 없는 마지노선을 의미한다. 이는 당사자가 마음속으로 양보할 용의가 있는 가격이라는 의미에서 유보가격(RP: Reservation Price)이라고 한다. 다른 말로는 양보할 수 있는 최대점이라는 의미에서 최대양보선, 타결될 수 있는 최대한도점이라는 의미에서 최대타결점(MSP: Maximum Settlement Point), 그리고 양보할 수 있는 최저 수준이라는 의미에서 최저선(bottom line) 등으로 불린다.

A의 저항점(유보가격)과 B의 저항점 사이의 범위(영역)를 합의가능영역(ZOPA: Zone of Possible Agreement)이라고 한다. 두 당사자는 밀고 당기고

주고받기를 반복하면서 각자의 몫을 증대시키려고 시도하지만, 어느 한쪽이 상대의 저항점을 벗어난 제안을 고수할 경우 협상 자체가 결렬되기 때문에 합의가능영역은 저항점 사이로 한정될 수밖에 없다. 그러나 실제로는 각자가 선호하는 수준(초기 가격 또는 목표가)보다 못하지만 저항점보다는 높은 수준에서 타결될 가능성이 높다. 그리고 실제 협상에서는 중고차의 가격뿐만 아니라 지불 마감일, 지불 수단, 가재도구의 포함 여부 등 여러 가지 이슈를 고려한 혼합 전략(bargaining mix)이 채택될 수 있으므로 보다 복잡한 고려가 이루어진다.

2. 전략과 전술

상극 협상에서는 기본적으로 자신의 이득을 극대화하는 전략과 전술이 사용된다. 다만, 입장 협상 및 분배 협상의 강조점에서 차이가 나듯 전략과 전술에서도 약간의 차이가 있을 수 있다. 입장 협상은 서로의 입장을 강조하고 이를 뒷받침하는 수단들을 동원하는 데 반해 분배 협상은 각자 자신의 몫을 극대화하기 위한 전략과 전술의 사용에 방점이 있다는 것이다. 또한 입장 협상에서는 유순한 협상가와 완강한 협상가를 구분하는 반면, 분배 협상에서는 구분하지 않는 점도 다른 점이다. 분배 협상의 당사자들은 일반적으로 서로 이득을 더 많이 가지려는 완강한 태도를 가진다는 점에서 연성 협상보다는 경성 협상에 가깝다고 할 수 있다. 따라서 여기서는 유순한 입장의 협상가들이 취하는 연성 협상 전략과 분배 협상 전략으로 구분하여 살펴보고자 한다. 완강한 입장의 경성 협상 전략과 몫의 분배에 초점을 두는 분배 협상 전략이 본질적으로는 유사하다고 볼 수 있기 때문이다.

1) 연성 입장 협상 전략

연성 입장 협상에서 당사자들이 주로 사용하는 전략은 양보(concession making)이다. 상대의 완강한 요구에 대하여 쉽게 양보하는 전략을 사용한다. 협상에서 양보는 잘하지 않으면서 상대방에게 강하게 요구하는 사람을 완고한 협상가(firm negotiator)라고 부른다. 이러한 완고한 협상가는 초기 제안과 목표 가격을 높이 설정하고 양보를 거부하기 때문에 단기적으로는 유리한 결과를 얻을 수 있다. 그러나 상대방에 대해 더 많이 요구하면서 자신은 양보를 거부 또는 지연하기 때문에 타결을 어렵게 하거나 협상 자체를 결렬시킬 수 있다.

반대로 초기 제안과 목표 가격이 낮고 쉽게 양보하는 사람을 유순한 협상가(soft negotiator)라고 부른다. 이러한 유순한 협상가는 목표 가격을 낮게 설정하고 상대방의 요구에 대하여 쉽게 양보하기 때문에 원만하고 손쉬운 타결에 기여하지만 단기적으로 더 불리한 결과를 얻을 것이다. 더욱이 유순한 협상가는 밀고 당기는 모색 과정을 조기에 중단시켜 잠재적인 윈윈 대안(win-win options)의 발견 기회를 차단할 수 있다. 즉 낮은 초기 요구와 신속한 양보는 서로의 이해관계를 만족시킬 수 있는 창조적 대안에 대한 탐색 노력을 원천적으로 봉쇄한다는 것이다.

완고성과 협상 성과 사이에는 역(逆) U자형 관계(inverted U-shaped relationship)를 가진다. 완고성(firmness)의 수준이 너무 낮거나 너무 높을 때보다는 중간 수준일 때 협상 성과가 좋다는 것이다. 따라서 당사자 모두의 만족과 상생을 담보하는 윈윈 협상을 위해서는 너무 유순해서도 너무 완고해서도 안 된다. 만약 당사자들이 모두 유순하고 쉽게 양보한다면 그 결과는 타협(compromise)이 될 가능성이 높다. 반대로 당사자 모두가 완고하고 양보를 거부한다면 협상이 결렬되거나 힘 있는 자가 지배하는 결과를 가져올 것이다. 따라서 잠재적인 윈윈 대안(서로의 이해관계를 만족시키는 창조적 대안)을 발견하기 위해서는 각자 일정 수준의 완고성을 바탕으로 열린 대화와 토론을 통해 새로운 대안의 탐색에 최선을 다해야 한다. 이러한 과정을 통해서도 윈윈 대안의 발견에 성공하지 못한다면, 각자의 목표를 수정하거나 제3자의 도움을 받으면서 협상 사이클을 반복하면 될 것이다.

2) 분배 협상 전략

분배 협상(또는 완고한 입장을 견지하는 경성 입장 협상)에서는 가상적 이득의 고정(mythical fixed-pie)을 상정한다. 즉 분배할 전체 이득이 고정되어 있다고 믿는다. 그에 따라 고정된 이득을 분배하는 과정에서 상대보다 더 많이 얻기 위해 대결 전략(contending)을 사용한다. 기본적으로 분배 협상에서는 다음과 같은 네 가지 사항에 중점을 둔다. 첫째, 상대의 저항점에 가까운 타결을 시도한다. 상대의 저항점을 발견하기 위하여 극단적 제안(extreme offers)과 소폭의 양보(small concessions)를 실시한다.

둘째, 상대의 저항점을 변화시키기 위해 노력한다. 이를 위해 상대방이 특정의 협상 결과에 부여하는 가치를 파악한다. 주택 구매 협상을 예로 들면, 주택의 가치, 주변 여건(교통편의, 쾌적성 등), 대금 납기일 등에 부여하는 가치를 파악한다. 또한 상대방이 협상 결과에 부여하는 가치뿐만 아니라 협상의 지연과 교착상태 그리고 협상 결렬 등에 따른 비용을 파악한다.

셋째, 합의가능영역(ZOPA)을 파악한다. 즉 합의가능영역을 확인하고 저항점을 조절한다. 그를 통해 상대의 저항점을 느슨하게 하고, 자신의 저항점을 수정할 수 있다.

넷째, 상대방으로 하여금 당해 타결이 최선이라는 믿음을 갖도록 한다. 분배 협상에서는 실제로 얻은 것과 관계없이 그 이상 얻을 수 없다거나 더 많이 얻어 승리한 것으로 생각하게 만드는 것이 중요하다.

이러한 기본 전략을 달성하기 위해서는 그에 상응하는 구체적인 수단을 강구해야 한다. 분배 협상은 자신의 몫을 키우기 위해 주로 상대를 강하게 압박하는 강성 전술(hardball tactics)을 사용한다. 분배 협상 전술을 소개하기에 앞서 두 가지 사항을 강조하고자 한다. 첫째, 이하에 제시한 전술은 모든 분배 협상 전술을 망라한 것이 아니라 특징적인 것만 선별한 것이다. 둘째, 분배 협상 전술도 상황에 따라서는 상생 협상에서도 사용될 수 있다. 따라서 분배 협상 전술은 분배 협상에서 지배적으로 사용된다는 의미를 내포하고 있다.

첫째, 정박 전술이다. 정박 전술(anchoring tactics)은 배를 멈추기 위해 닻을 내리듯이 제안을 먼저 함으로써 그것이 이후 제안의 기준점이 되도록 하는 전술이다(한완상·박태일, 2007: 94). 이는 정박 효과 또는 닻 내림 효과에 의한 것인 데, 정박 효과(anchoring effect)는 사람들이 판단을 내려야 하는 상황에서 초기에 접한 정보에 집착하여 합리적 판단을 내리지 못하는 현상을 일컫는 행동경제학의 용어다. 분배 협상에서는 이러한 정박 효과에 기대어 초기에 높은 수준을 제안하여 자신의 몫을 증대시키는 전술을 사용할 수 있다. 이러한 정박 전술은 상대방의 유보가격(reservation price)에 대하여 짐작하고 있을 때 사용하는 것이 효과적이다. 상대의 유보가격을 오판하여 저항점 이하의 제안을 시도할 경우 협상 자체를 그르칠 수 있기 때문이다.

둘째, 위협과 협박 전술이다. 위협(threats)은 양보하지 않을 경우 제재를 가하겠다는 의지의 표현이다. 협박(intimidation)은 화(격분)나 공포와 같은 감정적 수단을 동원하여 상대의 동의를 얻어내는 전술이다(Lewicki et al., 2001: 85). 위협과 협박은 협상에서 양보를 얻어내기 위한 의도로 사용되지만 협상에 응하도록 압박을 가하기 위해서도 사용된다. 위협과 협박은 처벌(penalty)의 수준이 높고 신빙성(credibility)이 높을수록 효과적이다. 그러나 위협과 협박 전술은 단기적으로 효과를 거둘 수 있지만 장기적으로는 바람직한 결과를 담보하기 어렵다.

셋째, 선·악역 교대(good guy/bad guy) 전술이다. 악역과 선역의 교대를 통해 상대방의 손쉬운 양보를 얻어내는 전술이다. 즉 먼저 악역을 맡은 협상가가 완강한 태도를 보이고 뒤이어 선한 역을 맡은 협상가가 우호적인 태도로 타결을 시도한다(Dawson, 2011: 81-84). 이 전술의 단점은 반복 사용될 때 쉽게 간파될 수 있고, 목표 달성보다는 전략 수행에 더 많은 에너지가 소요된다는 것이다. 이러한 전술에 대한 적절한 대응책으로는 자신이 전술을 간파하고 있다는 사실을 상대방에게 알려주고, 자신도 똑같이 선·악역 교대 전술을 사용하는 것이다.

넷째, 과도·과소 제안(highball/lowball) 전술이다(Lewicki et al., 2001: 81-82). 협상에서 지나치게 과도하거나 과소한 초기 제안을 통해 상대의 양보를 유도하는 전술이다. 정박 전술과 다른 점은 과대 제안뿐만 아니라 과소 제안을 통해 상대의 저항점을 변화시키려고 한다는 것이다. 이 전술의 장점은 상대방의 저항점을 재평가하게 하여 타결점을 자신의 저항점 쪽으로 이동시킬 수 있다는 것이다. 그러나 당사자들이 상대방의 과도한 제안에 대하여 고려할 가치가 없다거나 시간 낭비로 인식할 경우 협상 절차가 중단될 수 있다.

다섯째, 공격적 행동 전술이다. 공격적 행동(aggressive behavior)으로는 냉혹한 양보 요구, 초기 단계에서 최선의 제안 촉구, 상대의 제안에 대한 세세한 설명 요구 등이 포함된다(Lewicki et al., 2001: 86). 상대를 희롱하거나 괴롭히는 전술도 이러한 공격적 행동의 범주에 속한다. 괴롭히기 전술(harassment tactics)은 처벌을 포함한다는 점에서 위협이나 협박과 유사하지만, 그 처벌이 보다 직접적이고 불가피하다는 점에서 다르다. 즉 협박 전술은 처벌의 가능성을 포함하고 있는 데 반해 괴롭히기 전술은 직접적인 처벌을 수반한다. 또한 위협과 협박 전술에서는 상대의 행동에 의해 처벌이 결정되지만, 공격적 행동 전술에서는 자신의 의지에 의해 처벌이 결정된다.

여섯째, 입장 표명(positional commitment) 전술이다. 이는 더 이상 양보하지 않기 위해 특정한 제안에 대하여 확고하고 불가역적인 결의(irrevocable commitment)를 표명하는 전술이다. 이러한 전술은 협상의 파기나 결렬에 대한 위협과 결합될 때 효과적이다. 배트나(BATNA)와 규범적 원칙이 존재하거나 양보의 비용이 높을 때 입장 표명 전술의 신빙성이 높아진다. 그러나 입장 표명은 한 번 이루어지면 철회가 어렵고 철회할 경우 신빙성이 떨어지는 단점이 있다. 따라서 유능한 협상가일수록 협상의 막바지까지 입장 표명을 지연시키는 경향이 있다.

일곱째, 속임수(bogey) 전술이다(Lewicki et al., 2001: 82). 이는 이슈나 제안에서 중요하지 않은 이슈를 매우 중요한 것으로 과장하는 전술이다. 그에 따라 자신의 허위 이슈는 상대의 중요한 이슈와 교환될 수도 있다. 자신에게는 중요하지 않지만 상대방에게 매우 중요한 이슈를 발견한다면, 이 전술을 효과적으로 사용할 수 있다. 그러나 속임수 전술은 상대방과의 신뢰

관계를 깨뜨릴 수 있으므로 실제 사용에는 신중을 기해야 할 것이다.

여덟째, 자투리(nibble) 전술이다. 이는 협상에서 논의되지 않았던 항목에 대하여 약간의 양보를 요구하는 전술이다(Dawson, 2011: 90-91). 예를 들어, 정장 구매가격을 둘러싼 협상에서 가격을 깎지 않는 대신 넥타이를 공짜로 요구할 수 있는 데, 이 경우 넥타이는 자투리에 해당된다. 이는 살라미(salami) 전술과 다르다. 살라미는 협상의 대상인 의제를 잘게 잘라서 조금씩 양보 받는 전술인 데 반해 자투리 전술은 협상 의제에 포함되지 않은 항목을 양보 받는 전술이다. 이러한 자투리 전술에 대한 대응책으로는 추가 양보 가능한 사항의 목록을 작성하고 그것들의 비용을 적시하는 것이다.

아홉째, 겁쟁이(chicken) 전술이다(Lewicki et al., 2001: 83). 이 전술은 제임스 딘(James B. Dean)이 주연을 맡은 영화 '이유 없는 반항'에서 적절히 묘사되어 있다. 두 명의 운전자가 서로 또는 절벽을 향해 돌진하는 상황에서 먼저 피하는 쪽은 겁쟁이가 되고 상대는 영웅으로 대접받는다. 겁쟁이 전술은 주로 고도의 위험이 수반되는 도박에서 사용되는 데, 노사 협상에서 직장폐쇄 등이 이러한 전술에 속한다. 이 전술의 약점은 당사자들이 현실과 가상의 경계를 구분하기 어렵고, 어느 한 당사자의 파멸을 초래할 수 있다는 점이다. 미국의 클린턴(Bill Clinton) 대통령과 이라크의 후세인(Saddam Hussein) 대통령이 이라크의 생화학 무기 공장에 대한 사찰을 둘러싸고 피할 수 없는 겁쟁이 전술을 사용한 결과 전쟁(이라크에 대한 미사일 공격) 및 이라크의 파멸로 귀결된 바 있다.

열째, 주눅(snow job) 전술이다(Lewicki et al., 2001: 86). 이는 판단하기 어려울 정도의 과잉 정보를 제공하여 상대를 압도하거나 혼선에 빠뜨리는 전술이다. 예를 들어, 정보 공개 협상에서 수만 장 분량의 회의록을 공개하거나 고도의 전문적인 용어를 사용하는 것 등이다. 이러한 전술에 대한 대응책으로는 이해 가능한 답변을 받을 때까지 질문하고, 기술적 이슈에 대해서는 전문가들과 토의하며, 상대방의 일관성 없는 정보를 식별해내는 것이다.

이상에서 소개한 대결 위주의 강성 전술은 단기적으로는 더 많은 것을 얻어낼 수 있다고 하더라도 협상의 과정과 결과에는 부정적인 영향을 미칠 수 있다. 대결 전술이 초래할 수 있는 부정적 영향으로는 다음의 세 가지를 들 수 있다. 첫째, 피로스의 승리(Pyrrhic victories)이다. 이는 고대 그리스의 피로스(Pyrrhos) 왕이 전쟁에서 승리하였으나 너무 큰 희생을 치른 사례를 빗댄 표현으로 승자의 저주(winner's curse)라고 할 수 있다. 승자의 저주는 협상에서 승리하였지만 과도한 비용을 지불함으로써 위험이나 심한 후유증에 빠지는 현상을 지칭한다(Bazerman & Neale, 1992: 49-53). 이는 단기적으로는 큰 이득을 얻더라도 이미지 훼손, 공동 이득의 상실, 관계의 악화 등 더 큰 희생을 치를 수 있다는 것이다.

둘째, 새로운 대안의 모색 가능성을 봉쇄할 수 있다. 상생 협상의 목적은 경쟁과 협조의 조화를 통해 잠재적인 윈윈 대안을 모색하는 것인 데, 경쟁 일변도의 대결 전술은 상호간의 협조를 기대할 수 없어 당사자 모두의 이해관계를 만족시켜줄 창조적 대안의 모색 기회를 차단할 수 있다.

셋째, 상대방의 모방 가능성이다. 어느 일방이 이번의 협상에서 대결 전술을 사용하여 이득을 얻는 경우, 상대방이 다음 협상에서 따라할 수 있으므로 강성 전술의 악순환이 예상된다.

"승자의 저주(winner's curse)"

승자의 재앙이라고도 하며, 승자에게 내려진 저주를 뜻한다. 1971년 미국의 종합석유회사인 애틀랜틱 리치필드사(Atlantic Richfield Company)의 카펜(E.C. Carpen), 클랩(R.V. Clapp), 캠벨(W.M. Campbell)이 처음으로 언급하였고, 1992년 미국의 행동경제학자 리처드 탈러(Richard Thaler)가 발간한 <승자의 저주>라는 책을 통하여 널리 알려졌다. 1950년대에 미국 석유기업들은 멕시코만의 석유시추권 공개입찰에 참여하였는데 당시에는 석유매장량을 정확히 측정할 수 있는 기술이 부족하였다. 기업들은 석유매장량을 추정하여 입찰가격을 써낼 수밖에 없었는데 입찰자가 몰리면서 과도한 경쟁이 벌어졌다. 그 결과 2,000만 달러로 입찰가격을 써낸 기업이 시추권을 땄지만 후에 측량된 석유매장량의 가치는 1,000만 달러에 불과하였고, 결국 낙찰자는 1,000

만 달러의 손해를 보게 되었다. 이때의 상황을 카펜 등은 '승자의 저주'라고 명명하였다. 이는 M&A 또는 법원경매에서 치열한 경쟁을 통해 승리하였지만 지나치게 많은 비용을 지불함으로써 위험에 빠지는 상황을 지칭한다. 협상에서도 과도한 요구나 강압적 태도를 취할 경우 단기적으로는 이득을 얻거나 승리하지만 관계악화, 이미지 훼손, 악평, 불명예 등 너무 많은 대가를 지불함으로써 허울뿐인 영광에 빠질 수 있다.

〈출처: 두산백과〉

제2절 상생 협상

상생(相生) 협상은 당사자가 서로를 공격하거나 파괴하기 보다는 서로의 승리와 생존의 보장에 초점을 두는 협상을 지칭한다. 이는 당사자 모두가 만족 또는 승리하는 윈윈 협상(win-win negotiation)을 말한다. 윈윈 협상이 모든 당사자가 원하는 전부를 얻는다는 것을 의미하지는 않는다. 당사자는 각자에게 가장 가치 있는 것을 얻는 대신 덜 중요한 것을 포기하는 상보관계(trade-offs)를 만들기도 한다(Harvard Business School, 2003: 6). 당사자들은 우선순위의 교환을 통해 상호 만족하거나 승리감을 맛본다는 점에서 윈윈 협상이라고 할 수 있다. 이러한 상생 협상(또는 윈윈 협상)의 범주로는 원칙 협상, 통합 협상, 이해관계 협상(interest-based negotiation), 논증 기반 협상(argumentation-based negotiation) 등을 들 수 있다. 이해관계 협상과 논증 기반 협상이 원칙 협상의 핵심 내용에 포함되어 있으므로 여기서는 원칙 협상과 통합 협상을 중심으로 살펴보고자 한다.

1. 개념 정의

1) 원칙 협상

원칙 협상(principled negotiation)은 일관되고 객관적인 규칙을 준수하는 협상이다. Fisher & Ury(1991: 10-14)는 원칙 협상의 핵심 요소로 사람과 이슈의 분리, 이해관계 중심, 창조적 대안의 개발, 그리고 객관적 기준의 사용을 제시한다. 원칙의 사전적 의미는 '어떤 행동이나 이론 따위에서 일관되게 지켜야 하는 기본적인 규칙이나 법칙'이다. 원칙 협상은 기본적 원칙에 근거한 협상 또는 원칙을 중시하는 협상이다. 이는 요구가 아니라 그것이 도출된 합리적 기준이나 객관적 원칙을 중시한다는 것이다.

원칙 협상은 입장이나 요구 이면에 깔려 있는 합당한 이유나 근본적인 관심사를 중시한다는 점에서 욕구 협상 또는 이해관계 협상이라고 하고 (Pasquier et al., 2011), 몫의 크기를 키우고 당사자간 관계를 중시한다는 점에서 통합 협상(integrative negotiation)이라고 하며(Lewicki et al., 2001), 또한 입장 이면의 이유 또는 논거의 제시에 중점을 둔다는 점에서 논증 기반 협상이라고도 한다(Pasquier et al., 2011; Jennings, 1998).

원칙 협상은 입장을 공격하여 그것의 수정을 꾀하고, 이를 통해 당사자 상호간에 더 풍부한 정보 교환을 유도하며, 특히 입장보다는 입장의 이면에 깔려 있는 근본적 이유에 초점을 둠으로써 상충되는 이해관계의 조정을 통한 창조적 대안의 발견을 촉진하도록 만든다. 원칙 협상의 장점은 입장 협상과 비교하면 보다 분명해질 것이다(Lewis & Spich, 1996: 239-240). 첫째, 입장 협상은 비효율적이고 성가시며 유용한 합의를 도출하지 못한다. 둘째, 입장 협상은 경성이든 연성이든 당사자들로 하여금 자기 방어적 입장에 빠지게 만드는 경향이 있다. 셋째, 원칙 협상은 게임을 변화시키는 전략을 통해 입장 협상을 피할 수 있게 한다. 넷째, 원칙 협상은 어떤 갈등 상황에서든 분배적 상황을 피하게 하여 문제해결로 이끌 수 있다.

상황에 따라서는 경성 협상(hard bargaining)이 불가피할 수 있고, 심지어 원칙 협상에서도 분배 협상 전술이 사용될 수 있다는 반론도 제기된다. 특히 원칙 협상에서는 분배적 측면이 덜 고려되기 때문에 협상 결과에 영향을 미치는 다양한 요인들, 즉 당사자의 기대 수준, 최초 제안, 양보의 속도와 형태 등에 대한 고려가 부족하다는 것이다(White, 1984: 116-119). 이러한 반론에도 불구하고 원칙 협상이 갈등의 상생 해결을 가져온다는 점에 대해

서는 이론의 여지가 없다.

2) 통합 협상

통합 협상(integrative negotiation)은 당사자 모두가 승리 또는 만족하는 협상을 의미한다. 협력적 협상(cooperative negotiation), 협업적 협상(collaborative negotiation), 그리고 문제해결(problem solving) 등 다양한 명칭으로 사용되고 있다(Lewicki et al., 2001: 89). 당사자들이 적대적이기 보다는 개방적이고 친화적 관계를 유지한다는 점에서 융화적 협상이라고도 부른다. 통합 협상은 몫(pie)을 확대하는 협상 또는 파이가 고정되어 있지 않고 변화될 수 있는 비영합적(non zero-sum) 상황에서의 협상을 지칭한다. 통합 협상에서 당사자들은 자신의 가치를 주장하는 분배 전술보다는 서로의 가치를 창출하는 데 더 관심을 둔다. 즉 통합 협상의 당사자들은 우선 자신과 상대를 위해 가능한 한 많은 가치를 창출하고, 그 다음 자신의 가치를 주장한다(Harvard Business School, 2003: 6). 이러한 증대된 가치를 합리적 원칙에 따라 나누기 때문에 당사자 모두 만족할 수 있는 것이다.

통합 협상을 위해서는 결합 이득(joint gain)[1] 또는 상호 만족 대안을 발견해야 하고, 이를 실현할 수 있는 과정과 절차를 따라야 한다. 통합 협상은 당사자 모두가 원하는 것을 얻는 데 중점을 두지만, 언제나 윈윈 대안을 발견한다는 보장은 없다. 실제 협상에서는 가장 가치 있는 것을 원하는 대가로 덜 중요한 것을 포기하는 교환이 이루어지기 쉽다(Harvard Business School, 2003: 6). 또한 통합적 결과는 객관적 측면과 심리적 측면을 포함한다(Schoonmaker, 1989: 6). 객관적 결과(objective results)는 신속한 전달(구매자)과 적정의 가격(판매자) 등과 같이 모든 당사자의 우선순위를 충족시키는 타결이고, 심리적 결과(psychological results)는 모든 당사자가 마음속으로 만족하는 타결이다.

---

1 결합 이득은 당사자 모두의 이해관계를 충족시키는 창조적 타결안이 만들어내는 추가적 가치를 의미한다.

통합 협상은 분배 협상과 비교하면 그 의미가 분명해질 것이다. 〈그림 3-2〉는 분배 협상과 통합 협상을 도식적으로 비교한 것이다.

▌그림 3-2▐ 분배 협상과 통합 협상의 비교

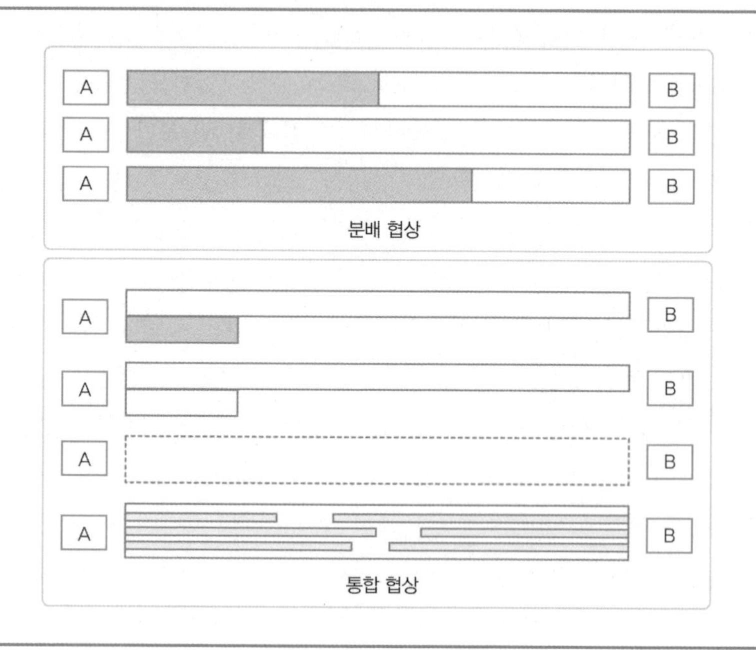

〈그림 3-2〉에서 보는 바와 같이 분배 협상은 파이가 고정된 상황에서 누가 더 많이 가지는가에 관한 협상이다. 세 가지 형태 모두 A의 이득과 B의 손실을 합하면 제로가 된다는 점에서 제로섬 협상인 것이다. 그에 반해 통합 협상은 소통과 대화를 통해 몫의 크기를 키울 수 있으며, 4가지 유형이 가능하다.

첫째, 당초의 몫과 전혀 다른 종류의 몫을 추가하는 형태이다. 시나이 반도의 반환을 둘러싼 이집트-이스라엘간 협상에서 '비무장지대화 대안'은 시나이 반도의 전부 반환(당초의 몫)과는 다른 종류의 몫(해당 지역을 비무장지대로 만들고 유엔평화유지군을 주둔시키는 대안)을 추가한 사례에 속한다.

둘째, 당초의 몫과 동일한 종류의 몫을 추가하는 형태이다. 자매간 케이크 나누기 협상에서 케이크 추가(이번의 케이크와 다음번의 케이크)는 당초의 것과 동일한 몫의 추가에 해당된다.

셋째, 당초의 몫과는 전혀 성질이 다른 몫으로 전환할 수 있다. 서희-소손녕간 협상에서 '중립지대화 대안(강동 6주)'은 기존의 몫(할지, 교역 등)과는 전혀 성질이 다른 몫으로 전환한 사례에 속한다.

마지막으로 몫을 구성하는 하위 요소들을 교환하는 형태이다. 한미 FTA 협상에서 한국의 우선적 관심사(자동차와 전자 제품)와 미국의 우선적 관심사(농산물)를 교환한 것이 이러한 사례에 속한다.

2. 핵심 내용

1) 원칙 협상의 강조점

원칙 협상에서 강조되는 네 가지 사항은 사람과 이슈의 분리, 이해관계 중심, 객관적 기준의 적용, 그리고 창조적 대안의 개발이다(Fisher & Ury, 1991; Fisher et al., 1991).

첫째, 협상 의제와 사람의 분리이다. 원칙 협상은 사람에게는 온화하고 유연하되 이슈에 대해서는 단호하고 완강할 것을 강조한다. 원칙 협상에서 당사자들은 서로 협력하여 문제를 해결하는 협력자로서 효율적이고도 우호적으로 상생 합의를 이루는 데 중점을 둔다.

둘째, 이해관계(interest)에 초점을 둔다. 당사자들은 자신과 상대의 요구나 입장보다는 그 이면에 깔려 있는 이해관계나 근본적인 관심사를 중시한다. 또한 이해관계의 조정을 통한 원만한 합의에 도달하기 위해 가능한 한 최대양보선을 갖지 않는다.

셋째, 창조적 대안(creative options)의 발견이다. 진정한 욕구나 이해관계에 초점을 두고 서로의 상충되는 이해관계를 조화시킬 수 있는 새로운 대안을 모색한다. 이득과 손실의 합이 0이 되는 제로섬(zero-sum)에 바탕을 둔 이익 분배 구조에서 벗어나 새로운 협력 과정에서 발생되는 이익의 증대에 초점을 맞출 경우 서로가 만족하는 창조적 대안을 만들어낼 수 있다.

넷째, 객관적 기준의 사용이다. 당사자의 상충되는 이해관계의 조정에 있어서 과학적 판단, 전례, 시장가격, 전문 직업적 기준, 관습 등을 적용한다(Fisher & Ury, 1991; 이달곤, 1995). 대안의 평가를 위해 공통의 기준을 적용하면 합의 도출이 용이하고 합의에 실패할 경우에도 상대의 예상되는 반응을 파악할 수 있다(Wangermann & Stengel, 1999: 43-44). 또한 사용되는 기준이 당사자 모두에게 수용되면 정당성과 실천성을 확보할 수 있다.

2) 통합 협상의 조건

통합 협상을 성공하기 위해서는 몇 가지 조건이 필요하다. 상대방의 진정한 필요(이해관계)와 목적을 이해해야 하고, 새로운 아이디어의 교환 및 자유로운 정보 흐름이 확보되어야 한다. 또한 입장의 차이보다는 공통 기반과 유사점에 초점을 두고, 공동 목적의 실현에 기여하는 대안을 모색해야 하며, 그리고 상호 신뢰(mutual trust) 형성을 위해 노력해야 한다.

첫째, 협상 과정에서 정보의 자유로운 흐름이 보장되어야 한다. 당사자들은 자신이 진정으로 원하는 목표를 밝혀야 하고 이를 서로 경청해야 한다. 그러기 위해서는 모든 이슈와 관심사에 대하여 자유롭고 공개된 토론이 가능한 여건을 조성해야 한다. 분배 협상에서는 불신, 정보 은닉 및 조작, 자신의 경쟁적 이득 추구에 관심을 갖지만 통합 협상에서는 서로의 관심사를 파악하기 위한 정보 교환에 중점을 두어야 한다.

둘째, 상대의 진정한 이해관계와 목표를 파악해야 한다. 상대의 이해관계를 충족시키기 위해서는 우선 상대를 정확히 파악해야 한다. 그것도 상대의 입장이 아니라 진정한 욕구, 근본적인 관심사, 이해관계를 파악하는 것이 중요하다. 이러한 과정에서 결합 이득을 증진시킬 수 있는 새로운 협상 대안이 나온다. 노벨상 수상자로 지명된 파인만(Richard Feynman) 교수가 수상식 참석을 거부했을 때 그를 설득한 사람은 부인이었다. 그의 부인은 파인만이 불참을 결정한 근본적인 이유가 언론의 관심과 노출에 대한 과도한 부담감 때문이라는 점을 파악하고, "불참시 더 많은 관심을 받게 되고 더 귀찮아질 것이다"라고 알려주어 그의 태도를 변화시킬 수 있었다. 이처럼 상대의 진정한 이해관계를 파악하는 것이 중요하다.

셋째, 공통점을 강조하고 차이를 최소화해야 한다. 대표적인 방법은 상위 목표(large goal)를 제시하는 것이다. 어떤 당사자든(사람, 조직, 국가 등) 더 큰 시스템의 하위요소라는 점에서 상위 목표보다 더 명확한 공통점은 없을 것이다. 예를 들어, 정당은 당직을 둘러싼 계파간 또는 의원간 이해관계가 대립할 때 총선 승리라는 상위 목표를 제시하여 당내 갈등을 봉합할 수 있다. 공공기관도 예산 배정이나 승진을 둘러싸고 부서간 또는 개인간 갈등이 발생할 수 있는 데, 경영 평가 우수나 흑자 전환 등의 상위목표를 제시하여 조직 내 갈등을 해결할 수 있다.

넷째, 양자의 목표를 충족시키는 해결책을 모색한다. 어느 한 당사자가 상대보다 더 많이 얻으려고 하면 통합 협상이 어렵고, 양자 모두 상대보다 더 많이 얻으려고 하면 통합 협상은 불가능하다. KTX역 명칭 협상에서 김천구미역 대안은 관할구역의 자존심이라는 김천시의 이해관계와 이용객의 편의 확보라는 구미시의 이해관계를 동시에 충족시킨 대안이었다. 이스라엘과 이집트의 중동 평화 협상에서 '시나이 반도의 비무장지대화 대안'은 영토 반환을 통한 주권 회복을 원한 이집트의 이해관계와 전쟁 재발 방지를 원한 이스라엘의 이해관계를 동시에 충족시키는 대안이었다. 이처럼 통합 협상은 당사자 모두의 이해관계를 만족시키는 대안을 모색하는 데 중점을 둔다.

제3절 상생 협상의 구성 요소

우리는 당사자 모두가 만족하는 상생 타결(통합)을 가져오기 위해서는 입장 협상이나 분배 협상보다 원칙 협상이나 통합 협상을 전개해야 한다는 사실을 이해하였다. 그렇다면 윈윈 결과 또는 통합적 결과를 가져오기 위한 상생 협상은 어떠한 조건을 갖추어야 하는가? 다시 말해 상생 협상을 구성하는 핵심 내용은 무엇일까? 이 책에서는 상생 협상을 구성하는 핵심 요소를 〈그림 3-3〉과 같이 정리하였다. 모든 협상이 그림과 같은 순서대로 진행되지는 않겠지만 핵심 요소들의 관계를 엿볼 수 있다. 이슈 중심, 이해관계 중심, 객관적 기준 등은 서로 영향을 미치면서 순차적 또는 상호 중첩적으로 전개될 것이고, 인식 틀의 전환은 협상의 모든 단계에서 작용할 것이다.

▌그림 3-3▐ 상생 협상의 구성 요소

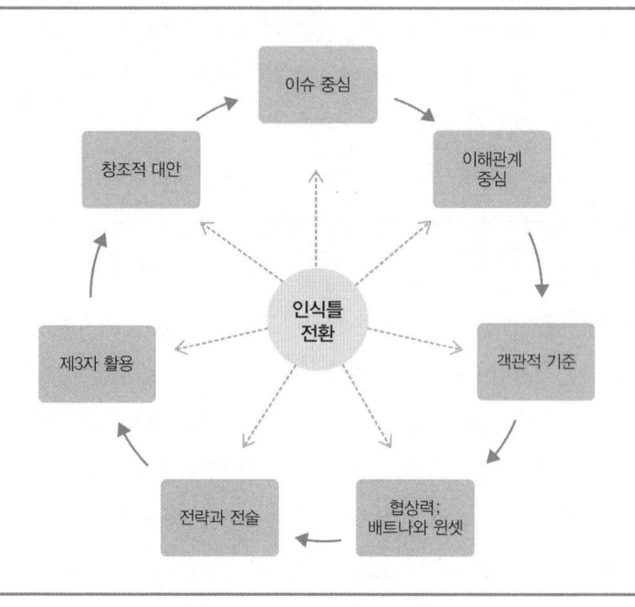

첫째, 이슈 중심의 협상이다. 상생 협상은 협상 의제(negotiation agenda)에 중점을 두되 사람과 감정의 문제에 집착하지 않아야 한다. 대다수 협상은 당사자에 대한 선호, 태도, 감정 등에 의해 좌우되는 경향이 있다. 그에 따라 어느 한쪽의 무리한 요구와 감정적인 행동은 다른 쪽에게 마음의 상처를 주게 되고, 상대방도 그에 대한 대응으로 더 격렬하고 공격적인 행동을 할 가능성이 높아진다. 이 경우 협상은 이슈가 아닌 사람의 문제로 전환될 수 있다. 상생 협상에서는 이슈와 사람의 구분을 강조한다. 이슈에 대한 태도는 완강해야 하지만 사람에 대해서는 유순하고 따뜻해야 한다는 것이다.

둘째, 이해관계 중심의 협상이다. 이는 원칙 협상에서 강조하는 요소 중 하나인데, 겉으로 드러난 요구나 입장보다는 그 이면에 깔려 있는 근본적인 관심사, 즉 욕구나 이해관계에 중점을 둔다. 현실의 많은 협상이 입장과 요구에 중점을 두기 때문에 상생 협상으로 이행되지 못한다. 이처럼 각자의 입장에 치중하고 대립적인 분위기가 조성되는 협상에서는 상대에 대한 이해가 부족하고 집단적 감성에 의해 지배되기 쉽다. 따라서 상생 협상은 입장(요구)의 밑바탕에 깔려 있는 이해관계를 중심으로 협상을 진행하고, 상충되는 이해관계의 조정에 역점을 둔다.

셋째, 객관적 기준(objective criteria)의 적용이다. 입장 협상이나 분배 협상에서는 합리적 논거나 객관적 기준 없이 요구의 절충을 시도한다. 그에 따라 국력, 경제력, 권력 등 물리적 힘이 작용하여 어느 일방이 승리하거나 양자 모두 조금씩 양보하여 타협하게 될 것이다. 상생 협상은 요구의 충돌에 대하여 물리력이나 권력으로 제압하거나 타협하지 않는다. 그 대신 서로 충돌되는 이해관계를 조정하기 위하여 객관적인 기준과 원칙을 개발하고 적용한다. 당사자들이 서로 자신의 이해관계가 중요하다고 다투는 상황에서는 정의원칙, 관례, 과학적 판단 등과 같은 객관적 기준에 의한 조정이 효과적이기 때문이다. 객관적 기준은 인류 사회에 보편적으로 적용될 수 있는 기준일 수도 있지만 그때그때의 협상에 적용될 수 있는 기준으로도 충분할 것이다.

넷째, 상생 협상에 부합하는 전략과 전술의 사용이다. 입장 협상이나 분배 협상에서는 협조 전략과 위협 전략이라는 양극단적인 전략이 사용된다. 연성 입장 협상에서는 쉽게 협조하는 전략을 사용하고, 경성 입장 협상과 분배 협상에서는 완강하게 요구하는 전략을 사용할 것이다. 그러나 이러한 전략은 협상의 교착, 결렬, 타협의 결과를 초래할 수 있다. 상생 협상에서는 협조 전략, 맞대응 전략, 통합 전략(파이의 확대, 공통점 발견, 신뢰 관계 형성, 내면적 관심사 교환 등), 협상 단계별 차별 전략을 구사한다. 또한 이러한 전략을 실현하기 위한 전술 역시 전체 이익의 확대에 중점을 두게 될 것이다.

다섯째, 협상력을 높이기 위한 대안의 모색이다. 협상력은 자신이 원하는 방향으로 협상을 이끌 수 있는 힘을 의미한다. 당사자들이 각자 상대방과의 경쟁에서 우위를 점하기 위해 최선을 다할 경우 상생의 결과를 창출할 수 있으므로 협상력은 상생 협상의 구성요소가 될 수 있다. 상생 협상과 관련된 협상력 제고의 주요 수단으로는 배트나와 윈셋을 들 수 있다. 배트나는 협상이 결렬될 때 동원할 수 있는 차선책을 의미하는데, 당해 협상의 가치를 높여주고 지위가 낮은 당사자의 대응력을 제고함으로써 상생 협상을 가능하게 한다. 윈셋(win-set)은 전체집단의 승인을 받을 수 있는 합의 가능 대안의 집합을 의미하는 데, 협상에서 당사자의 이해관계뿐만 아니라 전체 집단의 이해관계를 반영함으로써 상생 협상에 기여할 것이다.

여섯째, 창조적 대안의 모색이다. 창조적 대안(creative alternative)은 상충되는 이해관계를 충족시켜줄 수 있는 새로운 대안이다. 이러한 창조적 대안은 협상의 타결을 용이하게 할 뿐만 아니라 당사자 모두의 승리를 보장하는 상생 타결을 유도할 수 있다. 따라서 창조적 대안의 개발은 상생 협상을 완성하기 위한 가장 핵심적인 요소라고 할 수 있다. 앞서 언급한 여섯 가지 요소들을 두루 갖추고 있을지라도 창조적 대안을 발견하지 못하면 당사자들은 상생 타결에 실패할 것이기 때문이다.

일곱째, 인식 틀의 전환이다. 상생 협상을 위한 사고와 관점을 갖추는 것이다. 인식 틀의 전환을 그림의 중심에 위치시킨 것은 상생 협상의 가장 핵심적 부분이어서가 아니라 협상의 모든 단계와 요소에 영향을 미친다는 의미이다. 갈등 상황에 놓인 당사자들이 상대방을 불신하거나 적대적 감정을 갖고 있다면 협상이라는 수단을 선택하기 어려울 것이다. 또한 협상을 선택한 경우에도 당사자들이 파이가 고정되어 있다고 인식하거나 이득이 아닌 손실 중심의 준거틀을 가지고 있다면 상생 협상이 아닌 입장 협상이나 분배 협상으로 진행될 가능성이 높다. 따라서 고정된 인식 틀을 분해하고 전환하는 것도 상생 협상의 중요한 요소가 될 것이다.

마지막으로, 제3자의 활용이다. 제3자의 활용은 상생 협상의 필수적 요소는 아니지만 중요한 요소가 될 수 있다. 협상 이론은 일반적으로 당사자

간 자율적인 협상을 통해 갈등을 해결하고, 서로 만족하는 대안에 합의하는 것을 전제로 한다. 그러나 당사자들이 자율 협상에 실패하거나 협상 과정에서 창조적 대안을 발견하지 못한다면 상생 타결을 이루기 어렵다. 이 경우 중립적이고 명망 있는 제3자의 도움을 받는다면 협상의 원만한 진행과 창조적 대안의 발견이 가능할 것이다. 이러한 점에서 상황에 따라서는 제3자의 활용도 상생 협상의 핵심요소가 될 수 있다.

04 이슈 중심 협상

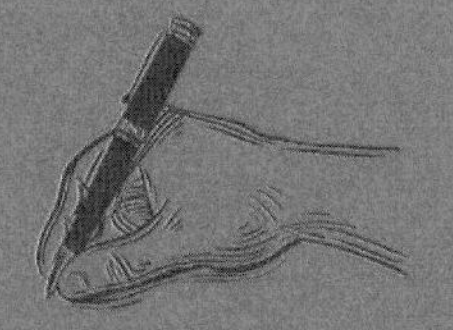

The Aesthetics of Negotiation

We cannot stop having emotions any more than we can stop having thoughts. The challenge is learning to stimulate helpful emotions in those with whom we negotiate --- and in ourselves.

〈Roger Fisher and Daniel Shapiro, Beyond Reason: Using Emotions as You Negotiate〉

우리가 생각하는 것을 멈출 수 없듯이 감정을 갖는 것을 멈출 수 없다. 우리의 과제는 자신과 협상 상대에게 유익한 감정을 자극하는 것을 배우는 것이다.

〈Fisher & Shapiro, 2005: xi〉

THE AESTHETICS OF NEGOTIATION

제4장

이슈 중심 협상

협상의 당사자는 이슈를 해결하기 위한 경쟁자이자 협력자이다. 협상의 공략 대상은 이슈(쟁점)이지 당사자(사람)가 아니다. 당사자들은 고유한 인격과 감정을 가진 존귀한 존재이다. 상대의 인격을 공격하고 감정을 훼손하는 것은 윈윈 대안의 선택을 어렵게 할 수 있다. 서로의 지혜를 빌려 이슈를 진단하고 창조적 대안을 개발하는 것이 상생 협상의 궁극적인 목적이다. 이 장에서는 이슈 중심 협상의 개념과 적용 사례 그리고 활용 방법을 제시하고자 한다.

제1절 이슈 중심 협상의 개념

1. 협상 이슈의 개념

협상 이슈는 협상에서 논란이 되는 쟁점 또는 공식적으로 논의하기로 선택한 의제(agenda)를 의미한다. 엄밀한 의미에서 문제, 이슈, 의제는 약간 차이가 나는 개념이다. '문제'는 해결을 필요로 하는 사건을 의미하고, '이슈'는 여러 가지 문제 중에서 논쟁의 대상이 되는 것을 의미하며, 그리고 '의제'는 공식적 논의의 대상으로 선정된 이슈를 의미한다. 협상 의제는 당사자들이 협상 테이블에서 진지하게 논의하기로 정한 이슈이다. 모든 사회적 이슈가 협상 의제로 채택되지 않는다는 점에서 협상 이슈와 협상 의제가 다를 수 있지만, 협상에서는 대다수 이슈가 의제로 채택된다는 점에서 협상 이슈와 협상 의제는 크게 다르지 않을 것이다.

한미 쇠고기 협상을 예로 들면, 소의 월령이 중요한 이슈이자 의제였다. 즉 우리나라는 모든 부위를 포함한 30개월 이상의 소를 수입하는 것에 반대하였고, 미국은 뼈와 내장을 포함한 30개월 이상의 소도 포함하자고 주장하였다. 이 경우 소의 월령과 부위가 한미간에 논란이 되는 이슈였고, 실제 협상에서도 중요한 의제로 다루어졌다. 한미 스크린쿼터 협상에서는 국내 영화의 의무 상영일수(스크린쿼터제)의 폐지 또는 축소가 중요한 쟁점이었다. 즉 미국은 스크린쿼터제의 폐지를 주장하였고, 한국은 축소를 주장하였다. 이 경우 스크린쿼터가 한미간에 쟁점이었고 실제 협상에서도 중요한 의제로 다루어졌다.

한일 어업 협상에서는 중간 수역의 동쪽 한계선을 둘러싸고 한국과 일본간에 의견이 첨예하게 달랐다. 한국은 동경 136도를 주장한 반면 일본은 동경 135도를 주장하였다. 이 경우 중간 수역의 동쪽 한계선이 협상의 주요 의제 중 하나였다고 할 수 있다. 한불 도서반환 협상에서는 외규장각 도서의 반환 방식이 중요한 쟁점이었다. 한국은 영구 대여를 주장한 반면 프랑스는 전시 목적의 시한부 대체 대여를 주장하였다. 이 경우 외규장각 도서의 대여 방식이 주요한 협상 의제 중 하나였다. 한미 자동차 협상에서는 관세 철폐 시한에 대한 의견 차이가 주요 이슈였다. 한국은 자동차 관세에 대한 즉각적 철폐를 주장한 반면 미국은 단계적 철폐를 주장하였다. 실제로 한미 자동차 협상에서는 관세 철폐 시기 관련 이슈가 주요 협상 의제로 채택되었다. 이처럼 협상 이슈는 협상에서 논란이 되는 쟁점이자 협상 테이블에서 다루기로 채택된 의제를 의미한다.

2. 이슈 중심 협상

대개의 협상은 이슈 또는 의제에 대한 주장과 반론으로 전개된다. 다시 말해 이슈를 중심으로 협상이 이루어지기 때문에 이슈 중심의 협상이라고 할 수 있다. 모든 협상이 이슈를 중심으로 이루어진다면 왜 상생 협상의 조건으로 이슈 중심의 협상이 강조되는지에 대한 의문이 제기될 것이다. 아울러 이슈 중심의 협상에 대응되는 개념은 무엇인가 하는 생각도 들 것이다. 이슈 중심의 협상에 대응되는 개념은 사람 중심의 협상이다. 사람 중심의 협상은 이슈가 아닌 사람을 공략하거나 사람의 감정에 좌우되는 협상이라고 할 수 있다.

협상은 둘 이상의 당사자간에 이루어지므로 주인공은 사람이고, 사람을 존중하고 신뢰하는 것이 당연하다. 그렇다면 사람 중심의 협상이 바람직한 것이 아닌가? 사람 중심의 협상은 정확히 말해 협상의 이슈보다는 당사자의 지위, 경력, 태도, 감정 등에 초점을 두는 협상이다. 다시 말해 사람과 이슈를 분리해내지 못하고 이슈가 아닌 사람을 공격하는 협상이라고 할 수 있다. 사람 중심의 협상은 당사자의 인격을 공격하고 감정을 격화시키기 때문에 실패할 가능성이 높고, 성공하더라도 상생 협상으로 나아가지 못할 것이다.

이슈 중심의 협상은 사람과 이슈를 분리하여 이슈를 주된 공략 대상으로 삼는다. 이슈와 사람을 구분할 때 사람은 협상을 진행하는 주체를 말한다. 협상 주체는 협상 과정에 참여하여 게임을 진행한다는 점에서 경기자(player)라고 하고, 협상에 이해관계를 가진 사람이라는 점에서 당사자(party)라고도 한다. 대개 협상은 대표자간에 이루어지는데, 대표자는 위임자(유권자, 국회, 총회, 이사회 등)의 뜻을 받아 협상을 진행하고 타결하며 그 결과를 위임자에게 보내 승인을 받는다.

여기서 협상의 당사자 외에 중립적인 입장에서 참여하는 사람을 제3자(the third party)라고 부른다. 제3자에는 중재자처럼 공식적인 제3자도 있고, 공식적인 중재자는 아니지만 협상 당사자들의 합의하에 중재 역할을 맡는 비공식적 제3자도 있다. 비공식적인 제3자에는 권위 있는 전문가, 명망가, 시민단체 등이 포함된다. 일반적으로 협상 당사자는 제3자를 제외한 협상 이슈에 직접적인 이해관계를 가진 당사자를 지칭한다.

이슈 중심의 협상이 강조되는 이유는 협상에서 이슈와 사람을 분리함으로써 사람간의 감정적 오해나 대립관계를 불식(拂拭)하고, 사람이 아닌 이슈에 에너지와 열정을 집중할 수 있기 때문이다. 이는 쟁점과 감정을 분리하는 효과를 가진다. 협상이 감정에 치우치면 합리적·이성적인 해결책의 모색과 선택에 있어서 여러 가지 지장을 줄 수 있다(지속가능발전위원회, 2005: 293-298). 이처럼 이슈 중심의 협상이 중요하지만, 현실적으로 이슈와 사람을 명확히 구분하기란 쉽지 않다.

사실 협상에서 이슈와 사람은 떼려야 뗄 수 없는 밀접한 관계를 가지고 있다. 협상의 이슈에는 협상 당사자의 욕구와 이해관계가 투영되어 있기 때문이다. 협상 당사자는 협상 이슈 또는 협상 의제에 대하여 이해관계를 가지고 있으며, 그에 따라 이슈별로 요구, 선호, 그리고 우선순위가 다를 수 있다. 현실의 협상에서는 의제를 중심으로 당사자간 요구가 교환되고, 요구(입장)의 이면에 깔려 있는 이해관계(욕구)의 조정이 시도된다. 이러한 점에서 이슈와 사람의 분리에 기반한 이슈 중심의 협상은 이슈에 대해서는 철저하게 공략하되 사람의 감정과 인격에 대해서는 공격하지 않아야 한다는 의미를 내포하고 있다.

3. 이슈 중심 협상과 감정조절

이슈 중심의 협상, 즉 이슈와 사람의 구분은 냉정한 이성으로 협상을 전개해야 한다는 의미이다. 그러나 이성에만 의존하여 협상하기는 매우 어렵고 바람직하지도 않다. 상생 협상을 통해 서로가 승리하기 위해서는 차가운 가슴 대신 냉정한 머리를 동원하고 긍정적인 감정을 에너지원으로 삼을 필요가 있다. 즉 기쁨과 만족과 같은 긍정적 감정(positive emotion)은 적극적으로 활용하고, 분노와 좌절과 같은 부정적 감정(negative emotion)은 통제할 필요가 있다. Fisher & Shapiro(2005)의 저서 〈이성을 넘어서(Beyond Reason)〉에는 다음과 같은 감정 관리 전략이 제시되어 있다.

협상에서 부정적인 감정은 여러 가지 문제를 초래한다. 첫째, 감정은 당사자의 관심을 실제 문제에서 벗어나게 할 수 있다. 당사자 중 어느 한쪽이 극도로 분노할 경우 그 감정의 처리에 우선적인 관심을 가질 수 있다. 둘째, 감정은 당사자 관계를 해칠 수 있다. 절제되지 않은 감정은 당사자의 현명한 행동 능력을 떨어뜨리고, 그에 따라 상대방과의 우호적인 협상 관계를 악화시킬 수 있다. 셋째, 감정은 상대에게 이용될 가능성을 높인다. 상대의 제안에 움찔하거나 자신의 이해관계 표현에 주저한다면, 이러한 반응은 자신의 실제 관심사에 대한 단서를 제공할 수 있다.

그에 반해 협상에서 긍정적인 감정은 위대한 자산이 될 수 있다. 첫째, 긍정적인 감정은 실질적인 이해관계의 충족을 용이하게 할 수 있다. 긍정적 감정은 협상 이슈에 관심을 집중시켜 서로의 이해관계를 충족시키는 대안의 선택을 가능하게 한다. 둘째, 긍정적 감정은 관계를 개선시킬 수 있다. 긍정적 감정은 공포와 의심을 줄여 적대 관계를 동료 관계로 변화시킬 수 있다. 셋째, 긍정적 감정은 상대방에게 이용당할 위험을 줄인다. 절제와 자신감과 같은 긍정적 감정만 유지한다면 상대방에게 신뢰감을 줄 뿐만 아니라 이용당할 위험성도 줄일 수 있다.

협상에서 감정을 적절히 관리하기 위해서는 자신과 상대방의 모든 감정을 이해하려고 시도하기 보다는 감정 유발 요인에 관심을 기울여야 한다. 이러한 감정 유발 유인 중에서 상대방에 대한 인정이 무엇보다 중요하다. 인정감을 표현하기 위해서는 상대의 관점을 이해하고, 상대의 생각·느낌·행동에 포함된 장점을 발견하며, 그에 대한 우리의 이해를 말과 행동으로 전달해야 한다(Fisher & Shapiro, 2005: 27-36).

첫째, 상대의 관점을 이해해야 한다. 상대가 어떻게 바라보고 느끼는지를 상대의 관점에서 이해하는 것이다. 이를 위해서는 우선적으로 단어뿐만 아니라 그 이면에 깔려 있는 멜로디에 귀를 기울여야 한다. 즉 언어 또는 단어의 맥락을 이루는 기분, 특성, 분위기, 그리고 감정적 어조를 파악해야 한다. 이는 하나의 메시지에 함축되어 있는 다른 메시지를 간파해야 한다는 점에서 메타메시지와 관련되어 있다고 볼 수 있다.

메타메시지(meta-messages)는 '메시지에 대한 메시지'를 의미하며, 대화의 내용, 시기와 장소, 분위기뿐만 아니라 강세, 어조, 억양, 몸짓, 얼굴 표정, 태도 등을 포함한다. 쿠바 미사일 협상을 예로 들면, 케네디(John F. Kennedy) 대통령은 공습 대신 해상 봉쇄를 취하면서 흐루시초프(Nikita Khrushchyov)에게 정중한 어조의 서신을 보냈는데, 이는 협상을 통해 문제를 풀자는 메타메시지였던 것이다. 이러한 메타메시지를 통해 협상에 대한 상대방의 태도나 의제에 대한 지지여부 등을 파악할 수 있다.

둘째, 상대방의 생각·느낌·행동에 포함된 장점을 발견하는 것도 인정감의 표현을 위해 매우 중요하다. 서로 견해가 다를 때 그들의 추론에 내재된 장점을 발견하려고 노력해야 한다. 이슈에 대한 상대의 입장에 동의하지 않을지라도 그들의 추론과 논리에 대해서는 인정할 수 있다. 또한 상대방과 견해 차이가 클 경우 중립적인 조정자의 관점에서 행동할 수도 있다. 조정자는 갈등의 당사자 중 어떤 측이 옳고 그른지 판단하지 않고 각자의 관점을 청취하고 그에 포함된 가치를 모색하는 역할을 수행한다.

셋째, 자신이 이해한 바를 상대방과 소통해야 한다. 이는 자신이 청취한 것을 회고(반추)하고 상대에게 보여주는 것이다. 당사자들은 자신의 관심사를 상대가 이해하였다고 표현하지 않는 한 자신의 의견이 상대방에게 제대로 전달되지 않았다고 느낄 것이다. 그렇기 때문에 자신이 청취한 것을 반추하는 성찰적 청취(reflective listening)가 필요한 것이다. 이러한 성찰적 청취는 서로의 요구, 주장, 이해관계에 주의를 기울이게 만들 것이다. 성찰적 청취를 통한 원활한 소통을 위해서는 사실의 정보를 다른 말로 표현하거나 아니면 상대가 표출한 감정을 다른 말로 표현하는 지혜도 필요하다.

후술하는 바와 같이 광고 계약을 둘러싼 헤밍웨이와 위스키회사 간부 간의 대화에서 "기껏해야 이름과 얼굴만 빌려주면 그만인데"라는 직설적인 표현 때문에 위스키회사의 간부는 헤밍웨이의 수락을 받지 못하였다. 만약 위스키회사의 간부가 "선생님의 이미지가 위스키 광고에는 어울리지 않겠지만 저희 회사와 위스키 애호가들에게는 영광이겠습니다"라는 우회적인 표현을 사용하였다면 결과는 달라졌을 것이다.

제2절 이슈 중심 협상 사례

1. 이슈 중심 협상 가능성

사람에 대해서는 공격하지 않고 이슈에 대해서만 공략하는 이슈 중심 협상이 가능할지에 대한 의문이 제기될 수 있다. 협상은 조직과 국가를 대표하는 사람(협상 대표)간에 이루어지는데, 이들은 결국 감정을 지닌 존재이기 때문이다. 인간은 감정, 가치, 배경, 관점 등에서 서로 차이가 나므로 예측 불가능할 뿐만 아니라 가치중립적일 수도 없다. 또한 협상에서 타결안을 만들어내는 과정은 상호 만족스러운 결과에 대한 심리적 몰입을 필요로 한다. 따라서 오랜 기간 축적된 신뢰, 이해, 존경, 우정에 바탕을 둔 업무 관계(working relationship)가 보다 원활한 협상을 가능하게 할 것이다.

이 때문에 협상가의 인간적인 측면을 배제하고 이슈에 대해서만 기계적으로 대응하는 것은 불가능하다. 아울러 분노, 의기소침, 공포, 적의, 좌절, 모욕감 등의 감정이 협상에 중요한 영향을 미친다. 사람들은 자신의 관점에서 세상을 관찰하고, 때때로 인식과 실재를 혼동하기도 한다. 당사자의 오해로 인해 편견이 유발되고, 공격과 반격의 악순환이 일어나며, 그로 인해 합리적인 대안의 탐색이 어려울 수 있다.

이상의 내용은 이슈 중심 협상의 가능성을 제약하는 요인들이다. 그러나 당사자는 이슈 타결과 인간관계라는 두 가지 종류의 이해관계를 갖기 때문에 이슈 중심의 협상이 가능할 것이다. 당사자는 이해관계를 만족시키는 합의(이슈 타결)를 원하면서도 동시에 상대와의 인간관계에 관심을 가질 수 있다. 예를 들어, 골동품상은 이익을 남기는 거래를 원하면서 동시에 그 고객을 단골로 만드는 데 관심을 갖는다. 대다수의 갈등이나 거래는 한 번의 협상으로 끝나지 않으므로 좋은 인간관계가 필요하다. 고객, 사업 파트너, 가족, 전문가, 공무원, 외국 등과의 협상에서는 지속적인 관계의 유지가 당장의 협상 결과보다 더 중요할 수 있다.

당사자들은 이슈를 중시하면서도 사람과 인간관계에 대하여 부드러운 태도를 견지해야 한다. 상대의 감정을 자극하지 않고 상대의 가치와 관점을 존중하면서도 자신이 원하는 이슈에 대해서는 객관적인 분석을 바탕으로 강력하게 주장할 수 있어야 한다. 이슈 중심의 협상은 이슈에 가장 우선적 관심을 갖지만 동시에 인간관계와 감정적인 부분도 고려해야 하기 때문이다.

사실 협상에 있어서 이슈와 인간관계는 서로 복잡하게 얽혀 있다. 일반적으로 상황에 대한 감정 표현은 상대에 대한 인신공격으로 이어질 수 있다. “부엌이 지저분하다”, “은행잔고가 바닥이다”와 같은 주장은 문제를 확인하는 의미이지만 개인적 공격(personal attack)으로 들릴 수 있다. 이러한 인신공격을 하지 않는 것이 이슈 중심 협상을 위한 중요한 조건이다. 뒤에 소개되는 페루-에콰도르간 국경 협상은 에콰도르 대통령이 페루 대통령에게 정치 선배에 대한 존경심을 표함으로써 이슈 중심의 협상으로 이끈 사례에 속한다.

마후아드(Jamil Mahuad) 에콰도르 대통령이 후지모리(Alberto Fujimori) 페루 대통령에 대하여 정치 선배가 아니라 나이만 많고 통치 기간만 긴 늙은이라는 메시지를 주었다면 협상은 난항을 겪었을 것이다. 거꾸로 페루 대통령이 에콰도르 대통령의 호평에 취하여 상대를 손쉬운 협상 상대로 인식하거나 무례한 행태를 보였다면 아마도 협상은 실패했을 것이다. 이처럼 이슈 중심의 협상은 사람에게는 관심을 갖지 않고 이슈에 대해서만 관심을 갖는 협상이 아니다. 이슈와 인간을 분리하여 이슈는 단호하고 엄격하게 처리하되 사람에 대해서는 유순하고 부드럽게 대응하는 것이다.

2. 이슈 중심 협상 사례

이슈 중심 협상 사례는 수없이 많다. 성공한 협상 사례의 대다수는 이슈에 중점을 두었다고 할 수 있기 때문이다. 앞서 살펴본 소손녕-서희간의 협상 사례도 국경선, 교역 중단 등과 같은 이슈에 중점을 둠으로써 협상을 성공적으로 끝냈다고 볼 수 있다. 여기서는 이슈에 중점을 둔 국내 사례로서 물이용 부담금 협상을 제시하고자 한다.

"물이용 부담금 협상 사례"

1999년 2월 『한강수계 상수원 수질개선 및 주민지원 등에 관한 법률』이 제정되면서 수질 개선(환경기초시설 건설 및 운영비, 수변지역 토지매입비)과 주민 지원에 소요되는 비용을 조달할 필요성이 높았다. 이러한 재원을 확보하기 위한 물이용 부담금의 부과징수를 둘러싸고 서울-인천-경기-강원-충북 등 5개 시·도간에 갈등이 벌어졌다. 이 사례의 경우 법률 제정 이전부터 팔당 상수원 보호구역 관리비와 환경기초시설 운영비의 분담비율에 대하여 서울, 인천, 경기도간에 분쟁이 발생하였고, 법률 제정에 있어서도 오염자부담원칙과 수혜자부담원칙이 첨예하게 대립되었다. 그 후 시행령의 제정 과정에서 물이용 부담금의 수준을 둘러싸고 5개 시·도간에 요구(입장)가 상충하였다. 상수원 보호구역을 가진 경기도, 충청북도, 강원도 등은 가능한 한 높은 수준의 부담금을 부과하자고 요구한 데 반해 하류지역에 속하여 부담만 져야 하는 서울시와 인천시는 가능한 한 낮은 수준의 부담금을 부과하고자 하였다. 부담금의 수준 결정을 둘러싼 협상에서 당사자들은 상대를 공격하기 보다는 부담금의 수준이라는 이슈에 집중함으로써 협상을 성공적으로 끝낼 수 있었다.

〈출처: 하혜수, 2003: 13〉

사례에서 보는 바와 같이 물이용 부담금의 부과와 관련된 서울시, 경기도, 인천시, 충청북도, 강원도 등은 상대방을 비난하거나 공격하기 보다는 부담금의 수준이라는 이슈에 집중하였다. 즉 이슈에 대해서는 철저하게 계산하고 강력하게 주장하였으나 상대의 인격을 공격하거나 정치적 특성을 비난하지는 않았다. 상류지역에 위치한 경기도가 주도적으로 물이용 부담금의 부과를 주장하였고, 강원도와 충청북도는 이를 지지하는 입장이었다. 하류지역에 속한 서울시는 물가 인상(공공요금의 인상)과 주민의 저항을 고려하여 비교적 낮은 수준의 부담금(톤당 70원)을 주장하였고 인천시도 시민의 급격한 가계 부담을 고려하여 낮은 수준(톤당 50원)을 주장하였다.

그에 대하여 경기도에서는 110원 이상은 되어야 한다고 주장하고, 강원

도와 충청북도는 환경기초시설 설치비의 100%와 운영비의 90%를 충당하기 위해서는 톤당 120원은 되어야 한다고 주장하였다. 이러한 과정에서 5개 시·도는 공동 연구 결과를 토대로 수질 개선 재원의 부족액이 발생하지 않는 2000년까지는 톤당 80원으로 정하고, 그 후 부족액이 발생하는 2001년부터는 이를 110원 수준으로 조정하되 2년마다 재조정하는 대안에 합의하였다. 당사자들은 부담금 수준을 둘러싸고 갈등을 겪었으나 서로를 공격 또는 비난하기 보다는 이슈에 대한 공동 대응(5개 시·도연구원의 공동 연구)을 통해 협상을 성공적으로 이끌었다고 할 수 있다.

이처럼 이슈 중심 협상은 사람(또는 사람의 감정)이 아닌 이슈에 집중한다. 협상은 사람(당사자)이 하지만, 상대를 공격하는 대신 이슈를 공략한다. 대개 이슈에 대한 생각이 다를 경우 견해차를 인정하기 보다는 상식이 통하지 않는 사람이라고 공격하는 경향이 있는데 이슈 중심 협상에서는 이를 배격한다. 이슈 중심 협상은 이슈와 사람을 명확히 구분한다. 이슈에 대해서는 밀도 있게 따지지만 상대의 인격에 대해서는 존중하는 태도를 취한다. 또한 감정을 드러내기 보다는 이슈를 분석하고 설명하는 방식을 취한다. 협상에서 감정을 직설적으로 토로하기 보다는 어떤 이유 때문에 현재의 상황에 실망감을 느낀다와 같이 자신의 감정을 객관화하여 표현한다. 다시 말해 이슈에 대해서는 강경하게 대응하고 사람(또는 상대방)에 대해서는 유순해야 한다는 것이다.

또 다른 사례로는 페루 대통령(후지모리)과 에콰도르 대통령(마후아드) 사이에 이루어졌던 국경 협상이다. 이 협상은 1999년 1월 시작되어 5월에 종결된 사례인데, 사람에 대한 부드러운 대응이 돋보인다. 즉 이슈에 대한 엄격한 대응은 구체적으로 나타나 있지 않으나 협상 타결 결과에 비추어볼 때 짐작할 수 있는 부분이다.

"페루 – 에콰도르간 협상 사례"

페루와 에콰도르간 국경분쟁의 원인은 1830년 5월 13일 에콰도르가 독립하면서 페루(1821년 독립)와 명확한 국경선을 설정하지 않았던 것에 기인한다. 특히, 아마존 유역의 막대한 자원을 확보하고자 하는 양국의 이해관계로 인해 갈등이 지속되었다. 1942년 1월 체결한 리우조약에 따라 페루는 분쟁지역의 대부분을 자국 영토로 인정받는 한편, 에콰도르는 국경지역의 5,000평방 마일을 더 양보하였다. 이로 인해 에콰도르의 숙원인 아마존 유역에 대한 접근 통로의 확보가 더욱 요원해졌다. 아마존 유역의 접근을 절실히 원하던 에콰도르는 1960년 리우조약을 부정하고, 1981년 페루와 국경분쟁을 일으켰다. 특히, 1942년 체결된 리우조약에서 명확히 명시되지 않은 80마일 국경지역을 중심으로 영토 분쟁을 시작하였다. 1999년 1월 후지모리 페루 대통령과 마후아드 에콰도르 대통령이 78㎞에 이르는 국경을 획정하는 협상에 돌입하였고, 마침내 동년 5월 150년간 지속된 국경분쟁의 종식을 고하는 국경 협정이 조인되었다.

〈출처: 이상현·박윤주, 2015〉

마후아드 에콰도르 대통령은 후지모리 페루 대통령을 만나 "지난 8년 동안 페루를 통치하신 노고를 치하 드립니다. 저는 대통령이 된지 불과 4일밖에 되지 않았습니다. 대통령 선배인 당신으로부터 많은 것을 배우고 싶습니다. 두 나라에 평화를 가져다 줄 수 있는 묘안은 뭐가 있을까요"라고 말하였다. 상대를 비난하거나 공격하기 보다는 정치 선배로 우대하여 조언을 구하는 긍정적인 태도로 인해 두 정상은 인간적으로나 협상의 당사자로서 가까워질 수 있었다.

또 하나의 결정적인 사건은 함께 자료를 보고 있는 모습을 담은 사진이었다. 이 사진이 전하는 메시지는 "이제부터 두 정상은 적이 아닌 양국의 평화라는 공동의 목적을 가진 동지다"라는 것이었다. 에콰도르 대통령이 상대에 대해서는 존경과 배려를 다하였지만 국경선 설정이라는 이슈에 대해서는 그렇지 않았다. 사람에 대해서는 온건한 태도를 취하였으나 지리적 여건과 역사적 요인 등 기술적·분석적 사안에 대해서는 실무진에서 검토된 내용을 바탕으로 철저하게 주장하였다.

이 사례가 주는 교훈은 우호적인 인간관계가 이슈에 대한 공략 기회를 감소시키지 않는다는 사실이다. 다시 말해 사람에 대한 공격은 최대한 자제하되 이슈에 대해서는 준엄하게 대응해야 한다는 것이다. 이슈에 대한 엄격한 대응은 협상의 일시적인 교착에 그치지만, 사람에 대한 공격은 협상 자체의 결렬을 초래하고 이후 재협상의 기회를 상실시킬 수 있기 때문이다.

이슈 협상이 아닌 사례, 즉 이슈와 사람의 분리를 제대로 하지 못해 실패한 협상 사례를 통해서도 이슈 협상의 중요성을 확인할 수 있다. 대표적인 사례로 스크린쿼터 협상을 제시하고자 한다.

"스크린쿼터제 폐지 협상 사례"

1998년 7월 한미 투자 협정에서 미국측은 한국의 국산영화 의무상영제도(스크린쿼터제)의 철폐를 요구하였다. 미국은 스크린쿼터를 1999년 30일로 축소하고 2001년에는 완전히 폐지할 것을 주장하였고, 한국 측은 문화적 예외 인정을 전제로 2002년까지 92일로 축소하는 대안을 마지노선으로 제시하였다. 미국은 최종적으로 18일까지 축소하는 안을 제시하였으나 끝내 타결되지 않았다.

1998년 11월 한미 정상회담에서 양국은 연내에 투자 협정을 마무리하는 것에 합의하였다. 이때부터 한국 영화계는 본격적인 스크린쿼터 축소 반대 투쟁을 전개하였다. 영화인 비상대책위를 비롯한 22개 시민단체들이 연대하여 공동대책위원회를 구성하고 대규모 거리시위를 벌이며 거세게 반발하였다. 1999년 한국정부는 강경한 국내여론을 감안할 때 스크린쿼터 축소는 현실적으로 어려우므로 투자 협정과 분리하여 협상할 것을 제안하였다. 미국정부는 스크린쿼터 문제가 해결되지 않고는 의회의 인준을 받기 어렵다며 거부하였다. 1999년 4월 미국은 협정 발효 즉시 60일로 축소할 것을 제안하였으나, 한국은 당분간은 현행 일수를 고수해야 한다고 맞섰다. 최후의 양보선으로 미국은 90일, 한국은 120일을 각각 제시하였으나 합의 도출에 실패하였다.

한국이 김대중 대통령의 두 번째 방미를 앞두고 투자 협정의 타결을 위해 2002년부터 스크린쿼터를 단계적으로 축소하는 협상안을 검토중이라고 밝혔고, 그와 동시에 한국영화 전용관 설치, 2001년까지 총 1천억원의 지원기금 조성 등을 내용으로 하는 한국영화 지원방안도 발표하였다. 그러나 영화계의 반응은 일고의 가치도 없다는 것이었다. 공동대책위원회는 6월 광화문에서 스크린쿼터 축소 결사 저지를 위한 국민보고대회를 열며 격렬히 반발하였다. 이후 스크린쿼터 폐지에 대한 논의가 있을 때마다 영화단체 및 영화인들은 기자회견, 1인시위, 삭발투쟁 등을 통해 강력하게 저항하였으며 스크린쿼터 폐지를 위한 협상은 실패하였다.

〈출처: 김정수, 2004〉

스크린쿼터제(한국영화 의무상영제) 폐지 협상을 이슈 중심으로 끌고 가기 위해서는 협상 당사자인 미국뿐만 아니라 내부 협상의 이해관계자인 영화인들에 대한 인신공격을 하지 않아야 하고, 특히 이슈(스크린쿼터제 폐지)와 사람(영화인)을 분리해야 한다. 그러나 스크린쿼터 협상 과정을 보면 정부와 영화인이 공동으로 이슈를 공략하지 못한 것으로 평가된다. 스크린쿼터 폐지라는 이슈에는 일차적으로 영화인의 매출액(밥벌이)과 2차적으로 한국 문화의 말살 및 예술인의 자존심이라는 문제가 걸려 있다. 이슈와 영화인이 밀접하게 연결되어 있기 때문에 스크린쿼터제의 폐지나 축소는 영화인에 대한 공격으로 비쳐질 수밖에 없는 것이다. 사람과 이슈의 분리에 있어서 사람은 협상에 참여한 영화인뿐만 아니라 객관적으로 존재하는 영화인을 의미한다. 따라서 스크린쿼터제의 폐지나 축소를 주장할 때 주의할 점은 영화인을 모욕하거나 공격한다는 느낌을 주지 않아야 한다.

스크린쿼터제 폐지 협상은 영화인을 공략 대상으로 삼지는 않았지만 그들의 실질적인 이해관계에 관심을 갖지 않았고 공동으로 이슈를 공략하지 않았으므로 이해관계 집단의 격렬한 저항에 직면하였고, 미국과의 협상에 심각한 영향을 주었다고 할 수 있다. 스크린쿼터 협상을 이슈 중심으로 끌고 가기 위해서는 스크린쿼터제의 폐지에 따른 한국 영화의 점유율 감소와 말살 가능성에 대한 객관적 분석에 관심을 기울여야 했다.

스크린쿼터제의 폐지 반대에 대한 영화인들의 주장을 집단 이기주의가 아닌 한국 영화에 대한 외국의 잠식이라는 관점에서 이해하고, 스크린쿼터 폐지 반대 논거에 포함된 장점(국내 영화 상영 비율 감소 등)에 대하여 공감하며, 그리고 스크린쿼터제 유지가 한국 영화 발전에 기여한다는 영화인들의 주장을 이해한다고 표현해야 했다. 이슈 중심의 협상이 진행되었다면 정부와 영화인들간 감정적 대립은 줄어들고, 스크린쿼터제 폐지 이슈에 대한 대응책, 즉 미국의 스크린쿼터제 폐지 또는 축소에 대한 대안의 개발에 집중할 수 있었을 것이다.

제3절 이슈 중심 협상을 위한 제안

대개 당사자들은 이슈와 내용에 대한 주장(진술)을 상대의 의도와 태도에 대한 지적으로 오인하는 경향이 있다. 따라서 이슈 중심의 협상을 전개하기 위해서는 정확한 인간관계 인식, 명료한 의사전달, 적절한 감정 교감, 미래지향적·계획적인 관점 등을 유지해야 한다. 이슈에 대한 양보를 통해 인간관계를 해결하려고 해서는 곤란하며, 이슈를 직접적으로 공략해야 한다. 감정이 고조되면 울분을 발산시킬 방법을 찾아야 하고, 오해가 있다면 의사소통을 통해 풀어야 한다. 이슈와 사람을 효과적으로 분리하기 위해서는 인식, 감정, 의사소통의 세 가지 측면을 고려해야 한다(Fisher & Ury, 1991: 22-36).

1. 인식 교정

이슈와 사람의 분리를 위해서는 가장 우선적으로 인식의 오류를 극복해야 한다. 협상에서 당사자들은 오감과 경험을 통해 상대를 지각하고 인식한다. 지각(perception)은 감각 작용을 통해 느끼거나 아는 것을 의미하고, 인식(cognition)은 분별하고 판단하는 것을 의미한다. 지각은 감지를 강조하는 데 반해 인식은 식별, 기억, 사고를 강조한다. 상대방에 대한 당사자의 인식은 이슈 협상을 위해 매우 중요한 요인이다. 어떤 갈등이나 분쟁이든 특정 대상과 사건을 둘러싸고 일어나지만 궁극적으로는 객관적 실체가 아닌 사람의 머릿속에서 일어난다. 따라서 상대의 관점과 입장에서 사실을 인식하는 것이 매우 중요하다. 자신의 인식에 부합하는 사실만을 중시해서는 안 되며, 상대방의 관점에서 관찰해야 한다. 상대의 견해를 이해하고 그를 통해 자신의 생각을 수정할 수 있어야 한다.

첫째, 상대에 대한 인식과 이슈를 구분해야 한다. 이를 위해서는 사람보다는 사실에 대한 인식과 이해에 더 중점을 두어야 한다. 아파트의 기계 고장 상황을 예로 들면, 단순히 기사가 엉터리로 일을 했기 때문에 고장이 났다고 주장하는 대신 고장의 횟수, 고장으로 인한 업무 차질, 고장 예방법, 고장 수리 방법 등을 중심으로 논의해야 해결책이 강구된다. 이처럼 상대에 대한 인식이 이슈의 파악과 분석에 영향을 주지 않도록 해야 한다. 다시 말해 상대에 대한 인식과 선입견 때문에 어떤 이슈(상대의 관심사)를 경시하게 되는 오류를 경계해야 한다. 상대(개도국)에 대한 인식이 협상에 영향을 미친 대표적인 사례로는 해양법 협상(LOSC: the Law of the Sea Conference)을 들 수 있다(Fisher & Ury, 1991: 26).

1974~1981년 150개국 대표들이 어업권 및 심해저 망간 채굴 등 해양 사용에 관한 규칙을 제정하기 위하여 뉴욕과 제네바에서 협상을 벌였다. 개발도상국의 협상 대표들은 기술 이전에 강한 관심을 보였는데, 선진국으로부터 심해저 채광에 필요한 선진 기술과 장비를 이전 받기를 원하였다. 미국을 비롯한 선진국은 해저광물의 채굴에 우선적인 관심을 가진 나머지 개발도상국의 이해관계(기술 이전)에 대해서는 쉽게 충족시킬 수 있다고 인식하여 가볍게 취급하였다.

이후 기술 이전 문제가 협상의 발목을 잡으면서 선진국의 그러한 인식은 큰 실수로 밝혀졌다. 만약 선진국이 기술 이전에 필요한 실천 수단 마련에 많은 시간을 투입하였다면, 개발도상국의 신뢰 확보와 상생 대안의 발견을 통해 협상을 성공적으로 이끌 수 있었을 것이다. 그 이슈를 나중에 논의해도 되는 대수롭지 않은 사안으로 인식함으로써 개발도상국의 성취감을 떨어뜨리고, 다른 이슈의 타결을 위한 기회도 날려버렸던 것이다.

둘째, 상대에게 긍정적 인식을 심어주어야 한다. 상대의 기존 인식과는 다른, 즉 인식을 바꿀 수 있는 행동을 할 필요가 있다. 1977년 이집트 대통령 사다트(Muhammad Anwar Sadat)의 예루살렘 방문은 이러한 예에 속한다. 이스라엘은 4년 전 기습공격을 해온 이집트와 사다트를 적으로 간주하고 있었다. 사다트는 이스라엘의 이러한 인식을 변화시키고, 자신도 평화를 원한다는 것을 보여주기 위해 적국의 수도로 날아갔다. 사다트는 적이 아니라 동료나 동업자로 행동하였던 것이다. 이러한 극적(dramatic)인 조치를 통해 이집트와 이스라엘은 평화 협정을 체결할 수 있었다.

셋째, 일관된 인식의 유지가 요구된다. 상대의 체면을 세워주는 것은 인식의 일관성에 영향을 준다. 영어로 체면 유지(face saving)는 "상대의 감정을 상하지 않게 하면서 일의 진행을 위해 약간의 가식(허식)을 베풀다"는 다소 경멸적인 뜻을 내포하고 있는데, 협상에서는 다소 다른 의미로 사용된다(Fisher & Ury, 1991: 28). 협상에서 체면 유지는 당사자가 입장과 언행 그리고 원칙을 일관되게 유지하는 것을 의미한다. 자신과 상대의 체면 유지, 즉 인식과 제안의 일관성 유지는 이슈 중심의 협상을 가능하게 하는 중요한 요소 중 하나이다. 어느 일방이 인식의 일관성을 유지하면 상대도 편견을 버리고 이슈에 집중할 수 있을 것이다.

2. 절제와 공감

이슈에 집중하기 위해서는 감정을 절제하는 힘을 가져야 한다. 여기서 감정(feeling)과 정서(emotion)를 구분할 필요가 있다. 감정은 어떤 상황에서의 일시적 마음 상태로서 분노, 쾌감 등으로 표현되는 데 반해 정서는 특정 상황에 있어서 마음의 지속 상태 또는 그러한 분위기를 의미하며 밝은 성격이나 침울한 분위기 등으로 표현된다. 협상은 사람들간에 이루어지고 사람은 감정의 동물이기 때문에 감정을 완전히 없애기 보다는 이를 최대한 통제하는 것이 관건이다. 또한 감정 중에서도 우호적인 감정은 인간관계의 개선에 도움이 되고 상생 대안의 도출에 기여할 수 있다(정희섭, 2013: 85-86). 따라서 협상에서 부정적인 감정은 최대한 억제하고 긍정적인 감정을 적극적으로 활용해야 할 것이다.

첫째, 당사자들은 상대에 대한 감정적 대응을 최대한 자제해야 한다. 특히 협상 대표들은 감정에 직접적으로 노출되기 때문에 감정에 대한 정확한 진단과 파악에 중점을 두어야 한다. 따라서 자신의 감정, 즉 두려움, 걱정, 분노를 적어보고 상대의 감정도 똑같이 적어볼 필요가 있다. 협상 상대방에 대한 감정적 대응은 이슈 중심의 협상을 어렵게 하고, 특정 이슈에 대한 감정적 대응은 다른 이슈뿐만 아니라 협상 전체에 영향을 미칠 수 있다. 예를 들어, 이스라엘과 팔레스타인간의 협상에서 양국은 국가 존립에 대한 위협(두려움) 때문에 요르단 강 서안지구의 용수 배분 이슈에 대해서는 논의조차 할 수 없었다. 양국은 여타 다른 이슈에 대해서도 생존의 문제로 인식하였기 때문이다.

둘째, 자신의 감정을 숨기지 않아야 하고 상대에게도 감정을 토로하게 해야 한다. 당사자들은 서로의 감정에 대해 솔직하게 이야기해야 한다는 것이다. 감정에 대한 진솔한 대화는 서로에 대한 이해를 증진시키고, 신뢰 구축에 도움이 된다. 당사자들은 상대방이 감정을 토로하도록 분위기를 조성할 필요도 있는 데, 감정을 분출하고 나면 대화를 이성적으로 이끌 수 있다. 따라서 상대가 감정을 분출할 때는 동요하지 말고 이를 차분히 경청해야 한다. 또한 2단계 협상이 동시에 진행되는 양면게임(two-level game)의 국제 협상이나 총회의 승인이 필요한 노사 협상에서는 상대방에게 적절한 분노의 표출을 통해 이슈에 대한 강력한 의지를 보여줄 필요도 있다. 이는 국회나 총회 등 인준기관에게도 "연약하지 않다"는 인상을 심어주어 협상 대표에 대한 신뢰를 높여줄 수 있을 것이다.

셋째, 감정 유발과 악화를 방지하기 위해 노력해야 한다. 이를 위해 수사적 표현뿐만 아니라 상징적 제스처를 사용할 필요가 있다. 공감의 표시, 유감의 말, 조문과 위로, 악수와 포옹, 회식 등은 감정 조절에 도움을 준다. 사과는 가장 적은 비용으로 가장 큰 보답을 받을 수 있는 투자이다. 감정 폭발에 맞대응하는 것은 금물이다. 상대의 감정 분출에 맞서면 갈등이 악화되거나 격렬한 싸움으로 번질 수 있기 때문이다. 감정의 순화를 위해 협상 장소를 실내로 하고, 앉아서 회의를 진행하며, 마이크를 사용하는 것 등을 고려할 수 있다. 협상 규칙을 제정하여 격렬한 감정 대립을 예방할 수도 있다. 1950년 미국 철강업계의 노사 협상에서 한 번에 한 사람씩 화를 낼 수 있는 규칙을 제정하여 효과를 본 바 있다.

넷째, 상대의 감정을 이해·공유하는 공감의 태도를 가져야 한다. 이는 상대의 입장에서 생각하는 '역지사지'를 의미한다. 공감(empathy)은 상대가 느끼는 감정을 인식하고 이해할 뿐만 아니라 함께 느끼는 감정의 공유를 의미한다. 공감의 사전적 정의는 '상대의 감정, 의견, 주장 따위에 대하여 자기도 그렇다고 느끼는 것'이다. 상대의 심리적 상태를 그 사람의 입장이 되어 느끼고 지각하는 방식, 즉 상대방에게 감정을 이입한다는 뜻이다. 1962년 쿠바 미사일 위기 협상은 공감의 힘을 적절히 보여주고 있다.

"쿠바 미사일 위기 협상"

1962년 10월 14일 미국 U-2기가 쿠바 상공을 정찰하던 중 소련의 미사일 기지 건설 현장을 포착하면서 미소간에 갈등이 시작되었다. 케네디(John F. Kennedy) 대통령은 엑스콤(ExCom)이라고 명명된 비상대책위원회를 구성하여 대책을 논의하였다. 엑스콤에서는 강경책과 점진책의 두 가지 대안이 제안되었다. 회의 초반에는 대다수 위원들이 미사일 기지를 공습하는 강경책에 찬성했으나, 케네디 대통령은 결국 해상 봉쇄라는 점진책을 채택하였다. 쿠바 인근 해상을 봉쇄하고 모든 선박에 대한 '검역'을 실시하는 가운데 미소간에 협상이 전개되었다. 10월 28일 케네디와 흐루시초프(Nikita Khrushchyov)는 긴박한 위기 상황에서 군사적 조치가 아닌 협상을 선택하여 갈등을 종결시켰다. 협상의 결과는 소련은 1개월 이내에 UN 감시하에 쿠바 미사일 기지를 제거하고, 미국은 '검역'을 중단함과 동시에 쿠바를 침공하지 않으며 터키와 이탈리아에 배치된 미사일을 폐기한다는 것이었다. 협상이 끝나고 소련의 쿠바 미사일 기지와 미국의 터키·이탈리아 미사일 기지가 제거되었다.

〈출처: 오지연 역, 2017: 197-203〉

엑스콤에서 강경책이 아닌 점진책을 채택할 수 있었던 이유는 케네디 대통령의 의지와 공감능력 때문이었다고 할 수 있다. 케네디는 소련의 도발적인 조치에 대해서도 흐루시초프의 입장에서 생각하였고, 그에 따라 소련이 전쟁을 불사하면서까지 쿠바에 핵무기를 배치하려던 생각에 공감하였던 것이다. 즉 미국은 이미 터키와 이탈리아에 미사일을 배치한 상태였고, 소련은 핵보유 능력과 대륙간탄도미사일 면에서 미국보다 열세에 있었다.

케네디는 흐루시초프의 행동을 이해하고 군사적 공격보다는 해상 봉쇄라는 점진책을 채택하면서 협상의 길을 열어두었던 것이다. 흐루시초프도 케네디가 쿠바에 핵이 있다는 사실을 알게 되면 비밀리에 접촉하여 거래를 시도할 것이라고 기대했는데, 예상과 달리 소련의 배신을 공개적으로 규탄할 것이라는 정보를 접하고 매우 당혹해 하였고 먼저 해결책을 제안하였다.

소련은 그 전부터 쿠바에 미사일 기지를 설치하지 않겠다고 공개적으로 약속한 바 있었으므로 케네디의 입장에서는 뒤통수를 맞은 기분이었을 것이다. 실제로 케네디 대통령은 처음 미사일 기지 설치에 관한 정보를 접하였을 때 "흐루시초프 그자가 나에게 이럴 순 없어"라고 할 정도로 경악과 분노를 금치 못했다고 한다. 케네디는 흐루시초프가 거짓말과 속임수를 사용했다고 비난할 수 있었지만, 그를 공격하는 대신 그의 입장에서 생각하여 미사일 기지 설치 행동과 의도에 공감하였던 것이다.

쿠바 미사일 위기가 발생하기 불과 4개월 전인 1962년 6월 비엔나 정상회담에서 흐루시초프는 음흉한 속셈으로 케네디 대통령을 추켜세우며 아첨을 떤 적이 있었는데, 케네디는 그 때를 생각하며 자신의 일생에서 가장 불쾌한 경험이었다고 술회한 바 있다(김춘수, 2011: 259).[1] 그러나 케네디는 쿠바 미사일 협상에서는 감정을 자극하는 언행을 삼가고 이슈에 집중함으로써 핵전쟁이라는 상호 파멸적 대안이 아닌 미사일 기지의 상호 철거라는 상생 대안을 채택할 수 있었던 것이다.

---

1 소련의 최고 간부회의에서 조차 흐루시초프를 가리켜 변덕스럽고, 음흉하고, 안이한 생각으로 성급한 결정을 내린다고 비난할 정도였다(김춘수, 2011: 288).

3. 적극적 의사소통

이슈 중심 협상을 위해서는 의사소통이 매우 중요하다. 의사소통은 경청과 의견 교환을 아우르는 개념으로, 효과적인 협상을 위한 필수조건이다. 어느 한쪽에서 제안하거나 요구할 경우에도 상대가 적극적으로 청취하지 않으면 협상의 원만한 진행이 어렵고 상생 타결로 이어지기도 어렵다. 상대방과의 대화를 위해서 뿐만 아니라 위임자나 청중에게 좋은 인상을 주기 위해서도 의사소통은 필요하다. 특히, 상대의 말을 잘못 해석하는 오해가 생길 수 있기 때문에 적극적인 의사소통은 매우 중요하다.

1980년 초 유엔 사무총장 발트하임(Kurt Josef Waldheim)은 미국인 인질 석방을 위해 이란으로 갔고, 이란 국영방송과의 대담에서 “나는 중재자로서 타협을 위해 여기에 왔다”고 말하여 논란을 불러일으켰다(Fisher & Ury, 1991: 33-34). 페르시아어로 타협은 인격 손상을, 중재자는 불쑥 끼어든 참견자를 의미하기 때문이다. 이처럼 말의 의미 차이와 그에 대한 오해는 후속적인 의사소통이 없다면 협상 자체를 어렵게 할 수 있다.

적극적 의사소통을 위해서는 무엇보다 성찰적 대화를 해야 한다. 자기의 주장과 요구를 유보하고 상대방의 요구와 그 이유에 대하여 되새겨 보아야 한다는 것이다(오영석 외, 2012: 186-187). 성찰적 대화를 위해서는 자신의 주장에 대한 성찰과 유보에서 출발하여 상대의 주장에 대한 성찰로 이어져야 한다. 상대방에 대해서도 궁금한 점, 이해가 되지 않는 점, 그리고 주장의 원인과 과정에 대하여 성찰한 후 대화를 시도해야 한다. 아울러 협상 과정에서 때때로 질문을 하면서 상대의 말뜻을 확인하는 조치를 통해 상대의 말을 경청하고 있다는 사실을 알려줄 필요도 있다. 즉 상대방의 주장을 요약한 다음 그 제안에 내재된 문제점을 제시할 경우 경청의 증거가 될 수 있다.

둘째, 자신의 느낌에 대하여 말해야 한다. 상대방에 대하여 말하기 보다는 상대의 행동이 자신에게 미친 영향에 대해 말할 필요가 있다. 당신은 ‘인종차별주의자’라고 말하는 것보다 ‘차별대우를 받는 느낌이다’라고 말하는 편이 더 설득력을 갖는다. 또한 협상 테이블에서 상대방이 협상 대표의 성이나 지위에 대해 문제를 제기할 경우 성적 차별이나 인신공격을 받는 느낌이라고 말하는 편이 낫다. 성적 차별주의자와 같은 명사를 사용하는 것은 낙인효과로 인해 상대를 자극할 수 있으나 느낌의 표현에 대해서는 상대방도 반박하기 어려울 것이다.

셋째, 상대방을 공격하지 않아야 한다. 협상 이슈에 대해서는 가감 없이 주장해야 하지만 상대의 인격에 대해서는 최대한 존중해야 한다. 미국의 대문호 헤밍웨이(Ernest Hemingway)와 위스키 회사 간부간의 대화는 인격 훼손에 따른 문제점을 적절히 보여주고 있다.[2] 미국의 위스키 회사 간부가 헤밍웨이를 방문하였다. 헤밍웨이는 사냥과 낚시를 좋아했지만 술을 즐기는 편이 아니어서 의아한 얼굴로 맞이하였다.

비서를 따라 들어온 간부는 헤밍웨이의 턱수염을 보고 "선생님은 세상에서 가장 멋진 턱수염을 가지셨습니다. 저희 회사에서 선생님의 얼굴과 이름을 빌려 광고하는 조건으로 4천 달러와 평생 마실 수 있는 술을 제공하려고 하니 허락해주십시오"라고 말하였다. 그 말을 들은 헤밍웨이는 잠시 생각에 잠겼고, 이 정도의 조건이면 훌륭하다고 생각한 위스키 회사의 간부는 기다리기가 지루한 듯 대답을 재촉하였다. "무얼 그리 망설이십니까? 기껏해야 이름과 얼굴만 빌려주면 그만인데…" 그러자 헤밍웨이는 무뚝뚝한 어투로 "유감이지만 그럴 수 없으니 그만 돌아가 주시기 바랍니다"라고 응대하였다.

얼마 후 그 간부가 돌아가자, 비서는 헤밍웨이에게 거절 이유를 물었다. 헤밍웨이는 "얼굴과 이름을 대수롭지 않게 생각하는 그런 회사에 내 얼굴과 이름을 빌려주면 어떤 꼴이 되겠는가? 그리고 사람들이 맛없는 위스키를 마시며 나를 떠올린다는 것은 도무지 참을 수 없는 일이네"라고 말하였다. 상대방이 헤밍웨이의 얼굴과 이름이라는 인격성을 공격하였기 때문에 협상은 실패한 것이다. 즉 헤밍웨이는 상대방이 자신의 명성과 턱수염을 폄하한 것이라고 생각한 것이다.

2 blog.naver.com/no1major/220243172172 참조.

05 이해관계 협상

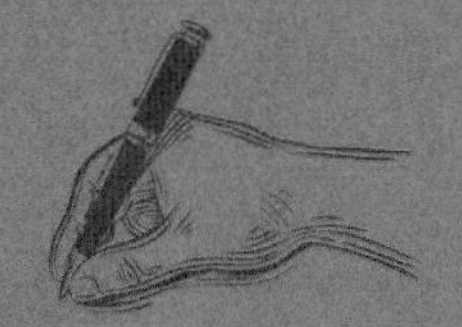

The Aesthetics of Negotiation

One of the biggest mistakes a negotiator can make is to focus exclusively on trying reconcile the demands of each party. Investigative negotiators move beyond demands and instead focus on each side's underlying interests.

〈Deepak Malhotra & Max H. Bazerman, Negotiation Genius〉

협상가들이 저지르는 최대 실수 중 하나는 요구 조정에만 몰두한다는 것이다. 탐구적 협상가는 요구를 초월하여 그 이면에 깔려 있는 근본적인 이해관계에 관심을 가진다.

〈Malhotra & Bazerman, 2006: 86〉

THE AESTHETICS OF NEGOTIATION

이해관계 협상

상생 협상은 상대방의 요구나 입장이 아니라 요구 밑에 깔려 있는 이해관계에 관심을 둔다. 협상에서 당사자들은 이슈에 대하여 주장하고 요구하면서도 진정으로 원하는 것은 쉽사리 드러내지 않는다. 만약 당사자들이 요구와 입장에 집착하면 대안 없는 언쟁과 감정 대립만이 지속될 것이다. 대신 진정으로 원하는 이해관계에 중점을 두면 이를 조화시킬 수 있는 대안과 방법을 찾게 되고, 서로가 만족하는 타결을 이룰 수 있다. 따라서 상생 협상을 위해서는 서로의 이해관계에 초점을 두어야 한다.

제1절 이해관계의 개념

1. 요구의 개념

이해관계의 개념을 명확히 이해하기 위해서는 요구의 개념부터 살펴보아야 한다. 요구 중심의 협상은 기껏해야 타협 정도를 가져오지만 이해관계 협상은 윈윈 결과를 가져온다는 주장에서 보는 바와 같이 요구와 이해관계는 서로 구별되기 때문이다. 일반적으로 요구(demand)는 필요한 것을 달라고 요청하는 것이다. 협상에서 요구는 당사자의 겉으로 드러난 요청, 즉 당사자가 특정 사안이나 의제에 대하여 주장하는 것이다.

예를 들어, 한미 쇠고기 협상에서 수입 금지에 포함되는 월령(소의 나이)이라는 이슈에 대하여 미국은 30개월 이상을 주장하고, 한국은 30개월 미만을 주장할 때 소의 월령, 즉 30개월 이상과 30개월 미만은 각각 미국과 한국의 요구에 해당된다. 스크린쿼터제 폐지 협상에서 한국 영화의 의무 상영일수라는 이슈에 대하여 미국은 55일을 주장하고 한국은 120일을 주장하였는데, 각각 55일과 120일은 미국과 한국의 요구가 된다. 따라서 요구는 협상의 이슈와 의제에 대한 각 당사자들의 주장을 의미한다.

이러한 요구는 입장과 어떤 관련을 맺고 있을까? 협상을 요구 중심으로 끌고 가면 입장 협상이 된다는 의미는 요구와 입장의 연관성을 시사해 준다. 입장(position)은 당사자가 처한 형편이나 처지를 의미한다. 영화 수출자로서의 입장, 한국 영화 진흥자로서의 입장, 근로자로서의 입장, 사용자로서의 입장, 중앙정부로서의 입장, 지방자치단체로서의 입장에서 보는 바와 같이 각 행위 주체는 자신이 처한 형편과 처지가 다른 것이다. 입장의 차이는 행동과 주장의 차이를 가져오고 이는 다시 생각과 태도의 차이를 가져온다.

입장은 협상 이슈에 대한 당사자의 태도라고 할 수 있다(Lax & Sebenius, 2006: 76). 당사자들이 특정 이슈에 대하여 취하는 태도, 즉 입장의 차이는 행동과 주장의 차이를 가져올 수 있다는 점에서 요구와 입장은 궤를 같이 한다. 협상론에서도 요구 중심 협상과 입장 협상을 동일하게 보고 있다. 그런데 입장을 뜻하는 요구는 그것을 뒷받침하는 논리와 근거 그리고 이유를 포함하지 않으므로 서로 충돌될 경우 조정이 어렵다는 특징이 있다. 요구가 충돌되는 상황에서는 힘이 센 일방이 지배(승리)하거나 타협의 결과를 가져올 수 있고, 극단적으로는 협상의 교착 또는 결렬을 초래할 수 있을 것이다.

2. 이해관계의 개념

요구에 대비되는 용어는 이해관계 또는 욕구이다. 입장 협상 또는 분배 협상에서 탈피하여 원칙 협상 또는 통합 협상으로 나아가기 위해서는 요구 중심에서 이해관계 중심으로 전환해야 한다는 주장도 이해관계와 욕구의 중요성을 일깨워 주는 말이다. 욕구(needs)의 사전적 의미는 '무엇을 얻거나 무슨 일을 하고자 바라는 것'을 의미한다. 협상에서 욕구는 요구(주장)를 통해 얻고자 하는 목적, 요구의 이면에 깔려 있는 근본적인 이유나 관심사를 말한다. 협상의 이슈와 의제에 대하여 마음속으로 원하는 것, 근원적 동기를 지칭한다.

예를 들어, 한미 쇠고기 협상의 월령 이슈에 대하여 미국과 한국이 각각 30개월 이상과 30개월 미만을 요구(주장)하였는데, 그렇게 주장한 이유는 상이하다. 미국은 30개월 이상의 많은 소를 수출하여 축산업계의 이익 증대와 불만 완화, 그리고 무역수지 개선 등을 꾀하고자 하였다. 그에 반해 한국은 상대적으로 어린 소의 수입으로 제한하여 축산농가의 손실 최소화, 광우병 위험 감소, 다른 협상 이슈와의 연계, 다른 나라와의 균형, 그리고 국민의 의혹과 불만 해소 등을 꾀하고자 하였다.

이해관계(interest)는 협상의 해당 이슈에서 얻고자 하는 이익을 의미한다. 다른 말로 실질적 이해관계(real interest) 또는 저변에 깔려 있는 이해관계(underlying interest)라고 한다. 여기서 이해와 이해관계라는 용어를 구분할 필요가 있다. 이해와 이해관계는 거의 동일한 개념이면서 쓰임새가 약간 다른 개념이다. 이해(利害)는 이익과 손해를 지칭하며 대개 득실과 병렬적으로 사용된다. 이해득실이라고 하면 이득과 손실을 아울러 포함한다.

이해관계는 서로 이해가 걸려 있는 관계를 지칭한다. 즉 이해관계는 특정 사안에 대한 사람들의 이해득실 관계를 말한다. 따라서 이해는 한 사람의 이익과 손해를 지칭하는 것도 포함하지만 이해관계는 다수 사람들 사이에 연관된 이익과 손해를 지칭한다고 볼 수 있다. 이러한 관점에서 둘 이상의 사람들간에 이루어지는 협상에서는 이해보다는 이해관계라는 용어가 보다 적합할 것으로 사료된다. 가장 넓은 의미의 협상은 1인의 내면적 협상을 포함하지만 일반적으로는 둘 이상의 당사자간에 이루어지는 협상을 전제하고 있다. 본서에서도 이러한 일반적 협상의 개념을 고려하여 이해보다는 이해관계라는 용어를 사용하고자 한다.

입장(요구)과 이해관계의 차이를 비교하면 이해관계의 의미가 보다 분명해진다. 입장은 원한다고 말하는 구체적인 사항, 즉 돈, 요구, 조건 등을 의미하는 데 반해 이해관계는 입장을 취하게 만드는 무형적인 동기, 즉 욕구, 소망, 관심사, 공포, 그리고 열망 등을 의미한다(Ury, 1993: 17). 따라서 이해관계는 쉽게 파악하기 어려울 때도 있고 자존심이나 전략적 고려 때문에 표면화되지 않는 경우도 많다.

예를 들어, 자동차 구입 사례에서 쉐보레(Chevy) 같은 특정 종류의 자동차에 대한 선호 표시는 입장이고, 그러한 자동차를 선호하는 이유는 이해관계이다(Schwarz, 1994: 97-98). A는 모든 직원을 만족시키는 자동차에 관심을 가지고, B는 연비가 좋은 자동차에 관심이 있으며, C는 정비 이력이 좋은 자동차에 관심을 가질 수 있다. 이처럼 이해관계는 자동차를 선호하는 근본적인 이유나 자동차의 구입을 통해 얻게 되는 이해득실인 것이다. 이해관계는 물질적인 이해득실뿐만 아니라 화폐로 환산하기 어려운 정신적·가치 판단적·이념적 이해까지 포함한다.

사실 입장과 이해관계의 차이는 분명하지만, 이해관계와 욕구를 구분하기란 쉽지 않다. 이해관계와 욕구는 특정한 입장이나 요구의 이유 또는 동기라는 점에서는 같을 수 있다. 그러나 이해관계는 특정 이슈에 부여하는 관심사인 반면, 욕구는 인간의 행동을 일으키는 근본적인 원인을 포함한다는 점에서 차이가 날 수 있다. 즉 생리적 욕구, 정서적 욕구, 자아실현 욕구 등은 특정 이슈에 부여하는 관심사가 아닌 인간의 근본적인 관심사인 것이다. 예를 들어, 두 저자가 제1저자를 두고 협상을 벌이는 상황을 고려하면 입장, 이해관계, 욕구의 차이를 구분할 수 있다(Miall et al., 1999: 10). 〈그림 5-1〉은 공동 저서의 제1저자를 둘러싼 갈등에서 이해관계와 욕구의 관계를 도식화한 것이다.

▮그림 5-1▮ 입장, 이해관계, 욕구의 관계

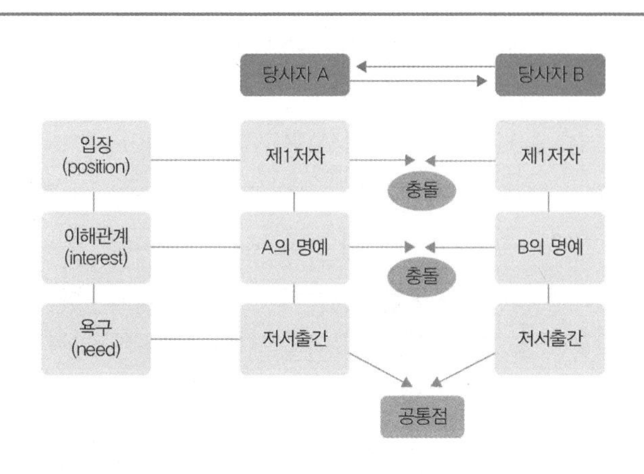

〈그림 5-1〉에서 입장은 각자의 요구인 제1저자일 것이고, 이해관계는 제1저자가 되고 싶어 하는 근본적인 이유인 개인의 명예가 될 것이다. A와 B는 각자 자신의 명예를 중시하기 때문에 이해관계 수준에서 공통점을 찾기란 쉽지 않다. 그러나 욕구의 차원으로 관심을 돌리면 두 저자 모두 저서 출간을 원한다는 공통점을 확인할 수 있다. 즉 개인의 명예라는 이해관계 뒤에 숨겨져 있는 저서 출간이라는 욕구가 존재한다. 따라서 저서 출간이라는 공통의 욕구를 바탕으로 제1저자의 선정을 위한 객관적 기준에 합의하면 갈등이 해결될 것이다.

여기서 적용할 수 있는 객관적 기준과 원칙으로는 기여도, 저서 관련 논문의 수, 논문의 평판도(인용지수), 출판사의 평가, 가나다순 등을 들 수 있다. 또한 파이 확대 전략을 사용하여 2권의 저서를 기획한 다음 번갈아가며 제1저자를 표기하는 방법을 사용할 수도 있다. 이처럼 욕구에 초점을 두면 협상의 창이 열리고 창조적 대안을 발견할 수 있다. 그런데, 이 사례에서는 욕구와 이해관계가 구분되지만 대부분의 경우 욕구와 이해관계는 복잡하게 얽혀 있다. 따라서 본서에서는 이해관계와 욕구를 거의 동일한 개념으로 간주하고자 한다.

이해관계(욕구)에는 차원이 있다. 첫째, 1차적 이해관계이다. 이는 협상

이슈나 의제에 대한 요구에 직접적으로 관련된 이해관계이다. 한미 쇠고기 협상에서 월령에 대한 직접적 이해관계 중의 하나는 축산 농가의 이익일 것이다. 미국과 한국은 각자 축산 농가의 이익 확대와 손실 최소화를 위해 월령이라는 이슈에 대하여 서로 다른 요구를 하였다고 볼 수 있다.

둘째, 2차적 이해관계이다. 이는 협상 이슈와 직접적 관련성은 없지만 간접적으로 연관된 이해관계이다. 한미 쇠고기 협상을 예로 들면, 월령은 수출입에 영향을 미치고 다시 국민들의 광우병 불안 심리에 영향을 미치기 때문에 월령의 확대 및 축소를 통해 국민을 안정시키는 것이 2차적 이해관계였다고 할 수 있다.

셋째, 제3의 이해관계이다. 이는 협상 의제와 관련성이 매우 낮은 이해관계이다. 일부에서 숨겨진 이해관계(hidden interest)라는 표현을 사용하지만, 모든 이해관계가 숨겨져 있다는 점에서 적절한 표현으로 보기 어렵다. 따라서 협상 이슈와의 관련성이 매우 낮은 이해관계라는 점에서 제3의 이해관계라고 명명하는 편이 적절할 것이다. 예를 들어, 기업 매각 협상에서 인수업체에서 제시한 가격(요구)에 대한 이해관계는 경제적 이해득실, 기업의 미래 가치, 사업 다각화, 그리고 기업 이미지 개선 등으로 다양할 것이다. 그러나 매각업체가 창업자의 장학 사업을 지속하여 그 정신을 계승하고자 하는 이해관계(욕구)를 가지고 있었다면, 이것은 협상 이슈와 관련이 매우 낮은 제3의 이해관계라고 할 수 있다.

넷째, 최대양보선(reservation price)이 있다. 협상에서 최대한 양보할 수 있는 심리적 저지선 또는 숨겨진 가격을 의미하는데, 이 역시 요구와는 다르다는 점에서 이해관계(욕구)의 일종으로 볼 수 있다. 그러나 이는 요구를 통해 얻고자 하는 이익이라기 보다는 협상 초기에 내보이지 않은 요구, 즉 미래의 요구를 의미한다고 보아야 한다.

제2절 이해관계 협상 사례

개념상으로는 요구와 이해관계의 차이를 구분할 수 있지만, 실제 사례에서는 요구 협상과 이해관계 협상을 구분하기 어렵다. 대다수 협상에서 요구와 이해관계가 순차적으로 또는 혼재되어 나타나기 때문이다. 그러나 전체 협상 과정에 기초할 때 어느 것이 지배적이냐를 기준으로 요구 협상 또는 이해관계 협상으로 규정할 수 있을 것이다. 두 가지가 비슷한 비율로 섞여 있을 경우 제3의 유형으로 볼 수 있지만, 현실적으로 큰 의미는 없을 것이다. 유형 분류 자체가 중요한 것이 아니라 이해관계 중심의 협상으로 유도하는 것이 목적이기 때문이다.

1. 요구 협상 사례

요구 중심의 협상으로는 1995년 위천 국가공단의 조성을 둘러싼 대구시와 부산시간 갈등 사례를 들 수 있다. 대구시는 지역경제 활성화를 위해 위천 국가공단 조성을 추진하였고, 부산시와 경상남도는 수질 오염 가능성을 이유로 이에 반대하면서 갈등이 발생하였다. 갈등을 해결하기 위한 대응과정을 보면, 대구시와 부산시는 시종일관 요구와 입장에 집착해 있었음을 알 수 있다.

"위천공단 조성 사례"

1995년 대구시가 위천 국가공단의 지정을 추진하자 부산시와 경상남도에서 낙동강 수질오염을 이유로 반대하면서 분쟁이 발생하였다. 대구시의 위천 국가공단 지정 요구에 대하여 건교부는 다른 자치단체의 반발을 고려하여 지방공단으로 개발하도록 권유하였으나 대구시는 국가공단 지정을 재건의하였다. 건교부가 구체적인 개발계획 및 수질 오염 방지 대책을 제출하라는 회신을 내려 보내자 부산시의회와 시민단체, 마산시의회 등은 근본적인 수질 개선 대책을 촉구하였다. 1996년 1월 대구시에서 부산시 및 경상남도의 요구를 수용한 수정안을 발표하였으나 부산시민과 경남도민들이 격렬하게 반대하였다. 중앙정부는 이러한 반대여론을 고려하여 일방적인 국가공단 추진은 없을 것이라고 발표하였다. 대구시는 1996년 3월 위천 국가공단 지정을 위한 요청서를 다시 건교부에 제출하였으나 부산시와 경상남도에서 다시 반발하면서 갈등이 격화되었다. 중앙정부와 정치권에서 명확한 결정을 내리지 못하다가 1996년 8월 낙동강 수질 개선 종합 대책을 수립한 후 위천공단을 검토한다고 발표하면서 갈등이 일단락되었다.

〈출처: 하혜수, 2003: 13〉

대구시와 부산시는 상대의 이해관계(욕구)에 대한 고려 없이 자신의 요구(주장)를 일방적으로 제시하고 밀어붙이고 있다. 양 당사자는 상대의 요구에 대응하여 자신의 요구를 변경하려는 전략적 행동을 취하지 않았다. 대구시는 공단 규모의 축소, 환경 개선 대책의 제시 등 요구를 다소 수정하기도 하였으나 국가공단의 추진이라는 당초의 입장에서 벗어나지 못하였고, 부산시는 시종일관 국가공단 저지만을 요구(입장)하였다.

대구시는 부산시의 공단 저지 요구(주장)에 대하여 지역감정 또는 정치적 동기 때문이라고 인식한 나머지 공단조성에 반대하는 부산시의 실질적인 이해관계(이유)에 대해서는 관심을 두지 않았다. 즉 국가공단의 조성으로 인해 낙동강 수질의 악화 정도나 부산시민의 먹는 물(수돗물)에 미치는 영향 등에 관심을 갖고 그에 대한 대책을 탐색하거나 새로운 제안을 하지 못하였다.

이후 부산시의 수질 악화 주장에 대해서도 공단 조성으로 수질이 악화되면 이를 개선하면 된다는 원론적 반박(재요구)에 그쳤을 뿐 수질 개선의 수준이나 방법 그리고 그에 투입되는 비용에 대해서는 관심을 갖지 않았다. 부산시도 대구시의 국가공단 추진(요구)의 근본적인 이유에 대해서는 크게 관심을 두지 않았다. 대구시의 지역경제가 얼마나 어려운지, 경제 회복과 공단 규모는 어떤 관계를 갖는지 등 국가공단을 추진하는 대구시의 실질적인 이해관계에는 충분한 관심을 기울이지 못하였다.

더욱이 부산시와 대구시는 각자 상대방의 실질적인 이해관계에 관심을 갖는 대신 항의 집회, 서명운동, 시민결의대회, 정치적 영향력 행사 등 권력적 수단의 동원에 집중하였다. 이는 갈등의 초기 단계부터 극단적인 대결 기조가 형성되어 서로의 요구에 대하여 상호 불신한 데 따른 당연한 결과였다. 그에 따라 양 지자체는 대화나 의사소통을 통해 근본적인 관심사를 파악하려는 노력 대신 시민단체, 지역 국회의원, 지방의원 등 정치적인 자원을 과도하게 동원하였던 것이다. 대구시와 부산시는 국가공단 추진 강행, 지역 이기주의, 전면 백지화, 무분별한 개발 가속화 우려, '선 수질 개선 후 공단 조성' 등 감정 유발적 행동을 반복하였고, '공단 추진-저지'라는 요구 협상을 '경제 회복-수질 개선'이라는 이해관계 협상으로 전환시키지 못하였다.

두 번째 요구 협상으로는 2010년 대구시 취수원 이전을 둘러싸고 발생한 대구시와 구미시간 갈등을 들 수 있다. 대구시는 국토교통부의 계획에 기초하여 취수원 이전을 추진하였고, 구미시와 시민들은 재산권 침해 및 용수 부족 등을 이유로 반대하였다. 이 사례에서도 대구시와 구미시는 줄곧 요구(주장)에 초점을 두고 있다.

"대구시 취수원 이전 사례"

2010년 8월 국토부에서 대구지역 주민의 안전하고 깨끗한 수돗물 공급을 위해 광역 취수원을 구미공단 상류지역으로 이전하는 계획을 발표하자 구미시와 시민단체들이 반대하면서 갈등이 발생하였다. 대구시는 낙동강수계의 반복적인 수질 오염 사고를 고려할 때 맑은 물 공급을 위해 취수원 이전이 불가피하다고 주장하였다. 특히 대구시는 낙동강 표류수에 식수원의 70%를 의존하고 있는 데, 취수원 상류에 위치한 구미와 김천의 대규모 산업단지로 인해 수질사고 위험이 상존하고 있다고 주장하였다. 이에 대해 구미시는 취수원의 상류 이전은 수질 개선에 역점을 둔 4대강사업에 정면으로 위배된다고 맞서고 있다. 특히 취수원 이전시 재산권 침해, 유지용수 부족, 오염 총량제 시행에 따른 환경개선 비용부담금 증가, 그리고 수도요금 상승 등이 초래될 수 있다고 주장한다. 구미시의 반대로 중단되었던 취수원 이전사업은 2013년 대구에서 해평 광역취수장으로 옮기는 대안을 검토하면서 재추진되었고, 2014년 정부에서 발표한 지역간 이해관계 조정방안에 포함되면서 다시 추진되고 있다.

〈출처: 서울신문, 2014.03.13.〉

대구시의 요구는 취수원 이전이고, 구미시의 요구는 이전 반대이다. 즉 대구시의 일방적 이전 추진과 구미시의 반대 및 항의 방문이라는 요구가 충돌하였다. 대구시와 구미시는 요구 이면에 깔려 있는 상대의 이해관계(욕구)를 파악하려고 하지 않았다. 취수원 이전 요구의 이면에 깔려 있는 대구시의 실질적 이해관계는 취수원 상류에 위치한 산업단지로 인한 수질 오염을 방지하고 식수원의 수질을 개선하는 것이었는데, 구미시는 그에 대하여 적극적인 관심을 갖지 못했다. 취수원 이전 반대에 대한 구미시의 실질적 이해관계는 이전 예정지 주변 주민의 재산권 피해 및 유지용수 비용 등이었는데, 대구시는 그에 대해서는 적극적인 관심을 갖지 않았다.

대구시는 자신의 요구를 관철시키기 위해 한국개발연구원(KDI)에 예비타당성 조사 의뢰와 시의회 결의안 채택 등을 추진하였고, 구미시 또한 중앙부처 항의 방문과 주민 동원 등 자신의 요구를 관철시키는 데 주력하였다(내일신문, 2010.08.09.; 연합뉴스, 2011.04.12.). 구미시는 대구시를 구미시민의 재산권을 침해하는 일방적 행위자로 인식한 데 반해, 대구시는 구미시를 국가적 차원의 수질 개선 정책을 방해하는 저항적 행위자로 인식하고 있었다. 그 결과 요구와 요구의 충돌은 지속되고 있으며, 갈등이 해결되지 않아 취수원 이전 사업은 표류하고 있다.

2. 이해관계 협상 사례

이해관계 협상으로는 먼저 이집트-이스라엘간의 협상 사례를 들 수 있다. 1978년 시나이 반도의 반환을 둘러싸고 이집트와 이스라엘 사이에 협상이 이루어졌는데, 양측은 초기 단계에서는 요구(입장) 중심의 협상에 머물러 있었으나 이후 이해관계 협상으로 전환하여 성공적으로 타결한 바 있다.

"1978년 이집트-이스라엘 협상 사례"

1967년 이집트와 이스라엘 사이에 전쟁이 발발했고, 불과 6일 만에 이집트는 시나이 반도를 이스라엘에 내준 채 항복하였다. 그 후 양국은 불안한 휴전상태를 해소하기 위해 평화협정을 시도하였으나 11년 동안 타결하지 못하였다. 1978년 다시 평화협상을 시작하였으나 양국의 입장은 팽팽하였다. 이스라엘은 시나이 반도의 일부를 점령하겠다고 주장한 반면 이집트는 시나이 반도의 전부를 반환해야 한다고 주장(요구)하였다. 수차례에 걸쳐 시나이 반도를 분할하는 국경선을 그렸으나 이집트가 수락하지 않았고, 1967년의 상태로 되돌아가는 대안에 대해서는 이스라엘이 수용하지 않았다. 사다트(Sadat) 이집트 대통령과 베긴(Begin) 이스라엘 총리는 미국의 카터 대통령 중재로 캠프 데이비드(Camp David)에서 만나 입장이 아닌 이해관계(진정으로 원하는 욕구)에 집중함으로써 합의에 이를 수 있었다.

이스라엘의 이해관계(interest)는 안보(security), 즉 이집트의 탱크가 국경에 배치되는 전투태세를 취하는 것을 원하지 않았다. 이집트의 이해관계는 주권회복, 즉 시나이 반도는 파라오시대부터 이집트 영토였다는 것이다. 이스라엘과 이집트는 상충되는 이해관계에 초점을 두면서 이를 동시에 만족시킬 수 있는 창조적 대안, 즉 '시나이의 반환 후 비무장지대화(demilitarization)'에 합의하였다. 그에 따라 이집트는 시나이 반도의 반환을 통해 주권을 회복할 수 있었고, 이스라엘은 비무장지대의 설정을 통해 안보를 확실히 할 수 있었던 것이다.

〈출처: Fisher & Ury, 1991: 41〉

앞에서 보는 바와 같이 이집트의 요구(입장)는 시나이 반도의 전부를 반환받는 것이다. 그에 반해 이스라엘의 요구는 시나이 반도의 일부만이라도 남겨두는 것이다. 양국은 전쟁이 끝난 1967년부터 협상을 시작하였으나 양국의 강경한 요구(입장) 충돌로 인해 11년간이나 타결을 보지 못하고 있었다. 양국은 수차례 협상 테이블에 앉았으나 당초의 요구를 반복할 뿐 진정한 이해관계에 대한 관심을 갖지 못하였다. 결국 자율적 협상을 통하여 갈등을 해결하지 못한 양국은 미국의 중재를 통해 서로의 이해관계에 관심을 가지면서 해결의 실마리를 찾게 되었다.

이집트의 일차적 이해관계는 빼앗긴 영토의 반환을 통한 주권 회복이었지만, 이차적 이해관계는 국민적 자존심 회복, 명예 회복, 정권의 지지 확보 등이었다고 짐작할 수 있다. 이스라엘의 이해관계는 전쟁 억지와 평화 유지 등 국가 안보에 있었다. 미국의 중재가 있기 이전의 협상에서는 양국이 각자의 요구에 집착한 나머지 서로의 이해관계에 관심을 두지 않았다. 그러나 미국의 중재 이후의 협상에서는 양국이 서로의 이해관계를 확인하고 그를 조정한 대안에 합의할 수 있었다.

중재자로 참여한 미국의 카터 대통령(실제로 Cyrus Vance 국무장관)은 양국의 요구 뒤에 감춰져 있는 이해관계를 파악하는 데 주력하여 이집트의 주권 회복과 이스라엘의 전쟁 방지라는 관심사를 확인할 수 있었다. 그에 따라 미국은 양국의 상충되는 이해관계를 조정하기 위한 대안, 즉 '시나이 반도의 전부를 반환하되 그 지역을 비무장지대화하는 대안'을 제안하였고, 양국이 그에 합의하면서 11년간 지속된 갈등이 해결되었다(Fisher & Ury, 1991: 42). 이집트는 시나이 반도의 전부를 반환 받음으로써 주권 회복과 국민적 자존심을 회복할 수 있었고, 이스라엘은 '비무장지대화(유엔 평화유지군의 주둔)'를 통해 전쟁의 완충 및 방지를 위한 여지를 확보할 수 있었다.

두 번째 이해관계 협상으로는 '서희의 담판'으로 알려진 서희-소손녕의 협상 사례를 들 수 있다. 서기 993년 거란의 1차 침입으로 국가적 누란의 위기에 처한 상황에서 서희는 소손녕과 협상 테이블에 앉게 된다. 두 사람은 협상 초기에는 자존심 싸움과 요구에만 집착하는 행태를 보였으나 협상이 진행되면서 각자의 요구 뒤에 숨겨진 이해관계를 파악함으로써 상호 만족할 수 있는 합의에 도달하였다.

"서희-소손녕의 협상 사례"

서기 993년 거란의 1차 침략 당시 서희와 소손녕은 7일간에 걸친 공식적인 강화협상을 벌였다. 협상을 위한 상견례 자리에서 소손녕은 자신이 대국의 귀인임을 내세워 서희에게 뜰아래에서 절할 것을 요구하였고, 서희는 신하가 임금을 뵐 때만 뜰아래에서 절하는 것이지 같은 대신끼리는 그렇게 할 수 없다고 화를 내며 숙소로 돌아갔다. 이에 소손녕은 당 위에서 대등하게 대면하는 예식 절차를 승낙하였고, 두 사람은 읍한 후 동서로 대좌하였다. 본 협상에서 소손녕이 말하기를 "당신의 나라는 옛 신라 땅에서 일어났고 고구려의 옛 땅은 거란의 소속인 데 고려가 침식하였다. 또 고려는 거란과 연접하고 있으면서도 바다 건너 송나라를 섬기는 까닭에 이번 정벌을 나오게 된 것"이라고 하였다.

이에 서희는 "우리는 고구려의 후예이므로 나라 이름을 고려로 하고 평양을 도읍으로 정하였다. 그러므로 경계를 가지고 말한다면 거란의 동경도 고려의 국토 안에 들어와야 한다. 그리고 압록강 안팎도 고려 땅인데 지금 여진이 중간을 점거하고 있으므로 바다보다 육로로 가는 것이 더 안전하다. 따라서 국교를 통하지 못하는 것은 여진 탓이며, 여진이 차지하고 있는 고려의 옛 땅을 돌려주고 거기에 성과 보루를 쌓고 길을 통하게 한다면 어찌 국교를 맺지 않겠는가? 장군이 나의 의견을 거란의 임금에게 전달한다면 어찌 받아들이지 않겠는가"하고 응대하였다. 소손녕이 담판의 내용을 자기 나라에 보고하였고, 이에 거란 임금은 "고려가 화의를 요청하였으니 군사를 철수시켜라"고 지시하면서 협상과 전쟁이 종료되었다.

〈출처: 김기홍, 2004〉

이 사례에서 거란(소손녕)은 영토의 반환과 송나라와의 교역 단절을 요구하였고, 고려(서희)는 고구려의 후예라는 사실과 여진족의 방해를 강조하였다. 소손녕은 고려는 신라의 후예로서 국경은 대동강이므로 고려가 차지하고 있는 청천강 유역의 땅을 반환하고 송나라와의 교역관계도 단절하라고 요구하였다. 그에 대하여 서희는 고려는 국호에서 보듯이 고구려의 후예이므로 청천강 유역을 차지하고 있는 것은 지극히 당연하다고 주장하였다. 아울러 거란과 교역하지 못하고 바다 건너 송나라와 교역하고 있는 이유도 거란과 고려의 중간에 있는 간악한 여진족의 방해 때문이라고 주장하였다.

두 사람은 협상을 계속하면서 각자의 요구 이면에 깔려 있는 이해관계로 관심을 돌리면서 윈윈 대안을 찾을 수 있었다. 서희는 당시의 국제 정세와 소손녕의 행동에 기초하여 거란의 겉으로 드러난 주장(입장)의 이면에 깔려 있는 근본적인 관심사를 파악하는 데 주력하였다. 그는 송나라에 외교사절로 다녀온 바 있고, 국방 정책을 수립하는 중요 직책인 병관어사를 지낸 경험이 있었으므로 당시 국제 정세에 대하여 정확하게 이해하고 있었던 것이다(김기홍, 2004: 101).

서희는 국제 정세에 대한 경험과 소손녕의 태도에 근거하여 거란의 이해관계(욕구)가 송과의 대치관계에서 후방의 안전 확보에 있다는 사실을 간파하였다. 즉 거란의 근본적인 관심사는 영토의 반환이 아니라 전쟁으로 인한 피해를 최소화하면서 고려의 항복을 받아 내는 것이었다. 소손녕도 고려가 강하게 저항하면서도 대화를 시도하는 이면에는 땅을 떼어주고서라도 전쟁만은 피하고, 명분만 주어지면 송나라와의 교역을 단절할 수 있다는 이해관계가 깔려 있다는 사실을 파악하였다.

협상의 과정에서 거란의 근본적인 이해관계를 파악한 서희는 강화(講和) 대안에 만족하지 않고, 거란과의 교역에 장애가 되는 요소의 제거를 이유로 더 많은 영토를 확보할 수 있다고 판단하였다. 그에 따라 서희는 여진이 차지하고 있는 고구려의 옛 땅인 강동(압록강의 동쪽)을 돌려주고 "거기에 성과 보루를 쌓고 길을 통하게 한다면 어찌 국교를 맺지 않겠는가?"라고 하면서 강동(나중에 고려가 6주를 설치하였음)을 돌려주면 국교를 맺겠다는 교환 조건을 제시하였다.

소손녕은 거란의 침략 목적 자체가 송나라와의 치열한 대치관계에서 후방의 불안을 해소하는 것에 있었으므로 고려가 사대문제(송나라의 관계를 단절하고 거란과 교역하는 문제)에 양보할 의향을 비친 이상 영토 문제에 대해서는 양보할 수밖에 없었다. 서희와 소손녕은 '송과의 단교'와 '강동의 반환'이라는 두 가지 이슈의 전략적 교환을 통해 고려와 거란이 모두 만족할 수 있는 상생 대안에 합의하였던 것이다.

제3절 이해관계 협상을 위한 제안

우리는 협상 사례를 통해 입장(요구)이 아닌 이해관계(욕구)에 초점을 두면 갈등을 쉽게 해결하고, 더욱이 서로 만족하는 타결을 도모할 수 있다는 사실을 확인하였다. 합리적인 당사자라면 이러한 평범한 진리에 따르지 않을 수 없을 것이다. 그럼에도 불구하고 현실의 갈등 및 협상에서는 왜 이러한 지혜가 발휘되지 않는가? 이하에서는 이 질문에 대한 대답으로써 이해관계 협상을 위해 필요한 조건을 살펴보기로 한다.

1. 순차적 질문

이해관계 협상을 전개하기 위해서는 순차적·연속적 질문을 시도할 필요가 있다. 질문을 하지 않고 상대의 의중과 관심사를 제대로 파악하는 것은 불가능하다. 독심술이나 관심법을 사용하여 사람의 마음속을 꿰뚫어볼 수 있지만 정확성이 떨어질 뿐만 아니라 자의성이 개입될 소지가 크다. 따라서 당사자의 생각과 의도를 알아내기 위한 최선의 방법은 대화를 시도하는 것이고, 상대의 감정을 훼손하지 않는 질문을 반복하는 것이다.

부부처럼 오랫동안 함께 생활한 사람들은 질문 없이도 얼굴 표정이나 제스처 만으로 상대가 원하는 것을 어느 정도 간파해낼 수 있다. 그러나 대다수의 사람들은 대화나 질문 없이는 상대방의 이해관계(욕구)를 정확하게 파악하지 못하거나 잘못 파악할 것이다. 더욱이 협상 테이블에 앉는 사람들은 공식적인 관계를 맺고 있으므로 상대가 원하는 것을 정확히 알아내기 어렵다.

질문에 있어서는 공감 순환(empathy loop)을 만드는 것이 중요하다(Mnookin et al., 2000: 64-65). 공감 순환은 4단계 구조로 구성되는 데 1단계는 내가 질문하고, 2단계는 상대방이 대답하며, 3단계는 나의 이해를 표현하여 상대방의 확인을 받고, 4단계는 상대방이 나의 이해를 확인한다. 4단계에서 상대방이 확인하면 순환은 끝나고, 그렇지 않으면 다시 1단계로 되돌아간다. 공감적 질문에서는 성찰적 청취도 중요하다(Fisher & Shapiro, 2005: 36).

성찰적 청취(reflective listening)는 상대방이 표현하는 느낌이나 정보를 다른 말로 바꾸어 표현하는 것이다. 즉 대화에서 자신이 청취한 내용을 되짚어보고 그 사실을 상대에게 전달하는 것이다. 성찰적 청취를 위해서는 단순히 상대방을 이해했다고 말하는 것만으로는 충분하지 않고 이해했다는 적절한 증거를 제시해야 한다. 상대방이 중요하게 생각하는 바를 실제로 이해했다는 느낌과 반응 그리고 신호를 주지 않는 한 상대방은 공감하지 못하기 때문이다.

질문의 형태도 상대방이 자신의 이해관계(욕구)를 적절히 표현하도록 유도하는 열린 질문을 해야 한다. '예' 또는 '아니요'의 대답을 기대하는 닫힌 질문보다는 여러 가지 대답이 가능한 열린 질문을 해야 한다(최철규·김한솔, 2015: 185). 이해관계의 표현에 유리한 열린 질문을 해야 하는 이유는 질문을 받았을 때 자신의 이해관계와 욕구가 무엇인지 모르는 경우가 많기 때문이다. 예를 들어, 양복 구입을 위해 백화점에 갈 때 마음속으로 정해둔 것이 있을 때도 있지만 그냥 돌아보고 좋은 제품이 있으면 구입하는 경우도 있다. 이 경우 종업원이 "어떤 양복의 구입을 원하십니까?"라고 물으면 대답하기 어렵다. 고객의 이해관계를 제대로 알기 위해서는 좋아하는 색상은 무엇인지, 양복의 용도는 무엇인지, 그리고 원하는 가격대가 있는지 등에 관한 열린 질문을 반복해야 할 것이다.

2. What이 아닌 Why에 초점

협상에서 피상적 요구가 아닌 진정으로 원하는 것을 얻기 위해서는 무엇(what)에 대한 질문이 아니라 왜(why)라는 질문에 익숙해야 한다. 상대가 무엇을 원하는지를 파악한 경우에도 왜 그것을 원하는지 모른다면 협상은 성공하기 어렵다(Malhotra & Bazerman, 2007: 85-86). 따라서 이해관계에는 진정으로 원하는 것뿐만 아니라 그 이유도 포함되어 있다고 볼 수 있다. 이집트-이스라엘간 시나이 반도 반환 협상에서 두 당사자는 '무엇'에 대한 질문을 통해 서로가 진정으로 원하는 것을 알았으나 왜 원하는지를 알지 못하였다. 서로에게 '왜'에 대하여 질문하지 않아 11년간 갈등이 지속되었는데, 미 국무부장관 밴스(Cyrus Vance)가 중재자로 나서 무엇이 아닌 왜라는 질문을 시작하여 두 나라가 진정으로 원하는 것과 그 이유를 알아냈던 것이다.

이집트가 시나이 반도 전체를 반환 받고자 했던 이유는 일차적으로 영토 수복(주권 확보)이었고, 이차적이지만 더 중요한 이유는 국민적 자존심의 회복이었다. 이스라엘이 시나이의 일부라도 남겨두기를 원했던 진정한 이유(이해관계)도 파악되었다. 즉 전부를 반환할 경우 해당 지역에 이집트 군대가 주둔하게 될 것이고, 이는 전쟁 재발시 신속한 대응에 문제가 생길 수 있었다. 따라서 이스라엘은 전쟁 방지를 위한 완충 장치를 마련하는 데 근본적 관심이 있었던 것이다. 만약 왜라는 질문을 반복하지 않았다면 아무리 협상 능력이 뛰어난 밴스 장관이라 하더라도 양국의 진정한 이해관계를 파악할 수 없었을 것이고, 갈등의 해결을 위해서는 더 많은 시간이 필요했을 것이다.

실제 협상에서 '왜'에 초점을 둘 경우에도 열린 질문과 우회적인 질문이 필요하다. 이집트에게 "시나이 반도의 전부를 반환받아야 하는 이유가 이것입니까"와 같은 닫힌 질문은 곤란하다. 즉 대답이 '예스' 또는 '노우'로 유도되는 질문이기 때문이다. 또한 이집트에게 "전쟁의 재발을 우려하는 이스라엘의 요구를 수용하지 않는 진짜 이유가 무엇입니까"와 같은 직설적인 질문도 곤란하다. 이러한 직설적인 질문은 원하는 대답을 유도하지 못할 뿐만 아니라 협상 자체를 냉각 또는 결렬시킬 수 있다. 따라서 전쟁 패배 이후 이집트가 처한 상황, 국민적 여론, 그리고 시나이 반도에 대한 관심 등에 대한 질문을 통해 이집트의 이해관계에 조금씩 접근해 가야 한다.

중재 역할을 맡은 미국의 국무장관도 양국의 이해관계를 파악하기 위해 우회적인 질문을 던졌을 것이다. "이집트는 왜 시나이 반도 전부의 반환을 요구하는가? 완충 지대를 위해 시나이의 일부를 제외하면 어떤 문제가 있는가? 이스라엘이 시나이를 끝내 반환하지 않으면 어떻게 하겠는가?" 등이다. 이스라엘에 대해서도 "침탈한 땅을 왜 돌려주지 않는지? 시나이 반도 전체를 반환할 경우 어떤 문제가 있는지? 시나이의 일부를 남겨두는 것은 어떤 효과가 있는지?" 등의 질문을 하였을 것이다.

다른 사례, 즉 소손녕과 서희간 협상 사례를 보더라도 열린 질문의 중요성을 알 수 있다. 소손녕은 80만 대군이 왔으니 항복하라고 요구하였다. 그리고 신라를 계승한 고려가 거란의 땅(청천강 유역)을 차지하고 있으니 반환하라고 하였다. 만약 서희 장군이 질문을 하지 않았다면, 그리고 거란이 침공한 진짜 이유가 무엇이냐고 직접적으로 질문했다면 아마도 거란의 진정한 이해관계를 파악하는 데 실패하였을 것이다. 거란이 처한 국제 정세에 대한 질문에서부터 거란과 송의 대치관계에 관한 질문에 이르기까지 여러 가지 열린 질문을 시도해야 한다.

이러한 질문을 통해 거란이 고려에 대하여 진정으로 원하는 것과 그 이유를 파악해낼 수 있다. 아마도 서희 장군은 거란이 전쟁으로 얻을 수 있는 이익이 무엇이고, 청천강 유역의 반환이 거란에게 어떤 도움이 되며, 그리고 고려-송의 교역 단절로 인해 거란이 얻게 되는 것은 무엇인지 등의 질문을 하였을 것이다. 이러한 질문을 통해 거란이 침략한 진정한 이유가 송과의 전쟁에 앞서 후방의 불안을 제거하기 위한 것이라는 사실을 간파했을 것이다. 그에 따라 거란의 진정한 이해관계를 충족시킬 수 있는 제안을 하면서 전쟁이 아닌 평화적 타결을 유도할 수 있었던 것이다.

3. 적절한 질문

이해관계를 파악하기 위해서는 왜(why)에 초점을 맞춘 질문에 더하여 의사소통을 촉진시키기 위한 질문을 사용하는 것이 중요하다. Nierenberg(1973: 125-126)는 이를 관리 가능(manageable) 질문과 관리 불가능(unmanageable) 질문으로 구분하면서 의사소통을 촉진하기 위해서는 관리 가능 질문에 초점을 두어야 한다고 강조하였다. 관리 가능 질문은 상대방의 주의를 환기시키고 답변 준비를 용이하게 하며, 정보의 획득에 초점을 두며, 새로운 아이디어를 창출하는 형태를 띤다. 그에 반해 관리 불가능 질문은 대답을 곤란하게 하고, 정보의 전달에 초점을 두며, 거짓 결론을 유도하는 형태를 띤다.

상대의 이해관계에 대한 올바른 파악을 위해서는 적절한 질문, 즉 관리 가능 질문에 초점을 두어야 할 것이다. 〈표 5-1〉에서 보는 바와 같이 개방형 질문, 자유식 질문, 유도형 질문, 냉정한 질문, 계획된 질문, 예우형 질문, 창구적 질문, 특정형 질문, 탐지형 질문 등이 이러한 질문의 유형에 속한다.

표 5-1 협상시 적절한 질문과 부적절한 질문

구분	내용과 특징	예시
적절한 질문	개방형 질문(open-ended question): '예, 아니요'로 답할 수 없는 육하원칙의 질문	이번 협의에서 왜 그러한 입장을 취하십니까?
	자유식 질문(open question): 상대방의 자유로운 생각을 이끌어내는 질문	우리의 제안에 대해 어떻게 생각하십니까?
	유도적 질문(leading question): 대답을 암시하는 질문	우리의 제안이 공평하고 합리적이라고 생각지 않으십니까?
	냉정한 질문(cool question): 낮은 감정의 질문	시설의 자산가치를 증대한다면 추가로 지불해야 할 금액은 얼마입니까?
	계획된 질문(planned question): 미리 개발된 논리적 질문	시설의 자산가치가 증대되면 언제 사용할 수 있습니까?
	예우적 질문(treat question): 정보를 요구하는 동시에 상대를 예우하는 질문	우리에게 이 문제에 대한 탁월한 통찰력을 줄 수 있습니까?

	창구식 질문(window question): 상대의 마음을 들여다보는 데 도움이 되는 질문	어떻게 그러한 결론에 도달했는지 말씀해 주시겠습니까?
	지정형 질문(directive question): 특정 사항에 초점을 두는 질문	이러한 개량시설의 경우 평방피트당 임대료는 얼마입니까?
	탐지형 질문(gauging question): 상대의 감정을 확인하는 질문	우리의 제안에 대해 어떻게 느끼십니까?
부적절한 질문	마감형 질문(close-out question): 상대에게 자신의 관점을 강요하는 질문	우리를 이용하려고 시도하지 않았죠?
	부담형 질문(loaded question): 대답에 관계없이 상대를 곤혹스럽게 하는 질문	이것은 당신이 수락하는 유일한 조건이라는 의미입니까?
	가열된 질문(heated question): 매우 감정적이고, 감정적 대응을 유발하는 질문	당신의 터무니없는 제안을 토의하는데 충분한 시간을 허비했다고 생각하지 않습니까?
	충동적 질문(impulse question): 기획 없이 순간적 충동에서 일어나는 대화를 탈선시키는 경향이 있는 질문	이 문제를 토의하는 한 비슷한 요구를 가진 다른 집단에게 알려야 하는 것에 대해 어떻게 생각하십니까?
	속임수 질문(trick question): 진솔한 대답을 요구하는 것처럼 보이지만 의도가 포함된 질문	어떻게 할 생각입니까? (우리의 요구 수락 혹은 중재 회부)
	성찰적 속임수 질문 (reflective trick question): 자신의 견해에 동의하도록 유도하는 질문	이것이 내가 상황을 이해하는 방법인데 동의하십니까?

출처: Lewicki et al.(2001: 125); Nierenberg(1973: 125-126).

특히 상대의 감정을 자극하거나 악화시키는 가열된 질문과 충동적 질문을 삼가야 할 것이다. 언행, 태도, 질문 내용, 질문 방식 등에 있어서 상대방의 감정을 자극하지 않아야 한다. 이는 거꾸로 상대의 무례한 질문에 대해서도 의연하게 대응할 수 있어야 한다는 것을 의미한다. 감정 악화에 유의해야 하는 이유는 그것이 원활한 질문과 응답을 저해하기 때문이다. 협상에서 상대방의 감정을 자극하는 발언은 금기 사항으로 되어 있지만 때때로 이를 어기는 사례가 발생할 수 있다. 따라서 상대의 감정 자극적 발언이나 질문에 대하여 차분하고 절제 있게 대응하는 것도 필요하다.

소손녕이 고려는 신라의 후예로서 청천강 유역의 땅을 차지하고 있으니 내놓으라고 주장했을 때 서희 장군은 마음을 차분히 가라앉히고 고려는 고구려의 후예로서 국호도 고려이며 영토를 따진다면 거란의 동경도 고려의 영토로 들어와야 한다고 대응하였다. 만약 서희 장군이 감정적으로 대응하였다면 거란의 진정한 이해관계를 파악할 수 없었을 것이다. 또한 미국 국무장관이 이스라엘에 대하여 남의 영토를 침탈하고 반환하지 않는 것은 후안무치이며 국제법을 위반한 것이라고 말했다면 이스라엘을 격분시켜 결국 이스라엘의 진정한 이해관계를 파악하는 데 실패하였을 것이다.

상대방으로부터 질문을 받았을 때 자신의 이해관계(욕구)를 여과 없이 노출하지 않는 것도 중요하다. 이해관계의 노출 수준을 조절해야 하는 이유는 너무 많은 속내나 관심사를 노출하면 상대가 이를 악용할 수 있을 뿐만 아니라 상생 대안의 발견을 제약하기 때문이다. 만약 소손녕이 고려를 침략한 진정한 이유가 후방의 배후를 튼튼히 하는 것이라고 깡그리 말했다면, 서희 장군은 훨씬 더 여유 있는 태도로 더 많은 것을 얻어내려고 했을 것이다.

만약 이스라엘이 이집트에 대하여 "전쟁의 재발을 막는 것이 진정한 목적이다"라고 말했다면 이집트는 어떤 자세를 취하였을까? 아마도 협상이 지연되는 상황에서도 매우 여유 있는 자세로 상대를 압박하면서 작은 양보로 시나이 반도를 반환받으려고 했을 것이다. 만약 협상에서 당사자 모두 자신의 이해관계를 재빨리, 한꺼번에, 여과 없이 밝힌다면 어떤 결과가 초래될까? 협상은 추가적인 노력과 비용 없이 손쉽게 타결되겠지만 새로운 창조적 대안을 발견하기는 어려울 것이다.

06 객관적 기준의 활용

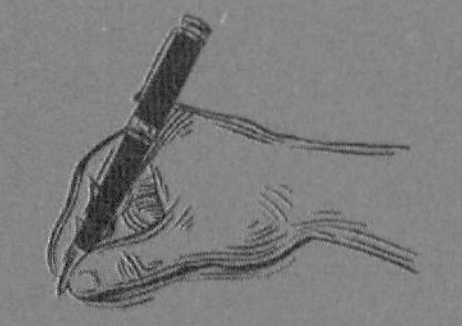

The Aesthetics of Negotiation

Successful negotiators head off a contest of wills by turning the selection process into a joint search for a fair and mutually satisfactory solution. They rely heavily on fair standards independent of either side's will.

<William Ury, Getting Past No>

성공한 협상가들은 공정하면서도 서로가 만족할 수 있는 대안의 공동 탐색을 통하여 의지의 충돌을 방지한다. 이들은 양측의 의지가 아닌 공정한 기준에 입각하여 행동한다.

〈Ury, 1993: 21〉

THE AESTHETICS OF NEGOTIATION

제6장

객관적 기준의 활용

협상에서 이슈에 대한 당사자의 이해관계를 확인한 후에는 이해관계의 충돌이라는 새로운 문제에 직면할 것이다. 이러한 상충되는 이해관계를 조정하기 위해서는 보편적으로 수용되는 일정한 잣대나 기준을 모색해야 한다. 당사자 중 어느 한쪽이 타당하다고 생각하는 주관적 기준은 상대방이 수용하기 어렵기 때문에 보편타당한 것으로 인식되는 객관적 기준을 모색해야 한다. 이 장에서는 상충되는 이해관계를 조정하기 위한 '객관적인 기준'을 살펴보고 이의 활용 방안을 제시하고자 한다.

제1절 객관적 기준의 의의

1. 객관적 기준의 개념

기준의 사전적 의미는 '기본이 되는 표준'이고, 표준은 '사물을 판단하고 결정하기 위한 본보기 또는 준거'이다. 이러한 정의에 따르면, 기준은 사물을 판단하고 결정하기 위한 모범 또는 준거이다. 객관의 의미는 제3자의 입장에서 사물을 보거나 생각하는 것 또는 주관의 작용과는 독립하여 존재한다고 생각되는 것이다. 따라서 객관적 기준은 주관의 작용과는 독립하여 존재하는 보편타당한 기준이라고 정의할 수 있다.

관찰자의 판단에 따라 타당성이 달라지는 기준은 주관적 기준이고, 반대로 관찰자의 주관적 판단에 관계없이 타당한 것으로 인정되는 기준은 객관적 기준이다. 개인의 성과 측정에 있어서 평가자의 자의성이나 선호를 기준으로 삼는다면 이것은 다분히 주관적이다. 그에 반해 목표의 달성도 또는 생산성 지표를 사용한다면 이것은 주관에 관계없이 타당성이 인정되는 객관적 기준이 될 것이다.

협상에서 객관적 기준(objective standard)이 강조되는 이유는 상충되는 요구나 이해관계의 조정을 위해 필요하기 때문이다. 주관적 기준은 당사자의 판단에 따라 타당성이 달라지므로 이해관계의 조정에 도움이 되지 않지만, 객관적 기준은 보편적으로 타당성이 인정된 것이므로 이해관계의 조정에 유리하다. 가을에 수확한 곡식의 공정한 분배를 위해 되나 말과 같은 도량형을 적용하는 것과 유사한 논리이다.

예를 들어, 노사 임금협상에서 근로자는 임금인상률을 최대한 높이려고 하고 사용자는 최대한 낮추고자 할 것이다. 이때 적용 가능한 객관적 기준은 시장가격, 물가인상률, 매출액, 경제성장률 등이다. 이것들은 당사자의 관점과 주관성에 관계없이 누구에게나 타당한 것으로 인식되는 기준이다. 만약 사용자 측에서 경영 악화를 이유로 3% 인상을 주장하고 근로자 측에서 누적적 임금 억제를 이유로 15% 인상을 주장하였다면, 이러한 경영 악화나 누적적 임금 억제는 당사자의 관점과 주관성에 좌우되는 기준일 뿐 객관적 기준으로 보기 어렵다.

그런데, 객관적 기준의 존재와 그것의 채택은 다른 문제이다. 객관적 기준의 존재가 당연한 채택을 담보하지는 않으며, 채택 가능성이 높은 객관적 기준이 따로 존재하는 것도 아니다. 어떤 협상에서는 객관적 기준이 존재함에도 불구하고 채택되지 않을 수 있고, 다른 협상에서는 하나의 기준이 아닌 복수의 기준이 병렬 또는 혼합된 형태로 채택되기도 한다. 협상에 있어서 객관적 기준의 채택이나 적용을 둘러싼 논쟁도 종종 발견된다. 어떤 객관적 기준을 적용하느냐에 따라 당사자의 이해관계와 우선순위가 달라질 수 있기 때문이다. 따라서 다수의 객관적 기준 중 어느 것을 채택할 것인가 하는 문제도 당사자의 합의에 의해 결정될 수밖에 없다.

객관적 기준의 채택이 강조되는 이유는 그것이 의지의 경합을 방지하고 상생 타결에 기여하기 때문이다. 당사자가 서로 자신의 입장과 주관적 기준만 고집할 경우, 협상은 극단적 대립양상을 띨 것이고 다행히 타결된다고 해도 기껏해야 타협(compromising)하는 수준에 그칠 것이다. 특히, 입장 협상의 당사자들은 요구(주장)의 일관성을 유지하려는 체면치레(face saving) 때문에 극단적인 대결을 선택하며 상충되는 요구나 이해관계를 조정하기 어렵다.

그에 반해 객관적 기준을 채택하면, 당사자들은 상충되는 이해관계를 합리적으로 조정할 수 있다. 예를 들어, 물이용 부담금의 수준을 둘러싼 협상에서 전문적 기준(시·도연구원의 연구 결과)이라는 객관적 기준을 채택함으로써 5개 시·도가 만족하는 상생 대안에 합의할 수 있었다. 이처럼 객관적 기준의 채택은 협상의 논리적·합리적 진행에 기여하고 상충되는 이해관계의 효과적 조정을 통한 상생 타결을 가능하게 할 것이다.

2. 객관적 기준의 유형

세상에는 수많은 객관적 기준이 존재한다. 그러나 객관적 기준이라고 하더라도 시공과 대상을 초월하여 적용되는 절대적인 기준은 생각하기 어렵다. 예를 들어, 선례라는 객관적 기준의 경우 해외 사례, OECD 선진국 사례, 동종업계 및 국내 사례, 최근 사례 등으로 차원과 범위가 다른 무수히 많은 기준이 존재한다. 이는 관찰자의 입장과 관점을 초월하여 존재하는 불변의 절대적 기준이 존재하기 어렵다는 것을 의미한다. 따라서 객관적 기준의 경우에도 절대적으로 객관적 기준이 아닌 상대적으로 객관적 기준이라고 해야 마땅할 것이다.

Fisher & Ury(1991: 85-87)는 객관적 기준을 공정한 기준(fair standards)과 공정한 절차(fair procedures)로 구분하고 있다. 공정한 기준으로는 시장가치, 전례, 과학적 판단, 전문적 기준, 효율성, 비용, 법원 판결, 도덕적 기준, 동등 대우, 전통, 호혜성 등을 제시하고, 공정한 절차로는 분배와 선택(divide and choose rule), 순번제(taking turns), 제비뽑기(drawing), 제3자 활용 등을 제시하고 있다. 여기서 객관적 기준 중에서 협상에서 적용 가능한 것들을 중심으로 살펴보고자 한다.

1) 실체적 기준

실체적 기준은 객관적으로 존재하는 사실과 내용에 관한 기준이다. Fisher & Ury가 제시한 공정한 기준(fair standards)도 이러한 실체적 기준에 해당된다.

시장가격

시장가격(market price)은 시장에서 형성되는 가격이다. 시장가격은 기업매각 협상이나 노사 임금 협상에서 인수 가격 및 임금인상률의 결정을 위한 중요한 객관적 기준이 될 수 있다. 시장에서 형성된 가격에 따라 인수 가격이나 임금인상률을 결정하는 것은 당사자의 관점과 주관성에 따라 달라지는 기준이 아니기 때문이다. 여기서 정상가격(normal price)과 거래가격을 구분할 필요가 있다. 정상가격은 생산가격을 반영한 장기적으로 안정된 가격이고(표준공시지가), 거래가격은 수요와 공급에 의해 형성되며 수시로 변동되는 가격(실거래가격)이다.

이러한 점에서 시장가격 중에서도 공시지가와 거래가격 중 어느 것을 적용할지에 대해서는 당사자간 합의가 필요하다. 예를 들어, 공공기관의 매각협상에서는 공시지가와 거래가격이 아닌 감정 가격을 기준으로 삼는다. 매도자와 인수자는 각각 감정 기관을 선정하여 자산 가치를 산정하게 하고,

거기서 도출된 감정 가격의 평균으로 인수 가격을 결정한다. 여기서 감정 가격은 거래가격을 충분히 반영하고 있을지라도 거래가격과 일치하지 않는다는 점에서 새로운 형태의 가격이라고 할 수 있다.

전례와 관례

전례(precedent)는 이전에 존재하였던 유사 사례를 의미한다. 국내의 유사 협상에서 존재하였던 전례뿐만 아니라 해외 협상 사례에서 존재하였던 전례도 객관적 기준이 될 수 있다. 전례나 선례의 범위도 굉장히 광범위하다. 예를 들어, 국가 단위를 기준으로 G7, OECD, 동남아시아국가연합(ASEAN), 단방제 국가 등으로 구분할 수 있고, 시간적으로 1900년대 이전, 1990년대, 2000년대 이후 등으로 구분할 수 있다. 대상에 있어서도 전체 정책, 동종업계, 개별 정책 등으로 구분할 수 있다. 이처럼 다양한 전례가 존재할 경우 특정 기준의 채택을 둘러싸고 논쟁이 있을 수 있다. 따라서 다수의 기준을 순차적으로 적용하거나 복수의 기준을 혼합하여 사용하는 것도 하나의 방법이다. 해외사례의 적용에 있어서는 국가 범위, 시간 범위, 대상 범위 순으로 좁혀갈 수 있다. 또한 OECD 국가 사례와 국내 사례를 혼합하여 적용할 수도 있다.

관례(custom)는 오랜 기간 내려온 행위가 관행으로 굳어진 것으로, 관습이라고도 불린다. 전례나 선례가 축적되어 관행으로 굳어지면 관례가 된다. 법률적으로는 선례에 대한 법적 확신이 수반되면 전례가 된다. 저작권 사용료(royalty) 협상의 경우 해당 업계에서 오랫동안 쌓여온 관례가 객관적 기준으로 사용된다. 또한 민간투자사업의 이익 인정 비율을 둘러싼 협상에서도 업계의 관행이나 관례가 객관적 기준으로 사용될 수 있다. 만약 동일한 조건하에서 전례와 관례가 모두 존재한다면 수차례의 전례보다는 그러한 전례(선례)의 오랜 축적에 의해 형성된 관례가 우선적으로 채택될 가능성이 높다.

판례

판례는 판결의 선례, 즉 사법부의 판결이 축적된 것이다. 사법적 판결은 권위 있는 기관의 결정에 의해 갈등을 해결하기 때문에 당사자의 자율적 합의를 바탕으로 이루어지는 협상적 해결 방식으로 보기 어렵다. 그러나 협상에 있어서도 사법부의 판례를 객관적 기준으로 활용할 수 있다. 연봉제 협상이나 구조조정 협상에 있어서 유사 사례에 대한 사법부의 판례에 따르자고 합의하면 사법부의 판례가 객관적 기준으로 채택될 수 있다.

분배적 정의

분배적 정의는 국가나 사회에 있어서 재화의 정당한 분배를 위한 원칙과 기준에 관한 것이다. 이러한 분배적 정의 기준은 상대적으로 높은 타당성을 갖춘 객관적 기준이라고 할 수 있다. 분배적 정의 기준에는 형평성, 동등성, 필요원칙, 기회원칙 등이 있다(조정곤, 2013: 196-201). 형평성은 약자나 기여도에 대한 차별적 보상을 강조하고, 동등성은 동일한 분배를 강조하며, 필요원칙은 필요나 욕구를 중시하며, 기회원칙은 기회를 잘 살리는 쪽에 가중치를 부여한다. 동등성 원칙의 경우에도 분배의 대상을 기준으로 동일 양보, 동일 희생, 초과동일원칙으로 세분해볼 수 있다(이달곤, 1995: 101-102). 동일 양보는 초기 상태에서 당사자가 공히 절대적으로 같은 규모로 양보하는 것이고, 동일 희생은 각자의 저항점을 기준으로 동일한 희생을 요구하는 것이며, 초과동일원칙은 가치의 총합 중 초과분에 대해 동일하게 분배하는 것이다.

중간점과 인식상의 구분점

중간점 또는 인식상의 구분점도 객관적 기준이 될 수 있다. 홀수 대안의 경우 중간점(central point)이 객관적 기준이 될 수 있고, 지리적 분기(강이나 산 등)나 인식상의 구분점이 객관적 기준이 될 수 있다. 한일 어업 협상에서 경도(동경) 또는 대화퇴어장 등이 객관적 기준으로 고려된 바 있다.

이용 가능한 최선의 기술

이용 가능한 최선의 기술(BAT: Best Available Technology)은 지금까지 개발된 기술이나 이용할 수 있는 기술 중에서 최고의 기술을 의미한다. 유해시설이나 위험시설과 관련된 갈등에서는 지금까지 개발된 최선의 기술도 객관적 기준이 될 수 있다. 예를 들어, 소각장의 입지를 둘러싼 갈등에 있어서 건강에 미치는 유해한 효과를 최소화하기 위해 지금까지 개발된 최선의 기술을 적용할 수 있다.

실제 협상에서 이상의 실체적 기준을 채택하는 데 있어서 여러 가지 제약이 따른다. 가장 큰 이유는 객관적 기준에 대한 이해관계의 차이 때문이다. 당사자들은 유력한 객관적 기준을 가상적으로 적용해보고 채택 여부를 결정하기 때문이다. 다시 말해 어떤 객관적 기준의 가상적 적용에 의해 당사자의 유불리가 극명하게 갈린다면, 그것이 아무리 합리적이고 타당한 기준이더라도 채택되기 어려울 것이다. 다음은 20대 국회의원(2016년도) 선거구 획정을 둘러싼 여야 협상의 문제점을 지적한 언론 기사이다. 우리는 이 협상에서 어떤 객관적 기준이 적용되었고, 왜 그러한 기준이 상충되는 이해관계의 조정에 실패하였는지 분석해볼 수 있다.

"선거구 획정, 시한만큼이나 원칙이 중요하다"

2008년 18대 총선을 앞두고 진행된 국회의원 선거구 획정 작업은 후보자 등록을 불과 한 달 앞두고서야 돌파구를 찾았다. 그렇게 시간에 쫓겨 타협한 결과는 한심스러웠다. 인구가 적은 영호남 지역구는 손대지 않고, 수도권 의석 증가분(2석)만큼 비례대표 의석을 줄여버린 것이다. '인구편차 조정'이란 애초 목표는 어디론가 사라진, 원칙 없는 졸속 개편의 단적인 사례다.

지금 상황으로 보면 내년 4월 13일 치러지는 20대 총선의 선거구 획정 작업의 결론 역시 18대 때와 크게 다르지 않을 것 같다. 선거구 획정의 법정 시한(11월 13일)을 불과 며칠 앞두고 새누리당과 새정치민주연합은 본격 협상에 들어갈 예정이다. 여론 비판에 밀려 황급히 협상에 나서긴 하지만 법정 시한을 지킬 수 있을지는 매우 불투명하다. 여야 모두 속으로는 '연말·연초까지 시간을 끌어도 괜찮다'는 생각을 하고 있을지 모른다. 그러나 선거구 획정이 늦어질수록 유리한 건 현역 의원들이다. 선거구 획정이 빨리 끝나야 정치 신인들은 새롭게 조정된 선거구에서 예비후보자 등록을 하고 총선을 준비할 수 있다. 국회가 하루빨리 선거구를 획정해야 하는 건, 법정 시한을 준수한다는 의미 외에 공정 경쟁의 발판을 마련한다는 점에서도 긴요하다.

시한을 지키는 것만큼이나 중요한 건 원칙과 기준을 지키는 일이다. 이번에 선거구 획정을 다시 하는 이유는 지난해 10월 헌법재판소가 '국회의원의 지역대표성보다 투표가치의 평등이 훨씬 중요하다'며 선거구 인구편차를 2대 1로 조정하라고 결정했기 때문이다. 그래서 사상 처음으로 독립적인 선거구획정위를 만들었지만, 획정 작업엔 결국 실패했다. 헌재 결정 취지에 맞게 농촌 선거구를 줄이고 도시 선거구를 늘리려다 여야 농촌지역 의원들의 거센 반발에 부닥친 탓이다.

이런 사정 때문에 국회 정치개혁특위는 앞으로 농촌 지역구 감소분을 최소화하는 데 초점을 맞출 것으로 보인다. 농촌 지역구 감소를 최소화하면서 현재의 의석수(300석)를 유지하려면 또다시 비례대표 수를 줄이자는 주장이 나올 게 불 보듯 뻔하다. 이미 여당인 새누리당은 내부적으로 지역구 수를 지금보다 6석 늘리는 대신에 비례대표는 6석 줄이는 방안을 협상안으로 마련했다고 한다. 이래선 18대 때와 달라진 게 하나도 없다. 비례대표 수를 줄이면서 주고받기 식으로 지역구 의석을 조정하면 '짬짜미'라는 비판을 피할 수 없다. 아무리 시간에 쫓기더라도 원칙을 포기하면서 선거구 조정을 해선 안 된다.

〈출처: 한겨레신문 사설, 2015.11.09.〉

선거구 획정 협상에서 가장 기본적으로 지켜야 할 객관적 기준은 헌법재판소의 판결이라고 할 수 있다. 헌법재판소가 선거구 인구 편차를 2:1로 해야 한다고 판결하였으므로 이를 준수할 수밖에 없다. 그러나 선거구 획정은 지역 대표와 비례 대표의 비율, 도시와 농촌 선거구의 비율, 수도권과 영호남을 비롯한 지역간 형평성 등 여야간에 이해관계가 첨예하게 대립하는 이슈이다. 여야는 이러한 상충되는 이해관계를 조정하기 위해 '선거구획정위원회의 결정'이라는 객관적 기준을 도입하였다. 즉 전문가들로 구성된 선거구획정위원회에서 검토하여 제시한 의견에 따른다는 것이다.

이러한 방식은 일견 타당하고 수용성이 높은 대안인 데 왜 채택되지 못하였을까? 그 이유는 객관적 기준에 따른다고 합의하면서도 객관성을 담보할 수 있는 구조를 만들지 못하였기 때문이다. 선거구획정위원들은 여야에서 동수로 추천되었기 때문에 여야의 이해관계에서 독립된 중립적 시각에서 공정한 대안을 도출할 수 없었던 것이다. 아울러 선거구획정위원회의 결론을 수용해야 하는 상황에서 일부 의원들이 반발하면서 기대한 효과를 거둘 수 없었다. 이처럼 객관적 기준을 적용하더라도 객관성을 담보할 수 있는 구조를 만들지 못하거나 정치적 동기가 강하게 영향을 미친다면 상충되는 이해관계의 조정에 실패할 수 있다.

2) 절차적 기준

절차적 기준은 거쳐야 하는 순서나 방법에 관한 기준이다. 공정하고 합리적인 과정과 절차를 보장하는 것만으로도 상생 협상을 유도할 수 있다. 다음에 제시된 절차적 기준은 Fisher & Ury가 제시한 공정한 절차(fair procedures)를 포함한다.

공정한 절차

공정한 절차도 객관적 기준이 될 수 있다. 협상에서 공정한 절차에 합의하는 것만으로도 공정한 결과를 담보할 수 있기 때문이다. 앞서 제시한 케이크 분배 갈등에서 먼저 자르는 사람이 나중에 선택하는 절차를 만들 경우 자르는 사람은 언제나 공정하게 자를 것이다. 한쪽을 너무 크게 자르면 자기 몫이 작아지기 때문이다. 이처럼 분배와 선택(divide and choose)의 절차 규칙을 적용하면 서로가 만족하는 상생 결과를 얻을 수 있다.

예를 들어, 심해저에 매장된 채광 지역의 분배를 둘러싼 해양법 협상(the law of the sea negotiation)에서 이러한 규칙이 적용된 바 있다(Fisher & Ury, 1991: 86). 협상의 초안에 의하면 채광 지역의 절반은 선진국의 민간 기업이 개발하고, 나머지 절반은 유엔 소유의 공기업(개발도상국의 이해관계를 대변함)이 채굴하는 것이었다. 선진국의 민간 기업들은 우량 지역을 선택할 수 있는 기술과 전문성을 지니고 있었던 반면 유엔 소유의 공기업들은 이에 관한 지식이 부족한 상황이었다. 그에 따라 공기업에게 불리한 협상이 될 것을 우려한 개발도상국의 반대에 의해 협상이 교착상태에 빠졌다.

이때 분배와 선택 규칙이 제안되었다. 즉 민간 기업이 공기업에게 두 개의 채광 지역을 제안하면, 공기업이 하나를 선택하고 나머지에 대해서는 민간 기업에게 채광권을 부여하는 대안이었다. 민간 기업의 입장에서는 어느 채광 지역을 얻게 될지 모르기 때문에 두 채광 지역의 경제성을 가능한 한 비슷하게 만들 수밖에 없었을 것이다. 이처럼 공정한 절차 규칙을 통해서도 상충되는 이해관계를 합리적으로 조정할 수 있는 것이다.

만장일치와 다수결원리

협상의 당사자가 다수일 경우 의결정족수, 즉 만장일치 또는 다수결원리가 객관적 절차 기준이 될 수 있다(안세영, 2014: 56-57). 협상에서 당사자가 다수이고 이들의 이해관계가 제각각일 경우 다수결이라는 절차 규칙은 이해관계의 조정을 위한 유력한 객관적 기준이 될 수 있다. 다수결원리는 단순 종다수, 과반수, 2/3 다수결 등으로 다양하다. 다수결의 요건이 느슨하면 합의는 용이한 반면 실행력은 담보되기 어렵다. 수많은 당사자가 참여한 WTO 무역협상이나 해양법 협상에서 만장일치제나 2/3 다수결을 채택하면, 협상의 타결에는 어려움이 따르지만 그 대신 타결 결과에 대한 국내 승인과 실행력의 확보에는 도움이 될 것이다.

조정과 중재 절차

당사자의 자율적 의견 조정이 어려울 때 조정과 중재를 도입할 수 있는데, 이러한 절차가 객관적 기준이 될 수 있다. 조정과 중재에는 공식적 행위자와 비공식적 행위자가 포함된다. 공식적 행위자는 법규에 의해 조정과 중재의 역할을 부여받은 사람(자연인) 또는 기관(법인)인 데, 공익중재위원회 등

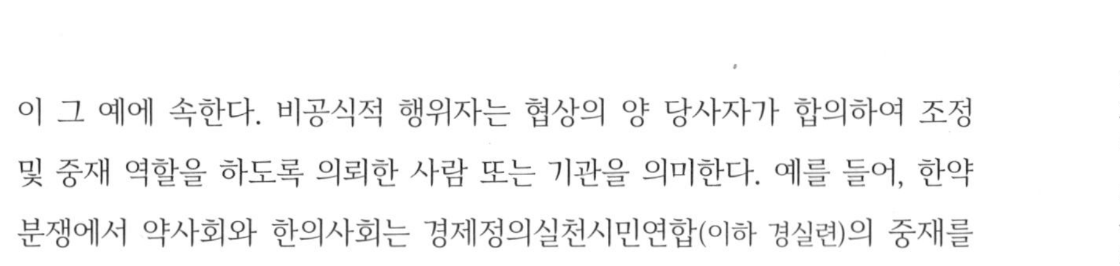

이 그 예에 속한다. 비공식적 행위자는 협상의 양 당사자가 합의하여 조정 및 중재 역할을 하도록 의뢰한 사람 또는 기관을 의미한다. 예를 들어, 한약 분쟁에서 약사회와 한의사회는 경제정의실천시민연합(이하 경실련)의 중재를 따르기로 합의하였는데, 이 경우 경실련은 비공식적 중재자에 속한다.

최선의 노력

최선의 노력(best effort)을 다하도록 절차를 마련하는 것도 객관적 기준이 될 수 있다. 이는 컨소시엄(consortium)이나 파트너십(partnership)의 구성에 있어서 상대방의 도덕적 해이가 염려되는 상황에서 적용될 수 있는 기준이다. 신뢰여부가 쟁점이 되는 상황에서는 최선을 다한다는 규정을 삽입하는 것만으로도 상대의 신뢰를 얻을 수 있고, 상충되는 이해관계의 조정에 기여할 수 있다. '최선의 노력' 기준은 1991년 기업들간 협상에서 활용되었다(전성철·최철규, 2015: 43-47).

미국의 석유업체 아모코(Amoco), 호주의 대기업 BHP, 한국의 H그룹이 컨소시엄을 결성하여 사할린 석유개발사업에 참여하기로 합의하였다. 그러나 컨소시엄의 의사결정을 만장일치로 하느냐 아니면 과반수로 하느냐를 두고 갈등이 발생하였다. H그룹은 소외 가능성을 우려하여 만장일치를 주장하고, 아모코는 H그룹이 비합리적인 행태로 꼬투리 잡을 것을 우려하여 과반수를 주장하였다. 이러한 충돌 상황에서 만장일치를 이루기 위해 최선을 다한다는 규정을 둠으로써 원만한 합의에 이를 수 있었다. 영미법에서 최선을 다한다는 규정을 두면, 당사자들도 수용할 가능성이 높다. 왜냐하면 사법기관에서 그 행동을 따져 최선을 다하였는지 검증하고 그렇지 않았다고 생각하면 계약을 위반한 것으로 판정하기 때문이다.

3. 객관적 기준과 합리적 논거

객관적 기준은 합리적 논거와 유사하지만 다소 다른 개념이다. 합리적 논거(rationale)는 자신의 주장을 뒷받침하는 논리적 근거를 의미한다. 협상의 당사자들이 객관적 사실과 자료에 근거하여 주장과 논리를 펼 때 힘을 받을 수 있으므로 합리적 논거는 협상의 과정과 결과에 중요한 영향을 미친다. 당사자의 요구나 주장이 사리에 합당하고 논리적 근거를 갖추고 있다면 합리적 논거를 가지고 있다고 볼 수 있다. 반대로 당사자의 추측이나 주관적 경험에만 의존하고 있다면 그러한 주장은 합리적 논거를 가지고 있다고 보기 어렵다. 따라서 협상을 전개할 때 합리적 논거를 확보하는 것이 매우 중요하다.

합리적 논거는 이슈와 상황에 따라 달라질 수 있지만 몇 가지 유형을 예시하면 다음과 같다. 첫째, 객관적 자료이다. 비교 자료, 통계 수치, 역사적 자료 등이 객관적 자료에 해당된다. 둘째, 권위이다. 합법적 권위와 전문성에 의한 권위 등이 이에 속한다. 특히 전문기관의 연구 결과 등에 근거하여 주장을 펼 때 당사자의 협상력은 높아질 수 있다. 셋째, 선례와 관례이다. 선행 사례나 관례 등이 합리적 근거가 될 수 있다. 특히, 새로운 제도의 도입에 관한 협상에 있어서 주요 선진국의 사례는 당사자의 주장을 뒷받침하는 합리적 논거가 될 수 있다. 넷째, 법규이다. 국내법, 국제법, 기관의 내규 등도 합리적 논거가 될 수 있다. 마지막으로 객관적 기준으로 예시한 판례, 분배적 정의, 시장가격 등도 합리적 논거가 될 수 있다.

객관적 기준과 합리적 논거는 공통점과 차이점을 갖는다. 첫째, 양자는 객관성과 타당성을 갖추고 있다는 점에서 유사하다. 객관성은 주관적 의식과는 독립되어 존재하는 성질이고, 타당성은 이치에 부합하는 성질 또는 논리적으로 시인(是認)을 강제할 수 있는 성질을 의미한다. 객관적 기준이나 합리적 논거는 공통적으로 객관성과 타당성을 갖추고 있는 경우가 많다. 시장가격, 전례(관례), 분배적 기준 등은 당사자의 주관성과 독립되어 존재하는 타당성이 높은 기준들이다. 이들 기준들은 객관적 기준임과 동시에 합리적 논거가 될 수 있다. 이 경우 객관적 기준과 합리적 논거는 상호 중첩적인 내용을 포함한다.

둘째, 양자는 일부 차별적인 내용을 포함하고 있다. 객관적 사실과 통계 자료 등은 당사자의 주장을 뒷받침하기 위한 합리적 논거로 삼을 수 있지만 상충되는 이해관계를 조정하기 위한 객관적 기준이 되기는 어렵다. 통계 자료에 물가인상률과 같은 객관적 기준이 포함되어 있는 경우도 있지만 단순한 수치적 자료만으로는 객관적 기준이 되기 어렵다. 예를 들어, 물이용 부담금 협상에서 수도 요금, 서민의 생활수준, 공공 요금이 서민의 생활에 미치는 통계 자료 등은 물이용 부담금의 인하를 요구하는 서울시의 합리적 논거는 될 수 있지만, 물이용 부담금의 수준을 결정하기 위한 객관적 기준은 되기 어려운 것이다.

셋째, 동일한 내용일 경우에도 객관적 기준과 합리적 논거는 용도 면에서 차이가 있다. 객관적 기준은 상충되는 요구나 이해관계의 차이를 조정하기 위한 기준으로 사용되는 데 반해 합리적 논거는 당사자의 주장을 뒷받침하기 위한 근거로 사용된다. 예를 들어, 노사 임금 협상에서 노조는 전년도 물가인상률에 근거하여 높은 임금인상률을 주장하고 사용자는 매출액 증가율에 근거하여 낮은 임금인상률을 주장하는 상황에서 노사는 서로의 상충되는 이해관계의 조정을 위해 직전 3개년도의 평균 물가인상률의 적용에 합의할 수 있다. 이 경우 물가인상률 기준은 노조의 주장을 뒷받침하는 합리적 논거로 활용된 반면 3개년 평균 물가인상률은 노사의 상충되는 이해관계를 조정하기 위한 객관적 기준으로 활용된 것이다.

넷째, 객관적 기준은 상대에게 정당성을 갖지만 합리적 논거는 그렇지 않을 수 있다. 즉 객관적 기준은 정당성, 수용성, 실천성이 담보된다. 어느 한 당사자의 주장을 뒷받침하는 합리적 논거가 상대방에게도 정당한 것으로 인정될 때 객관적 기준으로 수용되고 채택(실천)될 가능성이 높아진다는 것이다.

제2절 객관적 기준의 적용 사례

객관적 기준을 적용해야 한다는 당위성에도 불구하고 실제로 객관적 기준을 적용한 협상 사례는 드물다. 이는 국제 협상의 경우 국력과 힘의 논리가 작용하며, 국내 협상의 경우 객관적 기준에 대한 인식과 이해가 높지 않은 데 기인한 것으로 사료된다. 여기서는 관례가 객관적 기준이 되는 사례, 물이용 부담금에 관한 협상 사례, 그리고 대우차-GM간 협상 사례를 살펴보고자 한다.

1. 필리핀 부족의 갈등 사례: 두 마리 돼지 이야기

이 사례는 문화인류학자 바톤(Barton)의 1930년 작품 〈The Halfway Sun〉에 나오는 필리핀 부족간의 갈등이다. 빌린 돼지의 상환을 둘러싼 이웃간 협상에 있어서 객관적 기준의 중요성을 보여주고 있다. 이 사례에서 채택된 객관적 기준은 두 가지이다. 즉 하나는 부족사회에서 오랫동안 축적된 관행이고, 다른 하나는 촌장의 중재이다. 먼저 사례의 내용을 살펴보고 객관적 기준의 적용과 관련된 교훈을 도출하고자 한다.

"객관적 기준: 두 마리 돼지 이야기"

필리핀 이푸가오(Ifugao) 부족의 한 남자는 이웃으로부터 돼지 2마리를 빌렸는데, 2년 후 이웃사람은 아들의 결혼예물로 보내야 한다며 빌려간 돼지를 갚으라고 하였다. 그런데, 두 사람 사이에 갚아야 할 돼지의 숫자를 둘러싸고 갈등이 벌어졌다. 그동안 부족에는 동물을 빌릴 경우 이자율 기준이 있었는데, 동물의 임대기간 동안 발생한 동물의 자연증가율을 적용하는 것이었다.

이 기준에 따를 경우 두 마리 돼지를 빌리면 그 두 배인 4마리를 되갚아야 한다. 하지만 임대인은 임대기간이 2년을 조금 넘겼고, 그 중 한 마리는 이자율이 더 높은 우량종이기 때문에 6마리를 갚아야 한다고 주장하였다. 그에 대하여 임차인은 부족의 관례대로 4마리를 갚는 것이 옳다고 반박하였다. 아울러 임대인의 할아버지가 수년 전에 자신의 병아리를 되갚지 않았으며, 병아리의 자연증가율이 돼지 한 마리와 거의 동일하므로 4마리가 아닌 3마리의 돼지를 갚을 것이라고 주장하였다. 그러자 임대인은 한 마리를 줄여 6마리가 아닌 5마리를 받겠다고 응수하였다.

두 사람은 결국 촌장에게 중재를 요청하였는데, 촌장이 중재하는 기간 중에 임대인의 아들이 임차인의 가보를 절도하는 사건이 일어났다. 그에 따라 협상은 중단되고 부인들이 분쟁에 개입하게 되었다. 임차인의 부인은 가보가 제자리에 있지 않고는 하룻밤도 편히 잘 수 없을 정도로 가치 있고 의미 있는 것이라고 주장하였다. 임대인의 부인도 남편이 돼지 갈등에 연루되어 논밭이 황폐화되었다고 주장했다.

결국 촌장이 중재안을 내놓았다. 첫째, 임대인은 임차인의 가보를 되돌려 놓아야 한다. 둘째, 임차인은 병아리 요구를 취소하고 5마리의 돼지를 갚아야 한다. 그러나 촌장은 5마리 중 3마리만 임대인에게 넘겨주고 2마리는 중재 수수료로 그 자신이 가졌다.

〈출처: Shell, 2006: 41-42〉

위의 갈등 사례에서 발견되는 가장 큰 특징은 상충되는 이해관계를 조정하기 위해 관례라는 객관적 기준을 적용하였다는 점이다. 그럼에도 불구하고 갈등은 쉽게 해결되지 않았는데, 주된 이유는 관례의 적용에 있어서 타당성이 낮은 세부 요소들이 포함되었기 때문이다. 자연증가율이라는 관례에 따르면, 임차인이 갚아야 하는 돼지의 수는 빌린 돼지의 두 배인 4마리가 맞다. 그에 대하여 임대인은 우량종이라는 추가 기준의 적용을 제안하였으나 임차인에게 수용되지 않았다. 그에 따라 우량종 기준은 임대인의 합리적 논거로 활용되었을 뿐 객관적 기준으로는 채택되지 못하였다. 이 사례는 관례라는 객관적 기준이 존재하는 상황에서도 수용성이 떨어지는 새로운 하위 기준이 추가될 경우 이해관계의 조정을 위한 기준으로 기능하지 못한다는 사실을 말해 주고 있다.

두 번째로 발견되는 특징은 촌장의 중재라는 객관적 기준에 의해 갈등이 해결되었다는 점이다. 관례에 대한 논쟁이 지속되면서 병아리와 절도사건 등 해당 협상과 직접적 관련이 없는 이슈로 확산되는 상황에서 촌장은 권위적 해석을 통해 갈등을 중재하고 있다. 주목할 만한 사항은 돼지와 직접적 관련성이 없는 병아리에 대해서는 선을 그으면서도 돼지의 우량종에 대해서는 중의적 태도를 취하고 있다는 점이다. 즉 임차인에게는 우량종에 대한 높은 상환 의무를 요구하면서도 임대인에게는 그 권리를 인정하지 않고 있다.

오히려 우량종에 대한 상환 대가인 2마리는 자신의 중재 수수료로 책정하고 있다. 이야기에는 나와 있지 않지만 중재 수수료로 받은 2마리 돼지는 마을의 공동 발전을 위해 사용되지 않았을까 추측해 본다. 왜냐하면 중재를 통해 상생 타결을 이루기 위해서는 중재인의 결정(중재안)이 당사자 모두에게 정당한 것으로 수용되어야 하기 때문이다.

2. 물이용 부담금 사례

제5장에서 살펴본 바와 같이 1998년 8월부터 1999년 7월까지 진행된 물이용 부담금 협상은 전문연구기관(시·도연구원)의 연구 결과라는 객관적 기준과 수질 1급수를 위한 재원 확보에 필요한 부담금 수준이라는 객관적 기준을 동시에 활용하였다고 볼 수 있다. 서울, 인천, 경기, 충북, 강원 등 5개 시·도는 초기 단계에서는 입장 협상에 치중하였으나 협상이 진행되는 과정에서 객관적 기준을 모색하여 적용함으로써 상생 타결을 이룰 수 있었다.

서울과 인천은 가급적 낮은 수준의 부담금을 주장하면서도 그러한 주장을 뒷받침하는 합리적 논거를 갖추지 못하고 있었다. 수돗물에 대한 높은 부담금이 물가인상에 미치는 악영향을 제시하였으나 구체적인 부담금 수준을 뒷받침하는 합리적 논거로는 설득력이 부족하였다. 경기, 충북, 강원 등도 수질 개선과 규제지역 주민에 대한 지원을 위해 높은 수준의 부담금을 주장하였으나 그를 뒷받침하는 구체적인 논거를 발견할 수 없었다.

이러한 상황에서 이중의 객관적 기준(double objective criteria)을 모색함으로써 갈등을 효과적으로 해결할 수 있었다. 첫째 기준은 목적(수질 1급수)에 상응하는 수단의 확보였다. 사이먼(Herbert A. Simon)이 제시한 '기능적 합리성(목적 달성에 필요한 수단의 적합성)'이라고 할 수 있다. 물이용 부담금을 부과하는 근본적인 이유는 한강의 수질 개선이고, 그에 필요한 재원 조달이라는 점에 착안하여 한강의 수질 1급수에 필요한 재원 확보에 상응하는 부담금 수준에 합의하였다. 한강의 수질 1급수에 소요되는 재원 확보를 가능하게 하는 수준까지 톤당 부담금을 매기는 것은 누가 보더라도 객관적이고 타당하였던 것이다.

둘째 기준은 연구기관의 연구 결과 활용이다. 즉 5개 시·도연구원의 공동 작업을 통해 1급수에 필요한 재원 추정액을 산출하는 데 합의하였다. 이러한 기준의 적용을 통해 객관성과 공정성 그리고 수용성을 확보하였던 것이다(한강수계 5개 시·도 합동, 1999). 각 시·도는 산하에 설치한 시·도연구원의 공동 분석 결과를 토대로 수질 개선 자금상 부족액이 발생하지 않는 2000년까지는 톤당 80원의 부담금을 부과하고, 그 후 부족액이 발생하는 2001년까지는 110원 수준으로 인상하되 2년마다 재조정하도록 함으로써 물이용 부담금 수준에 대한 합의를 도출할 수 있었다.

모든 당사자가 당초의 주장을 관철시키지는 못하였지만 재원 조달에 문제가 없는 물이용 부담금 수준을 결정할 수 있었고, 상호 내면적인 관심사를 충족할 수 있었기 때문에 상호 만족 대안 또는 윈윈 대안에 근사한 결론에 도달하였다고 볼 수 있다(하혜수, 2003). 참고로 5개 시·도연구원의 공동 연구 결과, 즉 재원 추정액과 부족액을 비교하면 〈표 6-1〉과 같다.

▌표 6-1▐ 한강 수계 1급수에 따른 소요 재원 추정액과 부족액 (단위: 억원)

구분		합계	1999	2000	2001	2002	2003	2004	2005
재원 조달 전망	80원/톤	15,528	853	2,175	2,340	2,451	2,509	2,569	2,630
	100원/톤	19,410	1,067	2,718	2,925	3,064	3,136	3,212	3,288
	120원/톤	23,294	1,281	3,262	3,510	3,677	3,764	3,854	3,946
소요재원판단		20,177	0	2,997	3,416	3,427	3,382	3,408	3,547
누계 부족액	80원/톤	△4,650	853	31	△1,045	△2,021	△2,894	△3,733	△4,650
	100원/톤	△767	1,067	788	297	△66	△312	△508	△767
	120원/톤	3,117	1,281	1,546	1,640	1,890	2,272	2,718	3,117

출처: 환경부(1999: 9).

〈표 6-1〉에서 보는 바와 같이 5개 시·도연구원의 공동 연구에 의하면 1999~2005년 사이 재원 소요액은 총 2조 177억원으로 추정되었다. 그에 반해 재원 조달 추정액은 물이용 부담금을 톤당 80원으로 부과할 때 1조 5천 528억원이 되어 4천 650억원의 과부족이 발생하고, 톤당 100원을 부과할 때 1조 9천 410억원이 되어 767억원의 과부족이 생기며, 톤당 120원을 부과할 때 2조 3천 294억원이 되어 3천 117억원이 남게 된다. 그리고 톤당 80원을 부과할 경우 2001년부터 부족액이 발생하고, 톤당 100원을 부과할 경우 2002년부터 부족액이 발생하는 것으로 나타났다.

따라서 2000년까지는 톤당 80원으로 하고, 부족액이 발생하는 2001년부터 톤당 110원으로 조정하는 대안에 합의하게 된 것이다. 이처럼 5개 시·도는 시·도연구원의 공동 연구라는 객관적 기준에 합의하고, 거기에서 제시된 재원 소요액과 조달 가능액이라는 기준을 수용함으로써 갈등을 효과적으로 해결하였다.

3. 대우차 매각 협상 사례

2000년부터 2002년까지 진행된 대우차-GM간의 협상은 성공 여부를 떠나 객관적 기준을 적용한 사례로 볼 수 있다(안세영, 2014: 301-314). 대우차는 1992년 GM과의 협상 결렬 이후 세계경영의 슬로건하에 폴란드, 우즈베키스탄, 인도 등 15개국에 해외 공장과 33개 해외 판매 법인을 설립하였다. 그러나 1998년 대우그룹이 해체되면서 대우차도 워크아웃(workout)을 신청하였다. 1999년 포드가 우선 협상 대상자로 선정되었으나 협상은 끝내 결렬되었다. 대우차는 포드와의 협상이 결렬된 후 2000년부터 2002년까지 GM과의 협상을 통해 매각되었다.

"대우차 매각 확실한 마무리를"

3년여를 끌어오던 대우자동차 매각 협상이 사실상 타결돼 미국 제너럴모터스(GM)를 새 주인으로 맞게 됐다는 소식이다. 오는 16일로 예정된 대우차 노조의 단체협약 개정안 찬반투표가 마지막 변수로 남아있긴 하지만 어제 정건용 산업은행총재가 밝힌 내용으로 보아 늦어도 이달 말까지는 본 계약을 체결하고 이르면 7월 'GM·대우차'로 새로운 출발을 하게 될 것이 확실시된다.

대우차의 매각 성사는 매각대금 17억 달러를 놓고 헐값 시비가 있어온 데다 장기운영자금 20억 달러 대출과 특소세 유예조치가 지나친 특혜라는 지적이 없지 않지만 오랫동안 우리 경제를 짓눌러왔던 대우그룹 정리 문제를 매듭짓고 한국경제의 대외신인도 향상에도 크게 기여할 것이라는 점에서 긍정적 평가를 받을 만하다. 특히 GM이 6년간 위탁생산한 후 인수를 검토키로 했던 부평 공장을 3년 후 인수키로 하고 직원 전원 고용승계를 포함한 새로운 단체협약을 체결키로 노사가 합의한 것은 큰 성과라고 해야 할 것이다. 그러나 GM이 부평 공장 인수조건으로 제시한 △3년 연속 4% 이상의 대당 생산소요시간 단축으로 세계기준의 경쟁력을 갖출 것 △노사분규 일수가 GM의 전 세계 사업장 평균치 이하일 것 등의 요구는 충족시키기가 만만치 않아 또 다른 논란의 소지가 있다고 하겠다. GM의 노동쟁의 연간 평균일수는 5일을 넘지 않는다고 하니 대우차 노사의 비상한 각오가 있지 않으면 안 될 것이다.

새로 출범할 GM·대우차는 양측이 공동출자한 독립적인 합작법인이지만 대주주의 글로벌 생산 판매 전략에 따라서는 GM의 단순한 하도급 공장으로 전락하지 말라는 보장이 없다. 앞으로 GM·대우차를 자동차 독자 개발능력을 가진 독립자동차 회사로 존속시키는데 회사관계자는 물론 우리 정부도 많은 관심을 기울여야 할 것이다. 또 인수대상에서 제외된 대우자판의 매각도 언젠가는 풀어야 할 숙제임을 잊어서는 안 된다.

GM의 대우차 인수는 국내 자동차시장의 지각변동을 예고하는 것이어서 벌써부터 업계는 바짝 긴장하고 있는 모습이지만 우리가 바라는 것은 이전투구(泥田鬪狗)식 시장점유율 싸움이 아니라 국내자동차 산업의 기술 및 서비스 경쟁력을 한 차원 높일 수 있는 수준 높은 경쟁이다. GM·대우차의 출범을 계기로 한국 자동차산업이 신기술

개발과 선진 경영기법 습득에 박차를 가해 앞으로 중국을 비롯한 아시아시장은 물론 세계시장에서의 경쟁체제를 갖출 수 있기를 기대한다.

〈출처: 한국경제신문 사설, 2002.04.10.〉

포드와의 협상 실패 이후 대우차는 그 원인을 매월 500억원에 이르는 적자구조 때문이라고 자체 진단하였다. 이러한 적자 구조에서는 어떤 기업도 인수 의사를 보이기 어렵다는 판단에 따라 흑자 시현에 집중하였다. 대우차는 흑자 구조로 전환하기 위해 다각적인 방안을 추진하였다. 첫째, 대대적인 구조조정을 단행하였다. 3개월 만에 정리해고자 1,700명을 포함하여 총 7,000명을 해고하였다. 둘째, 가능한 한 희망 퇴직을 유도하기 위해 작업 조건을 주 단위(1주일 근무-1주일 휴식)에서 월 단위(1개월 근무-1개월 휴식)로 변경하였다. 셋째, 퇴직 조건으로 1개월 월급 추가와 체불 임금(4개월치)·퇴직금의 현찰 지급을 제시하였다. 2001년 2월 구조조정을 완료하고, 5월 중순(16일 기준) 결산 결과 영업 흑자(약 16억원)를 시현하였다. 영업 흑자 소식이 전해지자 그 때까지 수수방관하던 GM에서 관심을 표명하고 사실 확인 이후 협상 의사를 밝혔다.

GM과의 협상에서 주요 이슈는 인수 가격과 부평 공장 포함 여부였다. 먼저 인수 가격은 주식 인수 방식이 아닌 자산 부채 인수 방식을 채택하였는데, GM이 제시한 금액은 대우 측의 5분의 1도 안 되었다. 결국 인수 가격은 1조 8천억원에 타결되었는데, 자산 가치(9조원)와 부채(22조원)를 고려할 때 매우 낮은 조건이었다. 인수 가격에 대하여 대우차는 6조원을 요구하였고, GM은 1.2조원을 제시하였다. 이를 조정하기 위한 객관적 기준으로 시장 가치가 활용될 수 있었지만, 이를 채택하는 데 실패하여 최종 인수 가격이 1.8조원에 그쳤다. 이는 GM 측에서 제시한 1.2조원보다 조금 높았으나 대우차에서 제시한 6조원에 크게 못 미치는 금액이었다. 더욱이 시장 가치를 고려하면 매우 낮은 금액이었다.

다만, 부평 공장의 인수에 있어서는 객관적 기준을 채택하였다. 대우차와 GM은 양해각서(MOU)가 아닌 본 계약서의 작성 단계에서 객관적 기준을 적용하기로 합의하였다. 당초 대우차는 부평 공장을 무조건 포함시켜야 한다고 요구하였고, GM은 만족할 만한 수준의 노사관계와 경영 개선을 조건으로 인수할 수 있다고 주장하였다. 이후 밀고 당기는 협상 과정에서 부평 공장의 인수 시점에 대하여 노사관계와 경영 개선의 구체적인 기준에 합의하였다. 노사관계의 경우 동일 산업의 평균(과거 3년간 전 세계 GM 공장의 평균 파업일수)을 넘지 않을 때로 정하고, 경영 개선의 경우에도 구체적인 수치(3년 연속 4% 이상의 대당 생산소요시간 단축)로 표현하였다.

앞서 살펴본 언론 기사에서도 평가하였듯이 노사관계에 대한 조건은 쉽게 이행할 수 있는 수준이 아니다. 전 세계 GM 공장의 평균 파업 일수(5일)를 넘기지 않는 것은 매우 까다로운 조건임에 틀림없다. 그러나 양해각서(MOU)에서 빠져 있던 부평 공장의 인수에 대하여 서로 상충되는 이해관계의 조정을 위해 객관적 기준을 도입하였다는 점에서는 긍정적으로 평가할 수 있다. 사실 GM에서는 부평 공장의 강성 노조를 부담스럽게 생각하여 추상적인 인수 조건을 제시하였고, 대우차는 근로자와의 약속을 지키기 위해 부평 공장의 무조건적 인수를 주장하였다. 서로의 요구가 충돌되는 상황에서 형평성 기준, 즉 과거 3년간 전 세계 GM 공장의 평균 파업 일수와 같은 객관적 기준을 채택함으로써 부평 공장의 인수에 대하여 이견을 좁힐 수 있었던 것이다.

제3절 객관적 기준의 활용 전략

1. 객관적 기준의 탐색

객관적 기준을 효과적으로 활용하기 위해서는 이미 존재하는 객관적 기준을 광범위하게 탐색하고 조사할 필요가 있다. 먼저 실체적 기준이 떠오를 수 있다. 원칙, 선례, 관례(관행), 시장가격, 물가인상률, 동종업계 평균 수준,

헌법규정, 판례, 연구 결과, 이용 가능한 최선의 기술 등이 검토될 수 있다. 또한 분배적 정의 원칙, 즉 공정 배분, 형평성, 자유, 기회균등 등도 객관적 기준에 속할 수 있다. 절차적 기준도 객관적 기준이 될 수 있다. 다수결원리, 협치, 델파이(Delphi), 공론조사, 원탁회의, 투표 등 절차적 공정성을 확보하는 것도 객관적 기준에 속한다. 특히 정부와 주민간 갈등의 협상에서는 실체적 기준 못지않게 절차적 기준이 유용할 것이다.

이러한 객관적 기준들 중에는 당사자 모두에게 수용되기 어려운 것도 있고, 어느 한 당사자에게만 매력적인 것도 있으며, 당사자 모두에게 수용되는 것도 있을 수 있다. 탐색한 여러 가지 객관적 기준 중에서 당사자가 수용할 수 있는 것을 선별해내는 것도 매우 중요하다. 아무리 많은 객관적 기준을 발굴하였더라도 당사자들에게 매력적인 기준이 없다면 실제 협상에서 채택될 수 없기 때문이다. 또한 타당성이 높은 객관적 기준도 당사자들의 이해관계를 균형 있게 반영하지 못한다면 채택되기 어렵다.

더욱이 전략적 고려에 의해 객관적 기준을 거부하는 경우도 있을 수 있다. 앞서 살펴본 바와 같이 부평 공장 인수에 대해서는 GM 측에서도 형평성 기준이 타당하다고 인정하였지만 선뜻 수용하지 못한 것은 강성 노조 길들이기라는 전략적 의도가 숨어 있었다고 볼 수 있다. 이처럼 객관적 기준의 수용성 여부를 따질 때는 합리적인 측면뿐만 아니라 전략적 측면도 고려할 수 있어야 한다.

2. 전문 연구기관의 활용

객관적 기준이 존재하지 않거나 존재하더라도 수용성이 극히 낮은 경우에 고려할 수 있는 유력한 대안은 전문 연구기관의 활용이다. 즉 객관적 기준이 존재하지만 수용성이 극히 낮거나 채택될 가능성이 낮은 경우 당사자들은 전문 연구기관의 연구 결과에 따른다고 합의할 수 있다. 실제로 협상이 교착상태에 빠진 상황에서 전문 연구기관에 의뢰하면서 돌파구를 찾은 사례가 허다하다. 예를 들어, 대구경북과학기술원(DGIST)의 입지를 둘러싼 대구광역시와 경상북도간 갈등도 전문 연구기관의 연구 결과에 따라 입지를 결정한다고 합의하면서 해결된 사례이다.

2003년 12월 대구경북과학기술원법이 제정되면서 대구시와 경상북도가 DGIST를 각자의 지역으로 유치하기 위해 노력하는 과정에서 갈등이 발생하였다. 대구시는 대구테크노폴리스가 들어설 달성군(현풍면)에 입지해야 한다고 주장한 반면 경상북도는 산업과 대학의 연계를 위해 경북지역(경산시 또는 칠곡군)에 입지해야 한다고 주장하였다. 갈등이 지속되자 대구시는 달성군 유치를 철회하고 대구경북연구원의 연구 용역을 통해 입지를 결정하자고 주장하였고 경상북도가 이를 수용하면서 갈등이 해결된 바 있다.

전문 연구기관의 활용에 있어서 유의할 점은 당사자가 공동으로 연구기관을 선정해야 한다는 것이다. 당사자가 각각 별도의 연구기관을 선정할 경우 이는 합리적 논거에 불과할 뿐 객관적 기준으로 채택되기 어려울 수 있다. 공공기관의 매각을 둘러싼 협상에서처럼 두 당사자가 각각 선정한 감정기관의 평균 가격으로 결정할 수 있지만, 모든 협상이 단순 평균으로 해결되지 않는다. 더욱이 시설의 입지나 환경오염 등은 평균 수치로 결정하기 어려운 특성을 지니고 있다.

물이용 부담금 갈등은 5개 시·도에서 공동으로 연구 용역을 의뢰하고 그 결과에 따르기로 합의함으로써 협상이 원만하게 타결되었다. 반면에 위천공단 조성을 둘러싼 대구시-부산시의 갈등은 양 지자체가 각각 공단 조성이 수질에 미치는 영향에 대한 연구를 의뢰하였으나 연구 결과가 서로 달라 갈등 해결에 기여하지 못하였다. 이처럼 공동 연구가 아닌 경우 상충되는 요구나 이해관계를 조정하기 위한 객관적 기준으로 수용되기 어려울 수 있다. 따라서 전문 연구기관의 활용에 있어서는 권위성과 더불어 공정성도 매우 중요하다는 사실을 알 수 있다.

3. 조정과 중재의 활용

전문 연구기관은 아닐지라도 중립적인 기관, 권위를 갖춘 인물, 법령에 의해 제3자로 지정된 기관 등을 활용할 수도 있다. 이들도 협상에서 조정 또는 중재 역할을 통해 상충되는 요구나 이해관계를 조정하기 위한 기준을 제공한다는 점에서 객관적 기준이 될 수 있다. 우선, 법령과 제도에 의해 공식적인 조정·중재자가 존재하는 경우 이를 활용할 수 있다. 즉 중앙정부, 중앙분쟁조정위원회, 노사정위원회 등은 공식적인 조정·중재자에 속한다.

공식적인 조정·중재자가 존재하지 않을 경우 권위 있는 학자(연구자), 협상 전문가, 전직 대통령, 전직 장관과 CEO, 그리고 NGO 등을 활용할 수 있다. 이때도 당사자 중 어느 한쪽이 아닌 모두에게 공정하고 권위 있는 인물이나 기관을 찾기란 쉬운 일이 아니다. 이러한 상황에서는 조정과 중재를 객관적 기준으로 활용하기 어려울 것이다.

조정과 중재의 활용에 있어서도 조정·중재자의 존재 자체보다는 그가 제시한 대안이 더 중요할 수 있다. 조정 또는 중재안에 대한 수용성 여부가 타결의 관건이 된다는 것이다. 조정·중재자가 제시한 대안이 수용될 경우 그 대안은 바로 객관적 기준으로 채택되는 것이다. 1993년 발생한 한약 분쟁(약사의 한약 조제권을 둘러싼 한의사-약사간 갈등)에서 양 당사자는 극단적인 투쟁을 계속하는 가운데 자신의 주장을 뒷받침하는 합리적 논거를 제시하기 보다는 거리 투쟁, 학생 시위 등 권력수단에 의존하고 있었다.

이러한 상황에서 경제정의실천시민연합(경실련)이 한약사 제도라는 중재안을 제시하여 타결되었다. 경실련의 중재에 따라 약사의 한약 조제를 원칙적으로 금지하는 새로운 약사법의 제정, 한약사 제도의 신설, 한약 조제 시험 통과를 조건으로 기존 한약 조제 약사들의 한약 조제 허용 등이 합의안에 포함되었다. 이 사례에서 경실련은 조정·중재자 역할을 수행하였고, 경실련의 중재안이 상충되는 이해관계를 조정하기 위한 객관적 기준으로 활용되었다고 볼 수 있다.

4. 복수 기준의 조합

객관적 기준의 경우에도 하나의 기준이 적용될 수 있지만 복수의 기준이 함께 적용될 수도 있다. 복수 기준의 혼합(mix)은 단일의 기준을 적용하기 어려운 경우뿐만 아니라 복수 기준의 적용이 더 효과적인 경우에도 채택될 수 있다. 현실의 협상에서는 단일 기준의 적용보다는 복수 기준의 혼합이 더 효과적인 경우가 많다. 실체적 기준들의 혼합, 객관적 기준과 전문 연구기관의 혼합, 전문 연구기관들의 혼합, 조정·중재와 객관적 기준의 혼합 등으로 다양한 조합이 가능할 것이다. 예를 들어, 임금인상률을 둘러싼 노사협상에서 경제성장률, 물가인상률, 그리고 동종업계 평균을 함께 적용할 경우 실체적 기준의 혼합에 속한다. 최근 들어 실체적 기준과 절차적 기준의 혼합이 활용되고 있다. 신고리 5, 6호기 건설이나 동남권 신공항 입지 갈등에서 전문기관의 연구결과와 공론조사를 활용하였다면 실체적 기준과 절차적 기준의 혼합에 속한다.

현실의 협상 사례를 살펴보면, 대우차-GM간 협상에서 부평 공장 포함 여부를 놓고 3년간 노사분규 일수 이하와 경영 개선 기준을 함께 적용하였는데, 이는 실체적 기준의 혼합 적용에 속한다. 물이용 부담금 협상에서 재원 충당 기준과 전문 연구기관의 연구 결과를 함께 활용하였는데, 실체적 기준과 연구기관의 혼합 기준이 적용된 사례라고 할 수 있다. 공공건물의 매각 협상에서는 감정 평가, 즉 두 전문기관의 감정 평가액의 평균을 활용하고 있는 데, 이는 전문 연구기관의 혼합 적용 사례에 속한다. 이러한 복수 기준의 혼합에 있어서도 두 기준의 적합성뿐만 아니라 당사자들의 수용 가능성을 중요하게 고려해야 할 것이다.

07 상생 협상 전략

The Aesthetics of Negotiation

Integrative negotiations require a different set of tactics, beginning with a slower, more exploratory opening. They rely on greater collaboration and information exchange. Unlike the win-lose tactics, where the focus is on claiming value, integrative deals aim to create and claim value.

〈Harvard Business School, Negotiation〉

통합 협상은 보다 진중하고 탐구적인 시작과 같은 상이한 전술을 필요로 하며, 더 많은 협업과 정보 교환을 바탕으로 이루어진다. 통합 협상은 가치의 주장에만 중점을 두는 승패 협상과는 달리 가치를 창출하면서 주장하는 데 목적을 둔다.

〈Harvard Business School, 2003: 57〉

THE AESTHETICS OF NEGOTIATION

상생 협상 전략

협상의 당사자는 상대의 예견되는 반응을 고려하여 행동 대안을 선택한다. 이처럼 협상 과정에서 상대의 반응을 고려한 행동 대안의 체계(묶음)를 협상 전략이라고 한다. 어떠한 협상 전략을 선택하느냐에 따라 상생 또는 공멸의 협상 결과를 가져올 수 있다. 본 장에서는 다양한 협상 전략 중에서 상생 협상을 위한 전략과 그 활용 방법을 제시하고자 한다.

제1절 협상 전략의 정의

1. 전략의 개념

최근 들어 '전략'이라는 용어가 빈번히 등장하고 있다. 특히 공공부문에서 전략이 차지하는 비중은 그 어느 때보다도 커지고 있다. 국가 발전 전략, 성과 제고 전략, 조직 관리 전략뿐만 아니라 전략적 사고, 전략적 관리, 전략적 기획 등에서도 전략이라는 용어가 어김없이 따라다닌다. 그러나 협상만큼 전략이 큰 비중을 차지하는 분야도 드물 것이다.

전략과 협상은 불가분의 관계를 갖는다. 전략 없는 협상은 단순한 대화와 같을 것이고 협상 없는 전략은 일반 계획과 다르지 않을 것이다. 이처럼 협상은 기본적으로 전략적 사고에 기초해 있다고 할 수 있다. 대개 전략은 주로 군사적 영역에서 사용되는 것으로 인식되지만 협상이야말로 전략과 밀접하게 관련된 영역이라고 할 수 있다. 협상론에서 전략의 개념에 대한 명확한 정의가 필요한 이유이다.

전략(strategy)은 본래 전쟁에서 비롯된 개념이다. 군사 용어로서의 전략은 전술과의 구분 속에서 그 의미가 명확해진다. 전통적으로 전술은 전투 상황에서 군사 행동을 의미하는 반면, 전략은 목적 달성(승리)을 위한 군사 행동의 전체 계획을 의미하였다. 20세기 들어 전략은 그 개념이 확대되었는데, '전략적(strategic)'이라는 형용사는 적국의 권력 센터와 지휘자를 무력화시킬 수 있는 조치로 사용되었다.

이러한 관점에서 군사 전략은 국방 정책의 거시적 목적을 지원하기 위한 군대의 계획적 운용(planned application)을 의미한다. 전통적 용례를 따르든 현대적 용례를 따르든 전략은 미시적 수단의 선택(전술)과 전체적 목적(국방 정책)의 중간에 위치하게 된다(Schellenberg, 1982: 157). 따라서 전략은 목표 달성을 위한 거시 계획을 의미하며, 국가 발전 전략, 성과 제고 전략 등은 각각 계획이라는 말로 대체해도 무방할 것이다.

그렇다면 계획(plan)이라는 용어 대신 전략이라는 용어를 사용하는 이유는 무엇일까? 이 질문에 대한 대답은 불확실성에 대한 우선적 대응 여부에서 찾을 수 있다. 환경 변화의 동태성과 정책결정자간의 상호 의존성이 증대되면서 상황 변수가 종속변수가 아닌 독립변수로 전환되었다. 그에 따라 환경이든 정책결정자든 상대방의 반응에 대한 고려가 매우 중요하게 된 것이다. 특히, 전쟁의 수행에 있어서는 적군의 대응에 상응하는 계획 수립이 승리에 결정적인 영향을 미치기 때문에 '상대의 예견되는 선택과 행동을 고려한 계획'으로서의 전략이 중시되는 것이다. 이러한 점에서 전략의 개념은 단순한 계획의 의미와는 달리 상호 의존 관계에 놓인 상대의 대응과 선택에 대한 고려와 분석을 중요한 요소로 포함하고 있다.

전략적 기획과 전략적 관리에서 보는 바와 같이 '전략적'이라는 개념 속에는 장기적인 관점에서 불확실한 미래 상황에 대한 예측과 자신의 상대적 강점과 약점에 대한 분석 활동이 포함되어 있다. 전략적 기획은 미래의 행동 과정을 보여줄 목표와 사업의 우선순위에 대한 미래 지향적 사고, 객관적 분석, 주관적 평가를 의미한다. 전략적 관리는 전략적 기획보다 넓은 개념으로, 장기적인 조직성과를 위한 관리자의 의사결정과 행동을 의미한다. 특히 전략적 관리는 장기적 관점, 조직 목표와 개인 이익의 융화, 전략적 관리와 전략적 기획의 상호 의존성, 환경변화에 대한 예측과 대응적 관점을 중시한다(이환범, 2002: 31-33). 따라서 전략적이라는 용어는 환경과 상대의 예상되는 반응을 고려한다는 의미를 담고 있다고 할 수 있다.

군사 전략의 대가인 손자는 〈손자병법〉 작전 편에서 최소의 희생으로 최대의 전과를 추구하고, 모공(謀攻) 편에서 싸우지 않고 승리하기 위해 정치·외교적 결탁을 도모해야 한다며 부전승리 전략과 경제적 전쟁 원칙을 강조하고 있다(군사논단 편집실, 1997: 207). 또한 전쟁은 국가의 대역사이기 때문에 가볍게 개입하지 않아야 하고, 부득이 전쟁을 치러야 한다면 정세를 잘 판단하여 가급적 무력 전쟁을 자제하고 정치·외교적 해결책을 강구해야 하며, 무력 투쟁을 하더라도 적을 격파하는 것을 최선의 방책으로 삼을 것이 아니라 아군 측의 손해를 최소화할 수 있는 방책을 채택해야 하다고 역설한다(군사논단 편집실, 1997: 211). 이처럼 손자는 전략의 특징으로 적군의 상황과 대응을 고려하는 상황 적응성과 분석적 측면을 강조하고 있다.

기업들간의 경쟁에서도 승리를 위해서는 전략의 개념이 중요하다. 기업 전략 연구의 권위자인 포터(Michael E. Poter)는 전략의 개념을 중립적·객관적으로 정의하는 대신 승리하는 전략에 중점을 두고 있다(Poter, 1996). 포터는 전략과 전략적 포지셔닝(strategic positioning)을 동의어로 보고, 전략을 경쟁 기업과 차별화된 활동의 수행 또는 차별화된 활동 수행 방식으로 정의한다. 그는 전략적 포지셔닝의 원천으로 다음 세 가지를 제시하고 있다

(Poter, 1996: 65-68).

첫째, 다양성에 기초한 포지셔닝(variety-based positioning)으로, 차별화된 제품과 서비스(특정 제품의 하위제품 개발)를 통하여 전략적 우위를 추구한다. 둘째, 수요에 기초한 포지셔닝(needs-based positioning)으로, 고객 집단에 대한 차별적인 서비스를 통하여 전략적 우위를 추구한다. 셋째, 접근성에 기초한 포지셔닝(access-based positioning)으로, 고객 집단의 접근성 차이에 대한 고려를 통하여 전략적 우위를 추구한다.

포터가 정의한 전략의 개념은 전략적 우위에 기초해 있고, 고객 집단의 다양성과 접근성 그리고 수요 변화를 고려한 차별화된 제품을 개발하고 생산하는 것이다. 이는 경쟁 기업에 비해 유사한 활동을 더 효율적으로 수행하는 운영적 효과성 개념과는 구분된다. 운영적 효과성은 제품의 결함을 줄이거나 더 나은 제품을 더 빨리 개발함으로써 투입 자원을 더 효율적으로 이용하는 것이다.

그는 운영적 효과성이 전략의 필요조건은 되지만 충분조건이 될 수 없는 두 가지 이유를 제시한다(Poter, 1996: 63-64). 첫째, 우수 사례(best practices)가 매우 빠르게 확산되기 때문이며, 둘째, 운영적 효과성에만 의존하는 경쟁은 상호 파괴적이기 때문이다. 다시 말해 경쟁자들이 상호 모방을 하게 되면 전략은 비슷해지고, 경쟁으로 인해 모든 당사자가 패배하는 결과를 가져온다는 것이다.

전략의 개념은 게임이론과 협상이론에서 그 의미가 보다 분명해진다. 전략은 상호 의존 관계에 있는 당사자가 상대의 행동과 선택을 고려하여 취하는 일련의 계획 체계(묶음)를 의미한다. 게임이론에서 전략은 각 당사자를 위한 최선의 행동 노선이 다른 당사자의 행동 대안에 의존하는 상황과 관련된다. 즉 상호 의존관계에 있는 당사자들이 상대방의 행동에 대한 기대에 근거하여 내리는 의사결정 또는 행동 계획을 의미한다(Schelling, 1980: 3).

따라서 전략은 모든 가능한 선택 조건, 즉 상호 의존적인 행위자의 선택으로부터 초래되는 모든 상황 조건을 고려한 행동 계획(plan of action)을 포함하며, 상대방의 선택에 수반될 수 있는 가능한 모든 조합의 상황 조건하에서 특정 당사자가 내리는 일련의 선택을 의미한다(Schellenberg, 1982: 169-173). 협상론에서도 이러한 게임이론의 전략 개념을 원용하고 있다. 이러한 점에서 전략은 상호 의존 관계에 있는 당사자가 상대의 예상되는 반응을 고려하여 마련한 행동 대안 체계라고 할 수 있다.

2. 협상의 전략과 전술

군사학에서 시작된 전략의 개념은 최근 들어 기획, 조직 관리, 국정 관리, 그리고 민간영역에 이르기까지 광범위하게 활용되고 있다. 이러한 전략의 개념이 협상 분야에 적용될 때 협상 전략이 된다. 협상 전략은 협상 과정에서 당사자들이 상대의 행동과 선택을 예상한 후 내리는 일련의 행동 계획을 의미한다. 예를 들어, 스크린쿼터 협상에서 한국은 미국이 스크린쿼터제 폐지를 한미 투자 협정과 연계하고, 국제수역사무국(OIE)의 결정(미국을 광우병 위험 통제국으로 분류)과 의회의 동의 확보 조건을 강조할 것이라고 예견하고 스크린쿼터의 축소를 기조로 협상을 최대한 지연시키는 행동 계획을 수립하였다.

이처럼 미국의 반응을 예상한 한국의 행동 계획이 협상 전략에 해당된다. 다시 말해 협상의 진행에 따라 달라지는 미국의 대응을 고려하여 일련의 행동 노선을 채택할 수 있는데, 이처럼 전체 협상을 지배하는 행동 계획이 바로 협상 전략인 것이다. 이러한 관점에서 협상 전략은 협상에서 내리는 전략적 결정, 즉 협상 당사자 상호간의 관계를 고려한 결정에 기반을 둔 행동 계획을 의미한다(Dixit & Nalebuff, 1991; 류성렬, 1993: 14).

전략적 사고 역시 협상 전략과 깊은 관련성을 갖는다. 협상은 전략적 사고에 입각하여 전략을 수립하고 구사함으로써 합의점을 도출할 수 있기 때문이다. 경영학에서 전략적 사고(strategic thinking)는 의도하는 최고의 목적을 달성하기 위해 조직에 영향을 미치는 외적인 요인과 그 영향력을 분석하여 새로운 관점에서 해결책을 모색하는 사고 능력을 의미한다. 바둑에서 전략적 사고는 상대의 예상되는 행마를 분석하여 착점(着點)을 결정하는 사고방식을 말한다.

협상론에서 전략적 사고는 상대의 이해관계와 반응에 근거하여 행동계획을 수립하는 사고를 지칭한다. 전략적 사고는 상대의 반응을 중시한다는 점에서 경험에 기초해 있고, 분명하게 식별된 목적에 초점을 두며, 타인의 상황 조건적 행동과 밀접한 관계를 맺고 있다(Schellenberg, 1982: 153-154). 협상은 둘 이상의 당사자가 전략적 사고에 바탕을 두고 상대의 예상되는 반응을 고려한 행동 계획(협상 전략)을 수립하고, 그에 따라 상호 선택의 교환을 통해 상생 타결을 지향한다고 볼 수 있다.

전략과 더불어 전술이라는 용어도 빈번히 사용되고 있다. 전략과 전술은 유사하지만 동일한 개념은 아니다. Lewicki et al.(2001)은 전략과 전술의 차이점을 규모, 관점, 직접성에서 찾고 있다. 협상 전략은 전술적 행동을 위한 방향으로서 보다 거시적이고 장기적인 행동 계획인 반면, 전술은 전략을 집행하기 위해 고안된 단기적이고 적응적인 조치를 의미한다. 예를 들어, 스크린쿼터 협상에서 한국이 스크린쿼터제 폐지를 최대한 지연시키는 전략을 사용할 때, 전술은 이러한 전략을 실천하기 위한 수단, 즉 스크린쿼터 축소 카드, 부처간 이견 조성, 국내 여론의 활용 등이라고 할 수 있다.

그러나 전략과 전술의 관계는 고정된 것이 아니라 상대적이다. 부처간 이견 조성을 스크린쿼터제 폐지 지연을 위해 활용하였다면 스크린쿼터제 축소는 전략이 되고 부처간 이견 조성은 전술이 되지만, 부처간 이견 조성을 위해 스크린쿼터제 폐지 반대론자를 문화부처 장관으로 임용하였다면 부처간 이견 조성이 전략이 된다. 이처럼 동일한 사안이라도 다른 사안과의 연계 속에서 전략이 될 수도 있고 전술이 될 수도 있다.

전략은 기획(planning)과도 구분되는 개념이다. 기획은 협상 당사자들이 전체적인 전략을 추구하는 과정에서 전술, 자원 사용, 조건적 대응 등에 관하여 내리는 모든 고려와 선택을 포함한다(Lewicki et al., 2001: 35). 즉 기획은 전략적 지침하에서 내리는 협상 운영 및 자원 사용에 관한 결정이라고 할 수 있다.

협상 전략은 협상 과정에서 특정 당사자가 상호 의존 관계에 있는 다른 당사자의 선택과 행동을 고려하여 내리는 일련의 거시적 행동 계획을 의미하며, 전술적 행동의 지침이 된다. 협상 전략을 구체적으로 살펴보면 다음 세 가지 요소를 포함한다. 첫째, 협상 전략은 상호 의존 관계에 있는 상대방의 선택과 행동을 면밀히 분석한다. 둘째, 협상 전략은 상대방의 선택과 대응에 따른 결과와 그것이 자신에게 미치는 효과를 예측한다. 셋째, 협상 전략은 이러한 분석과 예측에 근거하여 자신이 취할 행동 계획을 수립한다. 따라서 현실의 협상에서 당사자들은 협상 전략에 근거하여 구체적인 실천 수단인 협상 전술을 구사한다.

제2절 협상 전략의 유형

협상 전략을 상대의 예견되는 대응을 고려한 행동 계획으로 정의할 경우, 협상 전략의 유형 분류가 가능할 것인지에 대한 두 가지 의문이 제기된다. 첫째, 상대방의 대응이 예상되어야 그에 상응하는 계획이 나올 수 있는데, 구체적인 상황을 고려하지 않은 협상 전략이 가능할 것인가 하는 점이다. 둘째, 유형 분류가 가능하더라도 여러 단계 또는 수차례의 협상 진행에서 다양한 협상 전략이 나타날 경우 이를 특정 유형의 협상 전략으로 규정할 수 있을 것인가 하는 점이다. 첫 번째 의문의 경우 상대의 반응을 협조 또는 비협조로 일반화시킨다면 그에 대한 대응 계획 역시 협조 또는 비협조로 분류할 수 있을 것이다. 두 번째 의문의 경우 여러 가지 혼재된 협상 전략 중 지배적인 전략이 나타날 수 있다는 점에서 특정한 협상 전략으로 규정할 수 있을 것이다. 이러한 점을 고려할 때 협상 전략은 〈표 7-1〉과 같이 구분할 수 있을 것이다.

▮표 7-1▮ 협상 전략의 유형 구분

차원	협상 전략	
양보-대결	양보 전략	대결 전략
분배-통합	분배 전략	통합 전략
조화-부조화	조화 전략	부조화 전략
방임-철수	방임 전략	철수 전략

〈표 7-1〉에서 보는 바와 같이 첫째, 양보 전략과 대결 전략으로 구분할 수 있다. 이는 협조 전략과 비협조 전략으로 대치할 수 있는 데, 협상에서 양보는 협조를 의미하고, 대결은 비협조를 의미하기 때문이다.

둘째, 분배 전략과 통합 전략으로 구분할 수 있다. 분배 전략은 몫을 나누는 것에 중점을 둔 전략이고, 통합 전략은 파이를 키워 서로의 만족도를 높이는 전략이다. 분배와 통합은 협상 유형에 해당되지만 협상 전략의 유형으로 간주될 수 있다. 가장 높은 차원의 협상 전략은 바로 협상 유형이기 때문이다.

셋째, 조화 전략과 부조화 전략으로 구분할 수 있다. 조화 전략은 상대의 전략(협조 또는 비협조)에 맞대응하는 전략이고 부조화 전략은 상대의 전략과 다르게 대응하는 전략이다.

마지막으로 방임 전략과 철수 전략으로 분류할 수 있다. 방임 전략은 아무런 조치를 취하지 않고 수수방관하는 전략이고, 철수 전략은 협상의 장에서 떠나는 전략이다.

1. 양보 전략과 대결 전략

1) 양보 전략

전략은 상대의 요구에 대해 어떻게 대응하는가를 중심으로 양보 전략과 대결 전략으로 구분할 수 있다. 양보 전략(concession strategy)은 상대의 요구에 직면하여 자신의 목표, 요구, 제안을 축소하는 것이다(Pruitt &

Carnevale, 1995: 3). 바꾸어 말해 협상 과정에서 상대의 요구나 제안을 쉽게 수용하는 전략인데, 협조 전략, 순응 전략, 유화 전략 등과 거의 동일한 개념이라 할 수 있다. 양보 전략은 협조의 수준이 가장 높은 전략에 속하며, 연성 협상가들이 채택하는 전략이다. 이론적으로는 상대의 요구에 대하여 협조하는 양보 전략을 채택하면 갈등을 조기에 해소할 수 있다.

그러나 쉽게 또는 전폭적으로 양보하는 연성 협상가는 상생 대안의 발견을 어렵게 한다. 협상 초기에 크게 요구하지 않거나 신속하게 양보할 경우, 서로의 이해관계를 충족시킬 수 있는 새로운 대안의 발견 기회를 사전에 차단할 수 있다. 즉 극단적인 협조 및 양보 전략은 상대방으로 하여금 도전적인 대안의 모색 유인을 원천적으로 봉쇄할 수 있다는 것이다. 서로에게 도움이 되는 잠재적인 윈윈 대안(hidden win-win option)을 발견하기 위한 최선의 길은 당사자 모두가 도전적인 목표를 설정하여 행동하는 것인데, 어느 한쪽의 손쉬운 협조는 이러한 기회를 없앨 수 있다.

2) 대결 전략

대결 전략(contending strategy)은 상대의 대응과 관계없이 협조하지 않고 자신의 요구를 관철시키는 전략이다. 대결 전략은 상대방으로 하여금 자신의 요구를 받아들이도록 설득하거나 상대의 양보 요구를 거부하는 전략이다(Pruitt & Carnevale, 1995: 3). 바꾸어 말해 협상 과정에서 협조하기 보다는 적극적인 요구를 펼치는 협상 전략인데, 비협조 전략, 위협 전략 등과 거의 동일한 개념이다. 대결 전략은 협조 수준이 가장 낮은 전략이고, 경성 협상가들이 주로 채택하는 전략이다. 위협, 협박, 그리고 입장 표명 등은 대결 전략을 뒷받침하는 전술들이다.

대결 전략은 목표 또는 초기 요구가 높으며 양보를 거부하는 전략이다. 이러한 대결 전략은 양보 전략과 비교하여 협상 지연, 교착상태, 그리고 협상 결렬 등을 초래할 수 있다. 즉 더 많은 요구와 지연된 양보는 합의 도출을 어렵게 할 수 있다. 단기적으로 대결 전략을 사용하는 사람이 더 많이 얻을 수 있을지라도 장기적으로는 합의 도출이나 상생 타결에 부정적 영향을 미칠 수 있다. 극단적인 대결 전략은 새로운 대안의 모색을 저해하고, 너무 큰 희생을 치르고 승리하는 '상처뿐인 영광(Pyrrhic victories)'을 가져오며, 상대가 모방할 경우 협상의 파국을 초래할 수 있다.

2. 분배 전략과 통합 전략

1) 분배 전략

분배 전략은 전체 파이가 고정되어 있다는 전제하에 자신이 더 많이 가지는 데 중점을 둔 협상 전략이다. 자신의 몫을 증대시키기 위해 요구에 중점을 두고, 대결 위주의 강성 전술을 구사하며, 때때로 위협 전술과 협박 전술도 사용한다. 상대의 저항점에 가까운 지점에서 타결을 시도하고, 상대에게는 수용하기 어려운 극단적인 제안을 하며, 상대의 제안에 대해서는 소폭의 양보로서 대응한다.

전반적으로 상대를 압박하고 자신의 제안을 수용하지 않을 경우 강경하게 대응하는 강성 전술을 시도하며, 때때로 자신의 몫을 챙기기 위해 벼랑끝 전술(brinkmanship)도 서슴지 않는다. 분배 전략을 실천하기 위한 구체적인 전술로는 앞서 제시한 바와 같이 정박 전술, 위협 전술, 선악 교대 전술, 과소(과대) 제안 전술, 공격적 행동, 입장 표명, 속임수 전술, 자투리 전술, 겁쟁이 전술, 그리고 주눅 전술 등을 들 수 있다.

2) 통합 전략

통합 전략은 파이가 고정되어 있지 않고 확대될 수 있다고 판단하여 서로의 몫을 키우는 데 중점을 두는 협상 전략이다. 통합 전략은 공동의 몫을 위해 협력한다는 의미에서 상호 협력 전략이라고 하고, 당사자 모두의 승리에 중점을 둔다는 점에서 윈윈(win-win) 전략이라고 하며, 협상 의제를 공동의 문제로 인식하고 함께 대처한다는 점에서 문제해결(problem solving) 전략이라고도 한다. 통합 전략은 자신의 가치를 주장하는 분배 전략에 그치지 않고 가능한 한 더 많은 가치를 창출하는 데 중점을 둔다.

통합 전략은 요구보다는 협조에 중점을 둔다는 점에서 양보 전략에 속할 수 있지만, 일방적으로 양보하지 않는다는 점에서 차이가 난다. 또한 공동의 문제를 해결하기 위해 협조하지만 동일한 양보를 주고받지 않는다는 점에서 타협과 다르다. 최선의 대안을 모색하기 위해 경쟁한다는 점에서는 대결 전략과 유사하지만, 전략적으로 협조한다는 점에서 차이가 있다. 통합 전략 또는 문제해결 전략은 잠재적인 상생 대안 또는 수용 가능한 대안을 모색하기 위해 공동의 노력을 전개한다는 점에서 협조적 대결 전략 또는 대결적 협조 전략이라고 할 수 있다. 이러한 전략의 범주에 속하는 전술로는 이 장의 3절에서 소개하는 파이의 확대, 이슈의 교환, 전략적 양보 교환, 이슈 분리, 불특정 보상, 비용 절감 등을 들 수 있다.

3. 조화 전략과 부조화 전략

1) 조화 전략

조화 전략(matching strategy)은 상대의 행동과 조화되는 행동으로 대응하는 전략이다. 상대가 요구나 대결로 나오면 동일하게 요구나 대결로 맞대응하고, 상대가 순응 또는 양보하면 그에 맞게 순응 또는 양보하는 전략이다. 조화 전략 중 가장 잘 알려진 전략은 맞대응 전략(tit-for-tat strategy)이다. 이는 상대가 협조하면 협조로서 대응하고, 상대가 배반(비협조)하면 제재(비협조)로서 대응하는 전략인데, 북핵 협상에서 북한이 핵 프로그램의 해지(협조)로 나오면 미국은 경제적 지원(협조)으로 대응하고, 북한이 핵 실험(배신)으로 나오면 미국은 강력한 제재(유엔 경제제재 등)로 대응하는 것과 같다.

2) 부조화 전략

부조화 전략(mismatching strategy)은 상대의 행동과 조화되지 않는(어긋나는) 행동으로 대응하는 전략이다. 상대가 요구나 대결로 나오면 그와 달리 순응이나 협조로 대응하고, 상대가 순응 또는 양보로 나오면 요구와 대결로 대응하는 전략이다. 상대가 협조할 때 요구(대결)하는 전략은 단기적으로 더 많은 몫을 챙길 수 있고, 상대가 대결(요구)로 나올 때 협조하는 전략은 단기적으로 더 많은 것을 잃을 수 있다. 북핵 협상에서 북한이 핵실험을 강행할 때 미국이 경제 지원 등의 유화책을 사용한다면 이는 부조화 전략에 속한다고 할 수 있다.

4. 방임 전략과 철수 전략

1) 방임 전략

방임 전략(inaction strategy)은 갈등이나 협상 상황에서 아무런 조치를 취하지 않고 방치하는 전략이다. 협상에 있어서 협조 전략, 대결 전략, 분배 전략, 통합 전략, 조화 전략, 부조화 전략 등 어떤 전략도 여의치 않을 경우 그대로 방임하는 전략이 유용할 수도 있다. 어떤 전략이든 사용해야만 협상이 종결되므로 방임 전략은 일시적으로 사용할 수 있을지라도 지속적으로 사용하기는 어려울 것이다.

다만, 방임 전략은 상대에게 차선의 대안에 대한 고려 가능성을 제공하는 등 기존의 협상 전략과 조건에 대하여 성찰할 수 있는 기회를 제공할 수 있다. 예를 들어, 대우차 매각 협상에서 GM은 인수 의향서를 제출하고도 실사를 이유로 아무런 조치를 취하지 않는 방임 전략을 취한 바 있다. GM은 이후 대우차 흑자 시현이라는 뉴스가 나간 후 다시 협상을 진행하였다. 이를 통해 대우차로 하여금 구조조정과 흑자 시현에 주력하게 만들었을 뿐만 아니라 강성 노조에게 성찰 시간을 제공하는 효과를 거두었다고 할 수 있다.

2) 철수 전략

철수 전략(withdrawal strategy)은 갈등 또는 협상의 상황에 개입하지 않고 발을 빼는 전략이다. 방임 전략이 갈등이나 협상을 방치하는 소극적인 대응이라면 철수는 의도적으로 협상장을 떠나는 적극적인 전략이다. 철수 전략은 장기적으로는 이득이 없을지라도 단기적으로는 효과적일 수 있다. 상대의 공세적 태도(격정적 감정)를 완화하여 일정 정도의 양보를 받아낼 수 있고, 상대방의 인식 틀(frame)을 전환시킬 수 있는 것이다.

제3절 상생 협상 전략의 적용

상생을 위해서는 양보 전략이나 대결 전략 등 어느 일방만 고집하는 것은 바람직하지 않다. 협조와 비협조의 요소를 혼합하여 적용해야 하고, 협상의 단계별로 협조와 비협조를 조절하는 전략을 구사해야 할 것이다. 여기서는 대표적인 상생 전략으로 통합 전략(협조적 대결 전략), 맞대응 전략, 단계별 맞춤형 전략 등을 살펴볼 것이다.

1. 통합 전략의 구사

상생의 결과를 가져오기 위해서는 분배 전략보다는 통합 전략을 활용해야 한다. 통합 전략은 파이의 확대, 양보의 교환, 근본적 관심사의 해결 등 합리적 측면을 강조한다(Pruitt & Carnevale, 1995: 36-40). 서로에게 플러스(+)가 되는 통합 협상을 위해서는 상대의 관심사에 대한 탐색이 필요하고, 이를 바탕으로 상호 수용 가능한 대안의 모색에 주력해야 한다. 상호 수용 가능 대안(MAA: mutually acceptable agreement)은 상호 최적 대안이나 특출 대안은 아니지만 서로 받아들일 수 있는 대안이다. 상생 협상은 협조 또는 대결 일변도로는 달성되기 어렵다. 상생 협상을 위해서는 최선의 경쟁과 최선의 협조가 필요하듯이 때로는 대결하고 때로는 양보하는 전략이 필요하다. 이러한 점에서 통합 전략은 협조적 대결 전략이라고 할 수 있다.

이론적으로 대결과 협상 결과 사이에는 역 U자형(inverted U-shape) 관계를 보인다. 높은 대결이 높은 이득을 가져올 수 있지만 너무 높을 경우 공동 이득을 감소시킬 수 있다. 반대로 양보의 수준이 높으면 자신의 이득이 감소되지만 너무 낮아도 공동 이익을 줄일 수 있다. 따라서 양보와 대결이 혼합된 통합 전략하에서 잠재적 상생 대안을 발견할 가능성이 높아질 것이다. 즉 지나치게 첨예한 대결은 협상 지연과 교착상태를 초래할 수 있고, 너무 많은 양보는 도전적인 대안의 모색 활동을 중단하게 만들 수 있다. 따라서 통합 전략은 협조적 대결을 통하여 새로운 상생 대안의 발견에 도움이 되는 다음과 같은 전술을 사용한다(Lewicki et al., 2001: 98-101).

첫째, 파이의 확대(pie-expanding)이다. 많은 갈등은 자원의 부족에 기인한다. 자원이 부족하면 당사자들의 이해관계 충족이나 목표 달성이 어렵기 때문이다. 이 경우 자원의 추가, 즉 파이의 확대는 갈등을 해결하기 위한 가장 간명한 처방일 수 있다. 케이크 자르기 협상에서 이번에 먹는 케이크에 다음에 먹을 케이크를 추가하여 이번은 언니가 자르고 다음번은 동생이 자르도록 하는 방식이다. 2주간의 여름 휴가지를 둘러싼 갈등에서 자원을 추가하여 4주간(2년의 휴가)의 휴가를 두고 협상한다면 올해 2주는 해변으로 다음해 2주는 계곡으로 휴가를 갈 수 있을 것이다. 다만, 올해와 내년의 선택을 두고 추가적인 협상을 벌여야 하지만 상생 협상은 보다 용이해질 것이다.

둘째, 전략적 교환(log-rolling)이다. 전략적 교환은 원래 국회의 법률안 통과 과정에서 이루어지는 투표의 교환을 의미한다. 협상에서도 이러한 전략적 교환이 이루어질 수 있다. 전략적 교환은 협상 이슈가 둘 이상일 경우 당사자들은 이슈의 교환을 통해 상생 합의에 도달할 수 있다. 즉 당사자들은 자신의 높은 선호 이슈와 상대의 낮은 선호 이슈를 교환할 수 있다. 대우차 협상에서 대우차는 매각 가격에 대해서는 어쩔 수 없이 양보하는 대신 부평 공장 인수에 대해서는 양보 받는 이슈 교환을 단행하였다.

여름 휴가지를 둘러싼 갈등을 예를 들면, 남편은 계곡(장소)과 오두막집(숙박 시설)을 원하는 데 반해 아내는 해변(장소)과 고급 호텔(숙박 시설)을 원하는 상황을 생각할 수 있다. 아내는 장소보다는 숙박 시설을 중시하고 남편은 숙박 시설보다 휴양지 자체에 더 우선순위를 두고 있다면, 두 사람은 이슈의 전략적 교환을 통해 조용한 계곡에 위치한 고급 호텔로 휴가를 떠나는 대안에 합의할 수 있을 것이다.

"로그롤링(Log-rolling)"

로그롤링은 전략적 지지 교환을 의미하며, 정치세력이 상호 지원이라는 측면에서 투표 거래나 투표 담합을 하는 행위를 지칭한다. 즉 자신의 선호와 무관한 대안에 투표하거나, 암묵적으로 동의하는 의사결정 행태를 가리킨다. 로그롤링은 두 사람이 통나무 위에 올라가 발로 굴려서 목적지까지 운반하는 '통나무 굴리기 경기'에서 유래한 용어이다. 이는 통나무를 원활하게 굴리기 위해서는 두 사람이 보조를 맞춰야 하는 상황, 즉 서로 적극적으로 협력해야 하는 상황을 비유적으로 표현하고 있다. 이 같은 로그롤링은 미국 의회에서 자주 볼 수 있는 데, 의회 내의 로그롤링은 상대가 자신의 안건에 대해 찬성 투표해 주면 자신도 상대의 안건에 대해 찬성해 주겠다는 지지 혹은 표의 교환이다.

이러한 협상은 다시 세 가지 유형으로 나누어진다. 첫째, 단순형은 어떤 공동의 목표를 성취하기 위하여 동시에 똑같은 협조를 하는 것이고, 둘째, 시차형(time log-rolling)은 상호 합의하에 이번에는 A가 B의 갑(甲) 법안에 협조를 해주는 대신 다음 번에는 B가 A의 을(乙) 법안에 협조해 주는 거래이다. 셋째, 부수 혜택 제공형(side-payments log-rolling)은 서로 도와주는 조건으로 현안 문제와 관련이 없는 혜택이나 이익을 교환하는 방식이다. 예를 들어, 선거 지원, 희망하는 위원회에의 배정, 파티에의 초청 등 부수 혜택의 범위는 다양하다. 이처럼 통나무 굴리기 식의 협상은 흥정이나 거래를 통하여 서로 필요한 사항을 만족시켜 주면서 목적을 이룬다는 점에서 '서로 가려운 등 긁어주기(mutual back-scratching)' 혹은 '호의의 교환(exchange of favors)'이라고도 불린다.

〈출처: 시사상식사전〉

셋째, 불특정 보상(nonspecific compensation)의 사용이다. 불특정 보상 전술은 상대의 요구를 수용해 주는 대신 그에 상응하는 다양한 보상을 받아내는 전술이다. 보상이 실제 협상의 사안과는 무관할 수 있지만, 보상 받은 당사자는 그것이 상대방의 선호 이슈와 대등한 가치를 갖는 것이라고 생각해야 한다. 여기서 보상은 협상 의제로 정해지지 않은 것이라는 의미에서 불특정 보상이라고 할 수 있다. 또한 양보하는 사람(upside party)의 제의가 아니라 양보 받는 사람(downside party)이 보상을 결정한다는 점에서 불특정이라고도 할 수 있다.

예를 들어, 여름 휴가지를 둘러싼 갈등에서 아내는 남편에게 해변으로 가는 것에 동의해 준다면 새로운 카메라 또는 골프채를 사주겠다고 제안할 수 있다. 이러한 전술은 협상 의제가 미리 설정되는 현실의 협상 사례에서는 그 적용 가능성이 낮다고 볼 수 있다. 즉 실제 협상에서는 협상 준비단계에서 협상 의제가 설정되고, MOU(Memorandum of Understanding)를 통해 대략적인 합의가 이루어지며, 본 협상에서 미세 조정하는 방식으로 이루어지기 때문에 불특정 보상 전술의 활용 여지가 좁다는 것이다.

넷째, 순응 비용의 절감이다. 협상에서 상대의 순응(양보)에 따른 비용을 절감해 줌으로써 양보를 얻어내는 전술이다. 서희-소손녕의 협상에서 서희는 강동 지역(압록강 동쪽 지역으로서 고려가 6주를 설치하였음)을 완충 지역으로 삼는 대안에 대하여 소손녕의 순응 비용을 절감해 주기 위해 거란 황제에게 재가를 얻도록 시간을 양보하였다. 이처럼 협상의 당사자는 상대의 비용을 절감하거나 최소화함으로써 자신의 목적을 달성할 수 있다.

여름 휴가지를 둘러싼 갈등에서 조용한 분위기를 선호하는 남편은 수많은 군중이 운집하는 해변을 싫어하는 반면 아내는 그러한 이유 때문에 해변을 좋아할 수 있다. 이 경우 아내는 휴가 장소를 해변으로 하되 시끄러운 리조트와는 멀리 떨어진 한적한 숙박 장소를 제시하여 남편의 동의를 얻어낼 수 있다. 즉 아내는 자신의 제안(해변)을 수용하는 데 따른 남편의 비용(혼잡과 소음)을 최소화하는 전술을 사용함으로써 상생 협상을 도모할 수 있는 것이다.

다섯째, 연계 대안의 발견이다. 대안의 연계를 통해 각자의 이해관계를 충족시킬 수 있는 새로운 대안을 발견하는 전술이다. 1991년부터 시작된 한불 외규장각 문화재 협상의 경우, 한국은 외규장각 도서의 반환을 원하고 프랑스는 상호 교류와 대여를 원하였다. 그에 따라 두 국가의 이해관계를 연계시킬 수 있는 대안으로 '영구 임대와 맞교환' 대안이 유력하게 검토되었으며 최종적으로 '일반 대여(5년 단위 갱신)와 맞교환' 대안이 채택되었다. 이는 한편으로 5년 단위로 대여를 갱신하지만 사실상 영구 임대에 가까워 한국의 이해관계를 만족시키고, 다른 한편으로 한국의 다른 문화재와 맞교환할 수 있어 프랑스의 이해관계를 만족시키는 상생 대안이었던 것이다.

2. 맞대응 전략의 사용

국제 협상에서 가장 높은 확률의 상생 결과를 가져오는 협상 전략은 맞대응(TFT: Tit-For-Tat) 전략이다. 맞대응 전략은 다른 말로 맞받아치기 전략 또는 보복 전략이라고도 한다. 이 전략의 기본 원리는 먼저 상대편을 속이거나 배반하지 않고 협조하며, 상대가 배신하거나 비협조적일 경우 반드시 보복한다는 것이다(Axelrod, 1984). 즉 어느 한 당사자가 먼저 협조를 선택한 다음 상대방이 협조하면 자신도 협조하지만 상대방이 반대하면 자신도 반대하는 맞대응 방식의 협상 전략이다.

만약 상대방이 규칙을 위반한 경우에도 반성하고 정상으로 되돌아오면 용서해 줌으로써 협조의 선순환을 도모한다. 이 전술의 장점으로는 당사자의 일방이 협조할 경우 상대방이 협조를 선택함으로써 큰 이득을 누릴 수 있고, 반대로 당사자의 일방이 비협조를 선택할 경우 비협조로 대응함으로써 더 큰 이득을 누릴 수 있다는 것이다.

맞대응 전략에서는 두 사람이 협조와 비협조의 두 가지 대안을 가지고 상호작용하는 상황을 가정하고 있다. 군비 축소나 무역 마찰을 둘러싼 국제 협상에서 많이 원용되고 있는 협상 전략인데, 일단 먼저 협조하고 상대국의 반응을 보아 가며 대안 선택을 결정한다는 점에서 긴장 및 갈등의 완화를 위한 실현가능성이 높은 전략으로 인정받고 있다. 다만, 맞대응 전략의 경우에도 양보의 폭을 조절하는 것이 관건이다.

상대의 양보에 대한 자신의 양보 비율을 의미하는 대응률(ROM: Ratios

of Movement)이 중요한데, 과거의 ROM을 고려하여 미래의 ROM을 결정해야 한다(Schoonmaker, 1989: 102-103). 상대의 양보보다 더 많은 폭의 양보를 의미하는 1 이상의 ROM은 위험할 수 있지만, 지나치게 과소한 비율은 상대의 신뢰를 훼손할 뿐만 아니라 반복될 경우에는 협상의 결렬을 초래할 수 있다.

"북핵 협상과 맞대응 전략(Tit-for-Tat)"

북한의 핵문제는 1989년 프랑스 상업위성(SPOT)이 영변의 핵시설을 촬영하면서 시작되었다. 그에 따라 1992년 북한은 국제원자력기구(IAEA)의 협정에 서명하고 6차례에 걸친 사찰을 수용하였다. IAEA는 사찰을 통해 플루토늄의 대량 유출을 확인하고 특별 사찰을 계획하였는데, 이에 대해 북한이 핵확산금지조약(NPT)에서 탈퇴하면서 1차 핵 위기가 발발하였다. 북한은 제네바 합의에서 핵 프로그램의 동결을 수용하는 대신 경수로 2기 건설과 중유 50만 톤의 무상 공급 등의 경제적 보상을 약속받았다.

2002년 10월, 북한이 방북한 켈리(James Kelly) 미국무부 차관보에게 고농축 우라늄 핵개발프로그램을 시인하면서 2차 북핵 위기가 시작되었다. 미국은 핵개발프로그램의 포기를 요구하고 한국도 핵 관련 의무사항을 이행할 것을 촉구하였다. 그에 대해 북한은 미국의 요구를 거부하고 북미불가침협정의 체결을 요구하였다. 2002년 11월, 한반도에너지개발기구(KEDO)는 북한에 대한 제재조치로서 중유 공급을 중단하였고, 북한은 제네바 합의를 파기하고 핵동결 해제 조치와 IAEA 사찰관 추방 및 NPT 탈퇴를 선언하였다. 미국은 '선 핵프로그램 포기, 후 대화재개 원칙'을 고수하였고, 북한은 핵문제는 미국의 압살 정책 때문이라며 미국에게 북한체제 안전 보장을 요구하였다.

2006년 10월, 북한 1차 핵실험 강행으로 3차 북핵 위기가 대두되었다. 미국은 중국 등과 함께 대북 제재를 위한 유엔안보리 결의안 1718호를 채택하였다. 제재의 내용에는 북한의 핵·탄도미사일 개발 금지, 북한에 관련 프로그램을 지원하는 국가의 자금과 금융 자산 및 경제적 지원 동결이 포함되었다. 한국도 금강산 관광에 대한 정부 지원을 중단하였다. 미국은 유엔 제재와 병행하여 방코델타아시아(BDA) 제재 해지와 테러 지원국 제외 등의 온건책을 제안하였고, 그에 대해 북한은 IAEA에 핵 신고서를 제출하고 영변 냉각탑을 폭파하였으나 그 이상의 성실한 비핵화를 이행하지는 않았다.

2007년 2월, 6자회담을 통해 북한은 영변 핵시설의 폐쇄와 불능화, 핵사찰 수용을 포함하여 핵관련 프로그램의 중단과 폐기를 조건으로 중유 95만 톤을 제공받는 데 합의하였다. 2008년 이명박 정부는 비핵개방3000을 통해 비핵화를 강조하였고, 그에 대해 북한은 핵 신고 기한 미준수, 장거리 미사일 대포동 2호 발사, 금강산 관광객 피살 등 강경 대응으로 선회하였다. 2009년 5월 북한은 풍계리에서 2차 핵실험을 강행하고, 미국 등은 그해 6월 유엔안보리 결의안 1874호 제재를 채택하였다. 북한에 대한 무기금수 및 수출 통제, 화물 검색, 금융·경제 제재 등을 포함하였다. 북한은 북미평화협정의 체결을 요구하였고, 미국은 검증 가능하고 불가역한 비핵화를 재확인할 때 평화 협정과 경제적 지원을 이행한다는 원칙을 발표하였다.

북한은 2012년 12월 장거리 미사일 은하 3호를 발사하고, 2013년 2월 3차 핵실험을 강행하였다. 이에 대해 미국 등은 유엔안보리 결의안 2094호를 통해 대북 제재를 강화하였다. 북한은 정전협정 파기, 불가침 합의 폐기, 남북한 직통 전화 단절 등의 조치를 취하였다. 2016년 1월, 북한은 4차 핵실험과 장거리 미사일 발사를 추진하고, 미국 등 15개 이사국은 만장일치로 유엔안보리 결의안 2270호를 채택하였다. 이 결의안은 고강도 대북 제재를 포함하였는데, 무기 거래, 해상·항공 운송, 대량 살상무기, 금융거래의 통제 등이다. 북한은 2016년 9월 5차 핵실험을 강행하였고, 그해 11월 미국 등은 유엔안보리 결의안 2321호를 채택하였다. 이는 북한 수출액이나 규모에 상한선을 두는 내용을 골자로 한다.

〈출처: 언론 기사에서 발췌 정리〉

이 전략의 가장 큰 단점은 상대가 비협조하면 그에 대한 대응 역시 비협조로 나타나 보복과 대응 보복의 나선형적 악순환에 빠진다는 것이다. 이를 보완하기 위한 이론적 방법으로는 다음 두 가지를 들 수 있다. 먼저 무조건 협조를 선택하고 상대방이 협조하지 않으면 안 되도록 구속력을 부여하는 방법이다. 그 다음 상대가 협조할 때는 재빨리 협조로 대응하고 비협조에 대해서는 지연된 보복을 취하는 방법이다.

그러나 북핵 협상에서 보는 바와 같이 상대의 비협조에 대해 보복이나 제재를 지연하는 것은 쉽지 않은 일이다. 제재의 지연이 상대의 비협조적 태도를 줄이는 데 기여할 수 있을지라도 협상의 당사자가 다수이고 체면 유지가 중시되는 국제 협상의 특성상 상대의 비협조에 대하여 제재의 지연과 같은 부조화에 가까운 전략을 채택하기는 어려울 것이다.

맞대응 전략의 두 번째 단점은 협조(또는 비협조)의 가치에 버금가는 보상(또는 응징) 조치가 이루어져야 한다는 점이다. 만약 상대의 비협조 전략에 대한 응징이 미약하거나, 반대로 상대의 협조에 대한 보상이 충분하지 않을 경우 협조의 선순환과 상생 타결을 유도하지 못할 수 있다는 것이다. 북핵 협상의 경우 일관된 맞대응 전략의 구사에도 불구하고 상생 타결을 도출하지 못한 것은 이러한 이유에 기인한 것으로 해석할 수 있다.

북한의 협조(핵 프로그램의 동결)에 대하여 미국은 협조(경제적 지원)로 대응하고, 북한의 비협조(핵실험의 강행)에 대해서는 강도 높은 비협조(유엔안보리 결의를 통한 제재)로 응징하는 전략을 채택하였다. 그러나 협조에 대한 대가는 충분하지 않았고, 비협조에 대한 제재 역시 체제를 위협할 정도의 가치를 갖지 못한 것으로 해석할 수 있다. 북한은 체제 보장을 위해 핵실험을 강행하는 만큼 협조 또는 비협조에 대한 대가가 체제 보장 또는 체제 위협에 근접하는 것이어야만 수용할 수 있었을 것이다. 그러나 중국의 소극적인 태도로 인해 북한의 비협조에 대한 충분한 수준의 응징을 하지 못해 맞대응 전략은 실효성을 갖지 못하였다고 평가할 수 있다.

3. 단계별 맞춤형 협상 전략

상대가 협조(비협조)할 때 협조(비협조)하는 전략은 조화 전략이고, 상대가 협조(비협조)할 때 비협조(협조)하는 전략은 부조화 전략이다. 앞서 맞대응 전략에서 살펴본 바와 같이 가능한 한 조화 전략을 채택하는 것이 상생 협상에 유리할 것이다. 그러나 조화 전략은 그 자체의 결함으로 인하여 협상의 전 단계에서 효력을 발휘하기 어렵다. 따라서 상생 협상을 위해서는 협상 단계별로 조화 전략 또는 부조화 전략을 탄력적으로 적용해야 할 것이다(Pruitt & Carnevale, 1995: 64-72).

첫째, 협상의 초기 단계에는 부조화 전략이 효과적이다. 상대가 대결 또는 강경한 태도를 취할 때 적당하게 양보하고, 상대가 양보할 때 강경하거나 대결적 태도로 응수해야 한다는 것이다. 협상의 초기 단계에서는 정보와 자료가 부족한 상황에서 상대의 이해관계와 저항점을 탐색하는 데 주력하므로 도전적인 목표나 요구의 설정이 잠재적 상생 대안의 발견에 기여할 수 있다. 만약 상대가 비협조적일 때 비협조로 대응할 경우 협상 자체가 진전되기 어렵고, 상대가 협조할 때 협조로 대응할 경우 싱거운 타결로 귀결될 수 있을 것이다.

둘째, 협상의 중간 단계에서는 조화 전략이 주효할 것이다. 즉 상대방이 강경하거나 대결적 태도를 보일 때 강경하게 대응할 필요가 있고, 양보할 때는 양보할 필요가 있다. 협상의 중간 단계에 이르면, 상대의 이해관계와 저항점에 대한 탐색이 끝나고 강하게 밀고 당기는 협상을 전개하게 된다. 이 단계에서는 상대의 전략에 맞대응하는 전략을 구사해도 협상이 결렬될 가능성이 낮고, 그렇게 해야만 새로운 대안의 탐색 활동을 촉진시킬 수 있다.

다만, 어느 정도로 맞대응해야 할 것인지에 대해서는 가능한 한 낮은 수준의 맞대응(under-matching)이 적절하다. 즉 상대의 비협조에 대해서는 약간 낮은 수준의 비협조로 대응하고, 상대의 협조에 대해서도 약간 낮은 수준의 협조로 대응할 필요가 있다는 것이다. 상대의 비협조에 대하여 너무 높은 수준의 비협조로 대응하는 것은 이미지 손실과 같은 보이지 않는 이득의 상실을 초래할 수 있기 때문이다.

셋째, 협상의 후기 단계에는 다시 부조화 전략이 필요하다. 협상의 막바지에는 마감시한(deadline)이 임박하여 시간에 대한 압박이 당사자의 행태에 큰 영향을 미친다. 이러한 상황에서는 이득의 분배에 대한 미세 조정이 이루어지므로 부조화 전략을 취하더라도 협상의 결렬 가능성은 낮을 것이다. 또한 시간 압박을 적절히 활용하는 사람이 더 큰 이득을 누릴 수 있다. 즉 상대가 시간 압박에 시달릴 경우 협조 전략으로 나올 수 있는데, 비협조 또는 강경한 반대 전략을 통해 높은 수준의 양보를 끌어낼 수 있다.

"대우차-GM의 협상 사례"

2000년 10월 포드가 철수한 후 GM이 우선 협상자로 선정되고 인수 의향서를 제출하면서 대우차와 GM의 협상이 시작되었다. 그러나 GM은 2001년 5월까지 적극적인 협상의사를 밝히지 않았고, 대우차는 2001년 4월까지 인수 의향을 밝히지 않으면 철수하겠다는 의사를 전달하였다. 대우차는 그러는 동안 대대적인 구조조정 등으로 흑자를 시현하는 데 주력하였다. 2001년 5월 영업이익이 흑자로 전환되었다는 사실이 전해지면서 GM은 협상에 참여하였다. 초기 협상 단계에서는 인수 가격과 부평 공장 인수라는 두 가지 이슈가 부상하였는데, GM은 대우차에게 인수 가격을 다시 제시하도록 요구하는 등 강경 입장을 취하였으나 대우차는 조기 해외 매각에 대한 정부 방침 때문에 이에 순응하는 태도를 취하였다. 협상의 중간 단계에서도 인수 가격에 대한 GM의 공세와 대우의 수세는 지속되었다. 그러나 협상의 후기에는 인수 가격이 아닌 '부평 공장의 인수 조건'에 대하여 대우차의 강경한 대응이 이루어졌다. 이를 통해 GM과 대우는 전체 GM공장의 지난 3년간 평균 노사분규일수 이하를 유지할 경우 '부평 공장'을 인수한다는 구체적인 기준에 합의하였다. 결국 2002년 4월 대우차-GM의 협상은 매각대금 17억 달러와 '부평 공장'의 조건부 인수로 타결되었다.

〈출처: 안세영, 2014: 301-315〉

대우차-GM간의 협상 사례를 보면, 협상 단계별 맞춤형 전략의 부재가 상생 타결을 어렵게 하였다는 사실을 알 수 있다. 협상의 초기 단계에서 대우차는 GM의 요구에 대하여 순응(협조)하는 부조화 전략을 사용하였는데 바람직한 전략으로 사료된다. 당시 월 500억원의 적자구조였고 차선의 대안(BATNA)이 없는 상황에서 대우차는 수세적 입장일 수밖에 없었기 때문이다. 이러한 부조화 전략을 통해 상대의 의중을 탐색할 수 있었던 것이다.

문제는 협상의 중간 단계에서도 부조화 전략으로 일관하였다는 점이다. 협상의 중간 단계에서는 조화 전략을 채택해야 하는데, 여전히 GM은 강력하게 요구하고 대우차는 순응하는 부조화 전략을 사용하였다. 대우차는 강력한 맞대응 전략을 통하여 상대의 무리한 요구를 차단하고 자신의 이해관계를 관철시켜 잠재적 상생 대안을 모색할 수 있었음에도 불구하고 그러한 기회를 살리지 못하였다. 사실 흑자 시현 이후 대우차는 자력갱생 대안이나 다른 매각처(차선의 대안)의 탐색이 가능한 상황에서 GM의 헐값 인수 전략에 대하여 강경한 요구로 맞대응할 수 있었으나 조기 매각과 해외 매각이라는 정책적 제약 때문에 그렇게 하지 못하였다.

협상 후기 단계에서 대우차는 부평 공장에 대하여 강경하게 대응하는 부조화 전략을 채택하였고 일부 성과를 거두었지만 시간 제약이 큰 상황에서 매각 가격 등 핵심 이슈에 대해서는 성과를 거두기 어려웠다고 평가할 수 있다. 결국 대우차-GM의 협상은 협상 단계별 맞춤형 전략을 채택하는 데 실패하였고, 그에 따라 상생 타결이 아닌 GM의 일방적 승리로 끝났다고 볼 수 있다.

08 배트나(BATNA)의 개발과 활용

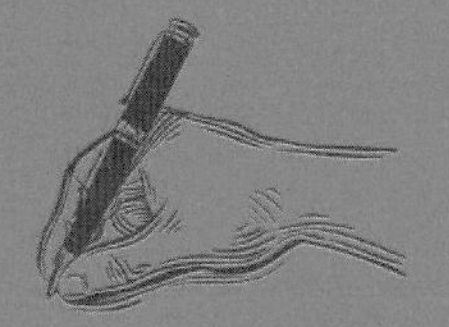

The Aesthetics of Negotiation

The purpose of negotiation is to explore whether you can satisfy your interests better through an agreement than could by pursuing your Best Alternative to a Negotiated Agreement(BATNA).

〈William Ury, Getting Past No〉

협상의 목적은 이해관계의 충족에 있어서 합의를 통하는 것이 배트나(BATNA)의 모색보다 더 나은지를 탐색하는 것이다.

〈Ury, 1993: 21〉

THE AESTHETICS OF NEGOTIATION

배트나(BATNA)의 개발과 활용

배트나는 협상에 버금가는 차선책을 의미하는데, 다음의 두 문장이 배트나의 개념을 함축적으로 표현하고 있다. “부드럽게 말하되 배트나를 만들어라(Speak softly but build your BATNA)”, “부드럽게 말하되 큰 회초리(강경한 태도)를 지녀라(Speak softly but carry a big stick).” 전자는 1800년대 미국과 프랑스의 협상에서 애덤스(John Adams) 대통령의 행동을 묘사한 문장이고, 후자는 루즈벨트(Franklin Roosevelt) 대통령의 외교 전략을 묘사한 문장이다. 어떤 협상이든 배트나를 준비해야 한다는 사실을 시사해 주고 있다. 이 장에서는 배트나의 의의와 적용 사례 그리고 활용 방법에 대하여 논의할 것이다.

제1절 배트나의 의의

1. 배트나의 개념

배트나(BATNA)는 피셔와 유리(Fisher & Ury, 1991)에 의해 창안된 개념으로 협상 결렬시 선택할 수 있는 최선의 대안(Best Alternative To a Negotiated Agreement)이며, 우리말로는 '차선책' 정도로 옮길 수 있다. 배트나는 영문에서 의미하는 바와 같이 당해 협상을 대체할 수 있는 모든 차선책을 의미한다(Fisher & Ury, 1991). 즉 진행 중인 협상이 결렬될 때 선택할 수 있는 최선책이자 협상에 버금가는 차선책이다. 협상을 제외한 최선의 대안이란 협상을 포함하면 차선책이며, 이를 계획에 비유하면 플랜 B라고 할 수 있다. 플랜 B는 최선책인 플랜 A가 여의치 않을 경우 선택할 수 있는 차선책에 해당되는 것이다.

배트나를 확인하기 위해서는 다음 세 가지, 즉 당사자의 유일성, 대안적 조치, 그리고 제3자의 활용 여부 등을 고려해야 한다(Ury, 1993: 22).

첫째, 당사자의 유일성 여부이다. 협상의 당사자나 대상이 하나인 경우 배트나는 존재하기 어렵다. 만약 양자간 협상에서 어느 일방이 철수 대안을 선택할 경우 다른 당사자를 찾을 수 없다면 상대는 배트나를 갖지 못하는 것이다.

둘째, 대안적 조치의 존재이다. 당사자가 유일한 경우에도 대안적 조치가 가능하다면 배트나가 존재할 수 있다. 상대방에 대한 대안적 행위, 즉 파업이나 전쟁 등의 행동 조치를 취할 수 있을 경우 배트나가 존재하는 것이다.

셋째, 제3자의 활용 가능성이다. 제3자를 활용할 수 있는 방법, 즉 조정, 중재, 재판 등의 활용 가능성이 있는 경우 배트나가 존재한다. 제3자의 활용은 당사자간 자율 협상을 대체한다는 점에서 배트나로 간주할 수 있지만 두 당사자 모두에게 해당된다는 점에서 당사자의 협상력을 높이기 위한 차선책으로 보기는 어려운 측면도 있다.

대개 협상에서 배트나의 가장 흔한 예는 사람, 즉 협상의 당사자이다. 특정의 협상에서 어느 당사자가 상대방 외에 선택할 수 있는 다른 당사자가 있다면 그 사람은 유리한 위치에 서게 되고 상대보다 우월한 협상력(negotiation leverage)을 갖게 될 것이다. 예를 들어, 대우차 매각 협상에서 협상 당사자로 GM뿐만 아니라 현대차를 고려하였다면 현대차는 배트나가 되고 대우차는 보다 유리한 위치에 설 수 있었을 것이다. 건물 매각 협상에서 당해 인수자 외에 잠재적인 다른 인수자를 확보하고 있다면, 다른 인수자는 배트나가 되고 매각자는 당해 협상의 당사자인 인수자보다 유리한 고지를 확보하게 될 것이다. 그러나 국가간 협상에서 협상 대표의 교체는 배트나가 되기 어렵다. 국제 협상에서는 국가가 협상의 당사자이고 협상 대표는 국가를 대신하여 협상에 참여하는 대리인이기 때문이다.

협상의 당사자가 아닌 경우에도 배트나가 될 수 있다. 먼저 협상의 이슈 또는 대상이 배트나가 되는 경우이다. 협상 중인 건물 외에 유사한 가치의 건물이 존재할 경우 유사한 건물은 배트나가 되고 협상 중인 건물의 가격을 낮출 수 있다. 반대로 협상 중인 건물을 대체할만한 건물이 없는 경우, 배트나는 부재하고 해당 건물의 가치는 상대적으로 높아진다. 또한 협상을 하지 않는 것도 배트나가 될 수 있다. 대우차-GM의 협상에서 GM은 우선협상 대상자로 선정되고도 실사를 이유로 협상에 참여하지 않는 방임 전략을 통하여 자신의 협상력을 높일 수 있었다.

그리고 때때로 플랜 B도 배트나가 될 수 있다. 대우차-GM 협상에서 대우차가 흑자 달성 이후 자력갱생 대안을 검토하였다면 배트나가 될 수 있었다. 청계 고가도로 철거를 둘러싼 서울시와 주변 상인간의 협상에서 서울시는 철거가 아닌 '교량 안전 진단 및 보수'라는 배트나를 활용하여 협상에서 유리한 지위를 확보한 바 있다.

배트나는 당사자의 협상력에 영향을 미친다. 협상력(negotiation leverage)은 협상에서 자신이 원하는 방향으로 타결을 유도할 수 있는 힘, 즉 상대방으로 하여금 자신이 원하는 대안에 합의하게 만들 수 있는 힘으로 정의된다. 배트나를 가진 당사자는 그렇지 못한 당사자보다 유리한 지위를 갖게 되고 더 높은 협상력을 발휘하게 된다. 양자 모두 배트나를 가진 경우 배트나의 수뿐만 아니라 양질의 배트나를 가진 쪽이 유리한 위치를 점할 수 있다. 즉 단순히 배트나의 개수가 중요하기 보다는 높은 질의 배트나가 더 큰 영향을 미칠 수 있다는 것이다.

그렇다면 배트나의 질은 무엇에 의해 결정될까? 배트나의 질은 해당 협상을 통해 얻게 되는 이익에 버금가는 정도에 의해 결정될 것이다. 협상의 당사자를 바꾸어 얻을 수 있는 이익이 원래의 당사자와 협상하여 얻게 되는 이익에 근사하면 할수록 배트나는 질적으로 우수할 것이다. 만약 다수의 잠재적 당사자를 확보하고 있더라도 그들과의 협상을 통해 얻을 수 있는 이득이 원래의 당사자와 협상하여 얻을 수 있는 이득보다 현저하게 낮다면, 즉 해당 당사자와의 협상에서 얻을 수 있는 이익이 월등히 높다면 잠재적 당사자들은 배트나로 인식될 수 없을 것이다.

배트나는 협상력을 강화하는 것 외에도 두 가지 추가적인 효용이 있다(안세영, 2010: 40-43). 첫째, 배트나는 합의 수준의 판단 근거가 될 수 있다. 배트나가 없을 경우 어느 정도의 수준에서 합의하는 것이 적정한지 판단하기 어렵다. 그러나 배트나가 있다면 합의 수준의 적정성을 간접적으로 추정할 수 있다. 즉 타결 가능한 최저수준은 배트나를 통해 기대되는 이익에서 배트나를 탐색하거나 선택하기 위해 지불해야 하는 추가비용을 차감하여 계산할 수 있다. 또한 우수한 배트나가 존재할 경우 원하지 않는 합의를 하지 않아도 될 것이다.

둘째, 배트나는 협상 포기(walk away) 위협으로 활용될 수 있다. 배트나가 있으면 협상을 결렬시킬 의사가 없더라도 협상 포기가 가능하다는 신호(signal)를 줌으로써 상대방을 위협할 수 있다. 그러나 모든 위협 전술이 배트나가 되는 것은 아니다. 상대를 위협하는 강성 전술은 배트나가 아니라 자신의 요구를 관철시키려는 분배 전략의 일환으로 볼 수 있다. 협상 철수 대안이 배트나가 되기 위해서는 상대방이 협상에 부여하는 가치가 매우 높아야 한다. 그에 따라 협상 철수 위협을 통한 배트나의 효과는 상대방의 협상 타결에 대한 간절함 또는 절박함이 클수록 더 높아질 것이다.

2. 배트나의 조건

배트나를 효과적으로 활용하기 위해서는 배트나가 되는 경우와 그렇지 못한 경우를 구분할 수 있어야 한다. 첫째, 배트나가 되는 경우는 협상의 당사자를 교체할 수 있을 때이다. 협상의 대가인 피셔(Roger Fisher)는 자동차를 구매하기 위하여 7개의 자동차 회사에 자신이 선호하는 사양을 제시하였는데, 이 경우 피셔가 보유한 배트나의 개수는 최소 2개에서 최대 6개이다(전성철·최철규, 2015: 107-108). 다른 조건이 없다면 배트나를 가진 피셔는 자동차 딜러보다 우월한 지위에서 협상하여 유리한 결과를 얻을 수 있을 것이다. 여기서 다른 조건은 자동차 딜러의 배트나 보유 여부이다. 만약 자동차 딜러가 배트나를 가지고 있다면 반드시 피셔가 유리한 결과를 얻는다고 보장하기 어렵다.

피셔와 자동차 딜러 모두 배트나를 가지고 있다면 그 결과는 어떻게 될까? 만약 자동차 딜러가 영업 실적에 대한 압박에 시달리고 있고 피셔가 여타 구매자보다 조건이 좋은 우량고객이라면 아마도 피셔가 높은 협상력을 가질 것이다. 그러나 딜러가 잠재적인 우량고객을 확보하고 있고 판매해야 할 자동차의 수보다 더 많은 구매자가 존재할 경우 딜러의 배트나가 질적으로 더 우수하여 피셔보다 더 유리한 위치에 설 수 있다. 당사자 모두 배트나를 가진 경우에는 각 당사자가 처한 상황적 여건이나 배트나의 질적 수준 등에 의해 협상력이 달라질 수 있다는 것이다. 따라서 배트나는 잠재적 당사자의 존재 또는 그 숫자만으로 판단하기는 어렵고 당사자의 질적 수준도 고려해야 할 것이다.

둘째, 협상의 대상인 물건을 대체할 수 있을 때이다. 피셔의 취향이 매우 까다로운 상황에서 딜러가 피셔의 선호(성능, 색상, 가격 등)에 부합한 자동차를 보유하고 있고 그 자동차는 잠재적인 고객에게도 인기가 있을 경우, 딜러는 배트나를 보유하게 되고 피셔보다 우월적 지위를 갖게 될 것이다. 피셔는 협상의 파트너를 바꾸는 배트나를 가질 수 있지만 딜러는 선호하는 자동차를 보유함으로써 배트나를 확보할 수 있다.

사과 판매를 둘러싼 흥정에서 협상력의 90%는 상품의 질에 의해 결정되고 나머지 10%만 가격에 의해 영향을 받는다고 한다. 맛 좋고 질 좋은 사과를 조달할 수 있는 사과 판매상은 구매자보다 유리할 것이고, 거꾸로 품질 좋은 사과 판매상을 확보한 구매자는 판매자보다 유리한 결과를 얻을 수 있을 것이다.

대체 물건의 확보뿐만 아니라 대안의 개발을 통해 배트나를 확보할 수도 있다. 아파트 소유주와 경비원 노조간 갈등에서 아파트를 오피스텔로 전환하는 대안은 소유주의 배트나가 될 수 있다. 경비원 노조의 경우 아파트가 오피스텔로 전환될 경우 일자리가 크게 줄어들 것이므로 협상에서 수세적 지위에 놓일 것이다.

또한 청계 고가도로 철거를 둘러싼 서울시와 주변 상인들간 협상에서 교량 해체가 아닌 보수 공사와 같은 플랜 B는 서울시의 배트나가 될 수 있었다. 교량 보수 공사는 장기간이 소요되고 그에 따른 보상도 없으므로 상인들에게는 교량 철거로 인한 손실에 버금가는 손실이 예상되었기 때문에 배트나로 인식될 수 있었던 것이다.

배트나의 개발과 활용에 있어서 흔히 범하는 오류가 있다. 협상의 포기나 철수 그리고 전쟁 등 극단적인 조치들을 모두 배트나로 간주하는 것이다. 협상론 시간에 과제를 부여받은 학생들의 50% 정도는 극단적인 조치를 배트나로 인식하고 있었다. 극단적인 조치의 경우에도 전쟁과 협상 포기 등은 구분하여 생각해야 한다.

먼저, 협상 포기나 철수는 상황에 따라 배트나가 될 수도 있고 그렇지 않을 수도 있다. 당사자가 협상을 포기하는 것이 현재의 조건으로 협상을 진행할 때와 비교하여 비슷하거나 더 큰 이익을 가져올 경우 배트나가 될 수 있다. 그러나 대다수의 협상은 다른 대안보다 낫다는 판단에 의해 선택되었기 때문에 협상 포기나 철수가 반드시 배트나로 간주될 수는 없을 것이다.

2010년 11월 IMF 쿼터(국가별 출자금)와 재배구조 개혁에 관한 미국-신흥국의 협상에서 현상 유지(IMF 개혁 포기) 대안과 새로운 국제기구 설립 대안이 배트나로 인식되었다. 즉 미국은 쿼터 비중의 소규모 증액을 요구한 반면 신흥국들은 쿼터의 대폭 증가를 요구하는 상황에서 미국에게는 현상 유지 대안, 즉 협상 철수 대안이 배트나가 될 수 있었던 것이다(김용범·박정훈, 2012: 108/153-154).

그 다음으로, 전쟁 대안은 명백하게 배트나가 되기 어렵다. 전쟁은 승리에 대한 예측 가능성이 낮고 설령 승리하더라도 비용과 희생이 크기 때문에 협상에서 기대되는 이익과 대등한 수준을 보장하지 못한다는 점에서 배트나가 되기 어렵다. 따라서 전쟁과 핵무장 등은 배트나가 아닌 전략의 일환으로 볼 수 있을 것이다. 예를 들어, 2002~2016년 동안 장기간에 걸친 북미간 협상에서 북한의 핵무장이 미국에게 배트나로 인식될 수 없었다. 그 이유는 상대방에게 협상에 버금가거나 그 이상의 가치를 지닌 대안 또는 플랜 B여야 한다는 배트나의 전제 조건을 충족시키지 못했기 때문이다.

하지만, 전쟁이 아닌 전쟁 대비 노력(군비 증강 등)이 예외적으로 배트나가 될 수 있는 경우도 있다(Harvard Business School, 2003: 82). 1800년대 프랑스 혁명 직후 미국과 프랑스간에 긴장이 고조되는 준전시 상황에서 프랑스는 항구를 폐쇄하고 다수의 미국 상선을 나포하였다. 미국의 애덤스(John Adams) 대통령은 전쟁에 따른 위험과 피해를 고려하여 선전포고를 준비하고 있었고, 나폴레옹은 군사적 우위를 점하고 있었다.

이러한 상황에서 애덤스는 협상을 촉구하는 한편 해군력을 증강시키는 조치를 취하였다. 당시 불과 수척에 불과했던 군함을 최신형 구축함을 포함하여 50척으로 늘렸다. 결과적으로 애덤스는 해군력 증강을 통해 전쟁도 불사하겠다는 의지를 표명하였고, 이러한 조치는 나폴레옹에게 배트나로 인식되어 프랑스와의 협상에서 우위를 점할 수 있었다. 전쟁은 아니지만 전쟁 준비와 같은 조치들이 경우에 따라서는 배트나가 될 수 있다는 사실을 보여주고 있다.

제2절 배트나의 활용 사례

배트나의 활용 사례를 살펴보면 배트나의 의미를 보다 분명히 이해할 수 있고, 나아가 배트나의 개발과 활용에 필요한 지식을 습득할 수 있을 것이다. 배트나를 확인하기 위해서는 먼저 협상이 결렬될 경우 이용 가능한 대안들이 있는지 확인하고, 둘째, 잠재적인 대안들의 가치를 평가하며, 셋째, 가장 최선의 대안을 선별해야 한다(Malhotra & Bazerman, 2007: 20). 이러한 과정을 거쳐 도출된 대안이 협상의 차선책이다. 그런데 배트나를 활용하여 협상력을 높인 사례도 있는 반면 배트나가 존재함에도 불구하고 활용하지 못하여 협상에서 손해를 본 사례도 있다. 다음에서는 배트나를 활용하여 협상력을 발휘한 사례와 배트나를 활용하지 못하여 협상력을 발휘하지 못한 사례를 살펴보고자 한다.

1. 영화 속의 협상 사례

2012년 개봉된 박정우 감독의 '연가시'라는 영화에 나오는 협상 사례이다. 고요한 새벽녘 한강에 뼈와 살가죽만 남은 참혹한 몰골의 시체들이 떠오른다. 이를 비롯해 전국 방방곡곡의 하천에서 변사체들이 발견되기 시작하는 데, 원인은 인간의 뇌를 조종하여 물속에 뛰어들도록 유도해 익사시키는 '변종 연가시'이다. 짧은 잠복 기간과 100%의 치사율을 가진 연가시는 4대강을 타고 급속하게 번져나가며 대한민국을 초토화시킨다.

정부는 사망자들이 기하급수적으로 늘어나게 되자 비상대책본부를 가동하여 감염자 전원을 격리 수용하는 등 국가적인 대응에 돌입하지만, 이성을 잃은 감염자들은 통제를 뚫고 물가로 뛰쳐나가려고 발악한다. 긴급한 상황에서 정부는 국민들을 살리기 위해 치료제를 가진 제약회사와 협상을 벌인다. 그런데 제약회사는 터무니없이 높은 가격을 제시한다. 제약회사는 재난상황을 이용하여 정상가격의 10배에 해당하는 5조원을 요구하였고, 정부는 다른 묘책이 없어 이를 수용할 수밖에 없는 상황이었다.

정부는 제약회사와의 협상에서 배트나가 없어 상대적으로 낮은 협상력을 가지고 있었다. 대신 제약회사는 독점적 지위로 인해 상대적으로 높은 협상을 가지고 있었다. 이러한 상황에서 가족을 위해 치료제를 찾아다니던 한 남자가 치료제를 개발해낸다. 그는 지방소다를 포함한 비누를 활용하여 연가시 치료제를 개발하였다. 이제 정부는 제약회사 외에 다른 대안(배트나)을 갖게 되었고 협상력을 높일 수 있었다. 반대로 정상가격의 10배 이상을 요구하였던 제약회사는 정부의 배트나를 인식하고 정상가 또는 그 이하의 가격을 요구할 수밖에 없을 것이다.

더욱이 그 남자가 공짜 또는 헐값으로 치료제 제공 의사를 밝힐 경우 정부와 제약회사의 협상은 결렬될 수도 있다. 제약회사가 협상력을 회복하기 위해서는 개인이 개발한 치료약에 내재된 치명적인 결함과 부작용 그리고 대량 생산의 한계 등을 제시하거나 자기 회사의 치료제에 포함된 탁월한 효능을 입증해야 한다. 이처럼 배트나를 가진 당사자는 상대적으로 높은 협상력을 갖게 되고, 반대로 배트나를 갖지 않은 당사자는 상대적으로 낮은 협상력을 갖게 될 것이다.

2. 피셔의 자동차 구매 협상 사례

앞서 간단히 소개한 바 있는 피셔의 자동차 구매 협상 사례를 자세히 살펴보자. 피셔는 도요타의 코롤라(Corolla)를 구입하려고 마음을 먹고 세 가지 조건, 즉 에어컨이 있어야 하고, CD 플레이어가 있어야 하며, 자주색이어야 한다는 조건을 제시하였다. 이 조건을 충족하는 차 중에서 가장 낮은 가격을 적어 봉투에 넣어달라고 부탁하였다. 피셔는 시중의 7개 자동차 영업소를 방문하여 동일한 조건을 제시하여 가장 싼 가격을 제시한 딜러에게 차를 구입하겠다고 하였다. 제안을 받은 결과 모든 딜러가 제시한 가격들은 피셔의 예상보다 훨씬 낮았다. 왜 이런 결과가 나타났을까? 피셔가 배트나를 개발하여 활용하였기 때문이다. 즉 피셔는 배트나를 가진 데 반해 딜러는 그렇지 못했기 때문에 가능한 결과였다.

피셔는 자동차 구매 협상에서 최소 2개에서 최대 6개의 배트나를 갖고 있었고, 자동차 딜러는 유사한 선호를 가진 다수의 잠재적 구매자를 확보하지 않는 이상 배트나를 갖기 어려웠다. 다른 조건이 동일하다면, 피셔는 자동차 구매 협상에서 높은 협상력을 갖게 되고 유리한 지위에서 보다 나은 가격 조건으로 자동차를 구입할 수 있을 것이다. 다른 조건이 동일하다는 가정을 설정한 것은 딜러들도 배트나를 개발할 수 있기 때문이다. 만약 A라는 딜러가 피셔의 자동차 선호를 면밀히 분석하여 가격 면에서는 유사하지만 성능과 안전성에서 더 뛰어난 자동차를 제안할 경우 피셔는 딜러 A에게 더 의존하게 될 것이다. 또한 B회사가 적극적 판촉 활동을 통해 단시일 내에 다수의 잠재적 구매자를 확보한다면 피셔보다 우수한 배트나를 갖게 될 것이다.

3. 한국까르푸 매각 협상 사례

배트나는 당사자 모두가 가질 수 있고 고정되어 있지도 않다. 이처럼 양 당사자의 배트나가 동태적으로 변하는 상황은 한국까르푸의 매각 협상 사례에서 발견된다(전성철·최철규, 2015: 108-111). 프랑스 할인점 체인인 한국까르푸는 1996년 한국에 진출하였으나 흥행에 실패하여 한국 진출 10년만인 2006년에 모든 점포를 이랜드에 매각하고 철수하였다. 한국까르푸는 세계 2위 할인점이라는 명성에 걸맞지 않게 한국에서 고전을 면치 못하였다. 2005년 한국까르푸는 롯데마트와 합병 협상을 진행하면서 이마트를 배트나로 활용하였으나 당시 이마트는 한국까르푸에 대해서는 별로 관심이 없는 상황이었다. 그러나 한국까르푸가 시장의 예측과는 달리 신규 점포를 지속적으로 확대하여 이마트를 위협하게 되자 이마트도 수수방관할 수 없다고 판단하여 결국 한국까르푸와 협상하기에 이르렀다.

한국까르푸는 이마트와 협상을 전개하면서 롯데마트 대신 이랜드를 배트나로 활용하였다. 원래 협상하던 롯데마트를 잠재적 대안, 즉 배트나로 활용하려고 했으나 시장점유율과 점포의 수 측면에서 롯데마트는 이마트의 적수가 되지 못했고 그 결과 배트나로 인식되기 어려웠다. 따라서 한국까르푸는 롯데마트라는 카드를 버리고 이랜드를 배트나로 개발하였던 것이다. 수세에 몰린 이마트는 월마트를 배트나로 활용하였다. 그런데 협상은 뜻밖의 타결로 종결되었다. 원래의 당사자인 한국까르푸와 이마트가 아닌 각자 배트나로 활용한 기업들과 합병하였다. 즉 한국까르푸는 이랜드에게 매각되고, 이마트는 월마트를 인수하게 되었다. 이 사례의 시사점은 배트나가 협상력을 높이는 효과를 준다는 점, 배트나는 고정되어 있지 않고 수시로 바뀔 수 있다는 점, 그리고 배트나가 실제 협상의 당사자로 전환될 수 있다는 점 등이다.

4. 청계천 협상 사례

청계천 복원을 둘러싼 서울시와 주변 상인간 협상에서도 배트나의 활용을 발견할 수 있다(전성철·최철규, 2015: 112-115). 2002년 서울시가 청계천 복원 공사를 추진할 때 주변 노점상들은 이에 격렬하게 반발하면서 영업 손실(약 10조원)에 상응하는 보상금을 요구하였는데, 그에 대하여 서울시는 송파구에 대체 부지를 마련해 주고 업종 전환에 필요한 지원을 제안하였다. 그러나 상인들은 서울시의 제안을 수용하지 않고 반대 투쟁을 계속하였다. 상인들의 요구가 과도하다고 생각한 서울시는 더 이상 협상을 진행하는 것이 무익하다고 판단하였다.

이러한 상황에서 서울시는 청계 고가도로 철거 대신 '고가도로 보수 공사'라는 카드를 빼들었다. 그러면서 고가도로 보수 공사는 매년 실시되는 청계 고가도로 안전진단 결과 균열 위험이 있다는 판정에 근거한 것이라는 사실도 강조하였다. 또한 이는 법정 공사이므로 서울시에서 어떤 지원도 해줄 수 없다는 사실도 알려주었다.

서울시에게는 협상을 통한 고가도로 철거 및 청계천 복원 사업의 추진이 최선이지만, 상인들의 과도한 요구를 고려하면 고가도로 보수 공사 추진도 차선의 대안이 될 수 있었다. 즉 협상을 통해 얻을 수 있는 편익보다는 못하지만 그에 버금가는 편익을 취할 수 있는 대안이었던 것이다. 상인들에게는 청계 고가도로 보수 공사가 매우 위협적인 대안으로 인식될 수 있었다.

고가도로 보수 공사는 공사기간 중 장사를 할 수 없고, 공사기간을 기약할 수 없으며, 서울시의 경제적 보상도 기대할 수 없었다. 그에 반해 청계 고가도로 철거(청계천 복원 사업)는 공사기간 동안 장사를 할 수 없는 것은 동일하지만 공사기간에 대한 약속이 있고, 경제적 보상과 업종전환의 기회를 포함하고 있었다. 따라서 비용과 편익을 고려할 때 고가도로 안전진단 및 보수 공사는 상대방(주변 상인들)에게 고가도로 철거 대안에 버금가는 차선책(배트나)으로 인식될 수 있었던 것이다.

서울시는 청계 고가도로의 철거 대신 고가도로의 유지·보수를 제안함으로써 상인들의 협상력을 떨어뜨릴 수 있었다. 이 대안은 협상에서 철수하는 전략과 유사하여 협상의 결렬을 초래할 수 있었지만 협상의 결렬로 인해 초래되는 서울시의 손해가 협상의 진행으로 인한 편익과 비교하여 그 차이가 크지 않아 배트나로 작용하였던 것이다. 서울시의 입장에서는 고가도로 보수 공사로 인해 청계천 복원에는 차질을 빚지만 엄청난 규모의 보상비를 절감할 수 있고 고가도로 안전진단을 확보할 수 있었다.

그에 비해 상인들의 입장에서는 고가도로 보수 공사로 인해 경제적 보상을 받지 못하고 기약 없는 공사기간을 감수해야 하는 등 더 큰 손실이 예상되었다. 상인들에게는 고가도로 보수 공사로 인한 손실 가치가 청계 고가도로의 철거를 통해 얻을 수 있었던 이득보다 더 큰 것으로 인식되었던 것이다.

"협상력"

글로벌 협상 분야의 대가인 진 브렛(Jeanne Brett) 미국 노스웨스턴대 교수가 조사한 결과, 세계 16개국 기업인 가운데 한국인은 협상 상황 장악 등 협상 주도력 면에서 꼴찌였다. 최근 방한한 브렛 교수는 KOTRA에서 가진 특강에서 "문화권별로 다른 특성이 나타난다"고 완곡하게 말했다. 그러나 '이기심과 개인주의 성향은 매우 강하고, 협상을 경쟁적으로만 바라보는 경향'은 우리의 취약점으로 봐야 할 것이다. 자기 이익만 중시하는 한국인에게 브렛 교수는 "협상 상대방과 정보를 주고받음으로써 협상 성과를 높일 수 있다"고 강조했다.

'협상 기술의 황제' 허브 코언 미국 미시간 주립대 교수도 한 달 전 방한해 강연하면서 "한국 정부나 기업의 협상은 치밀하지 못하다"고 지적했다. 상대방이 도발적인 발언을 하면 금세 뒤로 물러나며 쉽게 이를 잊고 상대와 화해하는 약점이 있다는 것이다. 또 한국 기업인은 호의를 표시하는 데는 인색하고 섭섭한 감정은 곧잘 드러내기 때문에 국제협상에서 늘 '만만한 상대'로 취급된다는 게 그의 지적이다.

협상론의 두 고수(高手)가 한국인에게 공통적으로 조언하는 점은 '최적의 대안(代案)'을 준비하라는 것이다. 협상이 깨질 때에 대비해 차선책을 갖고 있어야 한다는 말이다. 브렛 교수의 설문조사에서 한국 기업인은 이런 개념조차 희미한 것으로 나왔다. 외환위기 직후 제일은행이나 대우자동차 해외 매각 협상 과정에서도 이런 문제가 노출됐다. 더 큰 문제는 엄청난 '수업료'를 물고도 교훈을 얻지 못한다는 점이다. … (이하 생략)

〈출처: 동아일보, 2007.12.14.〉

5. 대우차-GM 협상 사례

2000~2002년 사이에 진행된 대우차-GM간 협상은 배트나를 활용하지 못해 협상력을 높이지 못한 사례에 속한다(안세영, 2014: 301-315). 당시 GM의 경우 아시아 시장의 공략을 통해 세계 자동차 시장 점유율을 높이기 위해서는 대우자동차 외에 다른 대안이 없는 상황이었다. 즉 GM은 대우차를 대체할 만한 잠재적 당사자를 찾을 수 없었다는 점에서 배트나가 존재하지 않았다고 볼 수 있다. 대우차의 경우, 2000년 당시 입찰 의향서를 제시한 포드, 다임러크라이슬러, 피아트 등이 있었지만 이들이 대우차의 배트나가 되기는 어려웠다. 포드는 이미 협상을 진행하다가 철수한 바 있고, 다임러크라이슬러와 피아트도 인수 가격 등 여러 측면에서 적극적인 의지가 부족하였다.

대우자동차에게는 현대자동차와 자력갱생이라는 배트나가 존재하였다. 현대자동차는 2000년 국제 입찰에서도 의향서를 제안한 바 있고, 이후에도 지속적인 관심을 보였다. 그러나 정부는 현대자동차의 인수뿐만 아니라 위탁 경영 가능성마저 차단하였다. 정부는 일관되게 대우차의 해외 매각 필요성이란 메시지를 주면서 국내 자동차 회사(현대자동차, 삼성자동차 등)의 인수 가능성을 봉쇄하였는데, 이는 대우차의 배트나를 없애는 결과를 초래하였다. 특히 공정거래위원회는 현대차가 대우차를 인수할 경우 독과점 심사를 하겠다고 밝히기까지 하였다.

대우차의 자력갱생도 배트나가 될 수 있었다. 대우차는 대대적인 구조조정을 통해 2002년 5월 흑자를 시현한 이후 GM에서 적극적인 관심을 가질 정도로 회생 가능성이 있었다. 정부에서 대우차를 회생시킬 수 있다는 메시지만 주었더라면 GM의 협상력을 떨어뜨릴 수 있었을 것이다. 대우차의 자력갱생 대안은 매각 협상을 통해 얻을 수 있는 이득에 버금가는 이득을 기대할 수 있었던 만큼 유력한 배트나가 될 수 있었다. 그러나 정부가 그 여지를 원천적으로 봉쇄함으로써 대우차는 배트나를 가질 수 없었던 것이다.

제3절 배트나의 개발 및 활용 전략

1. 개발 전략

배트나(차선책)를 통해 협상력을 높이기 위해서는 우선적으로 배트나의 존재를 탐색하고 개발해야 한다. 협상에서 배트나의 개발이 필요하지만 사안에 따라 배트나가 존재하지 않을 수도 있다. 배트나가 없는 경우에는 어쩔 수 없지만 존재함에도 불구하고 활용하지 못하는 것은 매우 안타까운 일이다. 배트나의 존재를 간과하여 제대로 활용하지 못하면 협상력을 높여 유리한 조건으로 타결할 수 있는 기회를 잃게 된다.

한일 어업 협상, 한불 문화재 반환 협상, 북핵 협상, 한미 쇠고기 협상처럼 국가가 특정되어 있는 경우는 협상의 당사자를 바꾸기 어려우므로 사실상 배트나가 존재하기 어렵다. 그러나 국가가 특정되어 있는 경우에도 한칠레 FTA 등에서와 같이 유사한 조건의 국가를 모색하는 것은 가능하다. 또한 기업합병 협상에서는 유사한 조건의 기업들이 존재하기 때문에 배트나가 존재할 가능성이 높다. 앞서 소개한 한국까르푸 매각 협상에서는 한국까르푸와 이마트 모두 배트나를 개발하여 대응한 바 있다.

배트나의 개발을 위해서는 먼저 협상의 준비 단계에서 대체할 수 있는 잠재적 당사자가 존재하는지 탐색해야 한다. 그 다음 협상 진행 과정에서 새로운 배트나가 발생하였는지 따져보아야 한다. 당초 배트나가 부재한 경우에도 정책 및 환경의 변화가 배트나의 생성 조건을 만들어낼 수 있기 때문이다. 대우차 매각 협상 사례에서처럼 흑자 시현이나 정부의 정책 기조 변화에 따라 배트나가 새롭게 부상할 수도 있다.

협상 당사자의 대체가 불가능하다면, 플랜 B가 가능한지 따져 보아야 한다. 청계천 협상에서 고가도로 보수나 대우차-GM 협상에서 자력갱생이 플랜 B에 해당되기 때문에 배트나가 되는 것이다. 배트나의 개발을 위해서는 우선적으로 각 당사자들이 분석 활동을 강화해야 하고, 복잡한 사안에 대해서는 전문가들의 도움을 받아야 한다. 특히 전문가 자문회의나 브레인스토밍을 통한 아이디어 수집 과정에서 배트나가 개발될 수 있다.

2. 개선 전략

배트나를 지속적으로 개선시키는 것은 이를 개발하는 작업만큼이나 중요하다. 배트나의 개선은 질적으로 우수한 배트나를 만들어내는 것이다. 배트나의 질적 수준은 협상에서 얻게 되는 이익에 근접한 정도에 의해 결정된다. 배트나를 통해 얻을 것으로 기대되는 이익과 당해 협상에서 얻게 되는 이익의 차이가 근소할수록 그 배트나는 우수하다고 할 수 있다. 다시 말해 배트나를 가진 쪽에게는 매력적이고 상대에게는 위협적일수록 해당 배트나는 질적으로 우수할 것이다. 따라서 배트나의 개선 목표는 자신에게 더 매력적이지만 상대에게는 더 위협적인 배트나를 개발하는 것이다.

앞서 살펴본 한국까르푸 매각 협상은 배트나의 개선을 보여주는 대표적인 사례이다(전성철·최철규, 2015: 108-111). 먼저 한국까르푸는 롯데마트와의 협상에서 이마트를 배트나로 활용하였는데, 이마트는 한국까르푸에게 매력적인 협상 당사자였고 롯데마트에게는 위협적이었기 때문이다. 그러나 한국까르푸는 이후에 이마트와의 협상에서 롯데마트 대신 이랜드를 배트나로 활용하였다. 롯데마트는 더 이상 한국까르푸에게 매력적이지 않고 이마트에게 위협적이지 않다고 판단하였던 것이다.

이처럼 한 번 개발된 배트나도 그 가치가 떨어지면 새로운 배트나로 대체하는 등 개선할 필요가 있다. 특히 배트나의 개선은 상대의 배트나와 비교하여 자신의 배트나가 불리할 때 필요한 전략이다. 불리한 배트나를 가진 당사자가 새로운 배트나를 개발하지 못하거나 기존의 배트나를 개선하지 못하면, 그의 협상력은 떨어지고 협상은 상대의 페이스대로 진행될 것이다.

3. 활용 전략

배트나를 개발하고 개선하면 협상에서 영향력(leverage)을 갖게 되고 유리한 위치에 서게 되는 것은 분명하다. 구슬이 서 말이라도 꿰어야 보배라는 말이 있다. 어떻게 활용하느냐에 따라 효과적인 협상 수단이 될 수도 있고 그렇지 못할 수도 있다. 협상 이론에서는 유리한 배트나를 가지고 있을 때 상대방에게 그 사실을 알려주어야 한다고 주문한다. 상대방에게 배트나의 질적 수준을 알려주는 것은 배트나에 대한 상호 비교와 그에 대한 명확한 인식을 제공하여 상대방의 불필요한 집착과 완고성을 줄일 수 있다.

그러나 협상에서 잠재적인 당사자의 존재를 알려줄 경우 상대의 감정을 자극하거나 협상의 결렬을 초래할 수도 있다. 따라서 배트나를 개발한 경우에도 배트나를 가지고 있고 활용할 수 있다는 정보를 은근히 흘리거나 배트나의 개선을 검토하고 있다는 신호(signal)를 주는 것이 중요하다.

대우차 매각 협상을 예로 들면, 2000년 3월 포드가 우선 협상자로 선정되었다. 이 경우 대우가 포드와 협상하면서 GM과 접촉하고 있다고 하면 어떻게 되었을까? 아마도 포드는 대우가 국제 입찰 협상의 관행을 위반했다며 협상장을 박차고 나갔을 것이다. 이는 포드와의 협상 결렬에 끝나지 않고 이후의 매각 협상에 매우 불리한 영향을 미칠 것임이 분명하다. 이후 전개된 GM과의 협상에서도 현대자동차(당시 매우 유력한 배트나로 평가되었음)와 접촉하고 있다고 공언했다면 GM 역시 매우 격분했을 것이다.

따라서 배트나의 존재를 암시하거나 간접적으로 전달하는 방법이 필요하다. 언론보도나 관계자의 전언 등을 통해 잠재적인 협상 당사자를 검토하거나 접촉할 수 있다는 정도의 내용을 흘리는 방법을 사용하는 것이 효과적이다. 1800년대 애덤스는 프랑스와의 갈등 상황에서 해군력을 증강하는 조치를 통해 상대에게 전쟁도 불사한다는 신호를 주어 효과를 거둔 바 있다.

4. 대체 전략

1) 외부 요인의 활용

이 전략은 배트나가 존재하지 않을 때 배트나 대신 외부요인을 활용하는 전략이다. 즉 배트나를 대신할 수 있는 다른 요인을 탐색하여 활용하는 것이다. 기존의 배트나를 대체하는 것은 배트나의 개선에 해당되지만, 배트나 자체를 대신하는 전략을 모색한다는 점에서 차이가 있다. 이는 배트나를 개발할 수 없거나 매우 불리할 때 협상 당사자가 아닌 외부요인을 활용하는 전략이다. 외부요인에는 언론, 국회, 이해집단 등을 포함한다.

첫째, 가장 흔한 방법은 언론을 활용하는 것이다. 한미 쇠고기 협상에서 한국이 광우병 촛불집회에 대한 언론보도를 활용하였다면 수입 소의 월령(30개월 이상)과 부위(광우병 위험물질)에 대한 미국의 압박을 완화시킬 수 있었을 것이다.

둘째, 국회 승인을 활용하는 방법이다. 퍼트남(Robert Putnam)의 양면게임(two-level game)에 의하면 국제 협상에서 국내의 까다로운 승인조건을 활용하면 협상력을 높일 수 있다. 예를 들어, 과거 유사 협상에서 국회의 승인이 지연 또는 부결된 사례를 지적할 수 있고, 현재 국회의 구성이 여소야대이고 해당 사안에 대한 국회의 부정적 의견을 강조할 수도 있다.

셋째, 이해관계 집단의 반발을 활용하는 방법이다. 한미 쇠고기 협상에서 축산농가의 농성과 시위, 대우차-GM 협상에서 노사분규 등을 활용할 수 있다. 그러나 이러한 요인의 활용이 언제나 성공적일 수는 없다. 대우차 매각 협상에서 노사분규에 대한 언론의 보도가 강성 노조의 이미지를 부각시켜 부평 공장 인수 등에 부정적인 영향을 미치기도 하였다.

2) 벼랑끝 전술

배트나가 극단적으로 불리할 때는 벼랑끝 전술(brinkmanship)을 사용할 수 있다. 여기서 벼랑끝은 사람들이 똑바로 설 수 없고 미끄러질 위험성이 매우 높은 구부러진 경사면을 의미한다. 벼랑끝 전술은 당사자가 통제하기 어려운 위험을 계획적으로 조성하는 전술이며, 통제하기 어렵다는 사실을 상대방에게 인식시켜 그의 수용을 압박하는 것이다(Shelling, 1980: 199-200). 벼랑끝 전술은 1960년대 미국 젊은이들 사이에서 유행했던 게임에서 유래한 용어로, 최근 들어 핵과 미사일 문제를 둘러싼 북미 협상 과정에서 북한이 취한 극단적인 태도를 지칭한다.

북한에서는 벼랑끝 전술을 '맞받아치기 전술'이라고 부르는 데, 일명 협박 전술이다. 협상 당사자가 선택권을 스스로 제한하고 이를 상대방에게 공표함으로써 자신이 원하는 방향으로 상대를 유도하는 전술이다. 벼랑끝 전술은 배수진을 치고 협상을 막다른 상황까지 몰고 가는 초강수를 띄워 위기에서 탈출한다는 점에서 배트나를 대신하여 협상력을 높일 수 있는 방법으로 간주된다.

"北 앞에 놓인 '번영의 길'과 '파탄의 길'"

북한이 이번에는 영변 핵시설을 재가동하겠다고 했다. 조선중앙통신은 어제 "노동당 중앙위원회 전원회의에서 채택된 핵무력 건설과 경제 건설 병진노선에 따라 영변의 5MW급 흑연감속로를 정비해 재가동할 것"이라고 보도했다. 흑연감속로를 가동하면 폐연료봉에서 핵무기 제조에 사용되는 플루토늄을 추출할 수 있게 된다. 핵무장 위협을 더 노골화하는 '벼랑끝 전술'이다. 정전협정 백지화, 전시상태 돌입 선언, 개성공단 폐쇄 위협에 이어 나온 조치이니 무엇을 얻고자 하는 것인지 다시 묻게 된다. 누차 강조하거니와 북한이 핵무력과 전쟁 위협으로 얻을 것은 아무것도 없다. 군사 위협을 증대시킬수록 대북 제재의 수위는 높아지며, 북의 경제는 파탄의 길을 걷게 될 뿐이다.

당장 한미의 대응이 강화되고 있다. 미국의 B-2, B-52 폭격기와 F-25 전폭기의 한반도 훈련에 이어 탄도미사일 탐지 레이더인 SBX-1(X밴드 레이더), 미사일 구축함 매케인호가 한반도 해역으로 이동하고 있다고 한다. 북한의 국지도발에 대해서도 우리 군은 물론 미군까지 투입해 응징하기로 했다. 박근혜 대통령은 어제 취임 후 처음 가진 외교장관회의에서 '북한 도발시 강력하게 응징하는 것이 필수'라고 다시 강조했다. 또 "강력한 외교적·군사적 억지력을 통해 북한이 감히 도발할 생각을 갖지 못하도록 해야 한다"고 했다.

북한이 '도발 불장난'을 하면 입씨름만 하던 과거와는 상황이 전혀 다르다. 도발은 곧 북한 체제 자체를 흔드는 도화선이 될 수 있다. 북한은 어제 경제 전문가인 박봉주를 내각총리에 임명했다. 그의 복귀에는 피폐한 경제 탈피를 바라는 생각이 담긴 것으로 판단된다. 북한은 이제 판단할 때가 됐다. '평화와 번영의 길'을 걸을 것인지, '고립과 파탄의 길'을 걸을 것인지는 스스로 선택해야 한다. 그 판단은 북한의 미래를 가르게 될 것이다.

〈출처: 세계일보 사설, 2013.04.02., 31면〉

최근 들어 벼랑끝 전술의 효과성에 대해서는 의문이 제기되고 있다. 농경시대나 산업화 시대에는 사람의 성격과 감정이 전략의 성공에 큰 영향을 미쳤지만, 21세기 컴퓨터와 지식에 기반을 둔 스마트 시대에는 사람의 감정보다는 정보력, 기술력, 그리고 창조 능력 등이 더 중시되고 있다. 북미 핵협상에서 북한이 취하는 벼랑끝 전술이 단기적으로는 효과를 발휘할 수 있는데, 미국을 혼란에 빠뜨리고 협상의 주도권을 북한이 가질 수 있기 때문이다.

이는 중장기적 관점에서 북한 체제를 벼랑끝으로 내몰 것이다. 미사일과 핵무기 개발은 과도한 군비 투자 및 국제적 고립을 초래하고, 경제사정의 악화 및 주민의 생활고 심화로 연결되며, 결과적으로 북한 체제에게 심각한 위협이 될 것이다. 이러한 측면에서 벼랑끝 전술은 스마트 시대에는 더 이상 적절하지 않으므로 최대한 활용하지 않거나 매우 제한적으로 사용해야 할 것이다.

09 윈셋(win-set)의 활용

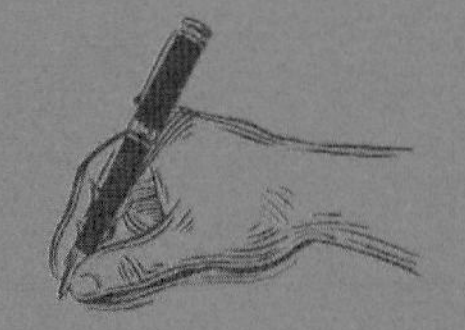

The Aesthetics of Negotiation

The power of a negotiator often rests on a manifest inability to make concessions and meet demands.

〈*Thomas Schelling, The Strategy of Conflict*〉

협상력은 종종 양보 능력 및 요구 충족 능력의 명시적 부재에 좌우된다.

〈Schelling, 1960: 19〉

THE AESTHETICS OF NEGOTIATION

윈셋(win-set)의 활용

상대의 요구에 대하여 양보할 수 있는 능력이 부족할 때 협상력이 증대된다는 주장은 역설적으로 들릴 수 있다. 그러나 국제 협상에서 국내 비준을 받아야 할 때나 국내 협상에서 총회의 승인을 얻어야 할 때는 협상 대표의 취약한 위상과 재량권 부족이 협상력을 높일 수 있다. 이러한 현상을 극명하게 보여줄 수 있는 개념이 윈셋(win-set)이다. 윈셋의 개념을 정확히 이해하고 활용하는 것은 상생 협상을 위해 중요하다. 이 장에서는 윈셋의 개념과 이론적 논거, 활용 사례, 그리고 활용 전략 등을 살펴본다.

제1절 이론적 논거

1. 윈셋의 의의

국제 협상에서는 국가를 대표한 협상팀이 협상을 준비하고 타결을 시도

한다. 이들은 국제 협상을 진행하는 동시에 또는 순차적으로 국내의 정치집단(국회 등) 및 이익집단과 협상을 벌인다. 국내 협상에서도 노사 협상과 같이 총회 승인을 받아야 하는 경우에는 노사간 협상과 동시에 전체 회원들과의 내부 협상을 진행해야 한다. 이처럼 두 단계에 걸쳐 이루어지는 협상은 국내 협상보다는 국제 협상에서 더 빈번하게 발생한다. 국제 협상에서 제1면의 협상은 국가의 협상 대표자들 사이의 협상이며, 제2면의 협상은 바로 협상 대표와 국민(국민 대표) 및 이익집단과의 협상이다.

퍼트남(Putnam, 1988)은 국제 협상의 이러한 특징을 양면게임 또는 2차원 게임(two-level game)으로 묘사하였다. 국제 협상의 당사자는 상대국의 대표와 협상을 벌여 국가 이익을 극대화할 수 있는 대안에 합의하는 동시에 합의의 결과를 바탕으로 국내의 이익집단 및 국민의 수용성을 확보하는 2단계 협상을 벌인다는 것이다. 이 경우 국내 이익집단의 수용성을 확보하지 못한다면 국제 협상에서 도출된 합의는 잠정적 합의(tentative agreement)에 그치게 된다.

양면협상에서는 윈셋(win-set)의 개념이 매우 중요하다. 윈(win)은 비준 획득을 의미하고, 셋(set)은 집합을 의미한다. 그에 따라 윈셋은 국내의 비준을 얻을 수 있는 대안의 집합, 즉 국내적 비준(제2면의 협상)을 받을 수 있는 모든 국제적 합의(제1면의 협상)의 집합을 의미한다. 다시 말해 윈셋은 국제 협상에서 채택할 수 있는 대안들 중에서 국내적 비준을 얻을 수 있는 대안들의 집합이라고 할 수 있다. 여기서 국내적 비준은 국회의 비준과 같은 공식적 동의 절차뿐만 아니라 다수 국민 혹은 이익집단의 명시적·묵시적 동의를 포함하는 포괄적 의미로 사용된다. 국제 협상의 경우 국회의 비준 요건(재적 의원 과반수 출석에 출석 의원의 과반수 찬성 등)이 필요할 뿐만 아니라 이익집단과 국민의 수용성을 확보하는 것도 매우 중요하기 때문이다.

윈셋은 다음 두 가지 측면에서 중요한 의미를 갖는다. 첫째, 논리적으로 생각할 때 합의를 위해서는 당사자의 윈셋이 교차해야 하므로 윈셋이 클수록 국제적 합의 가능성은 높아진다. 윈셋은 국제적 합의 가능성과는 비례 관계에 있다. 윈셋이 넓을수록, 즉 국내 비준 영역이 클수록 국제적 합의

가능성은 커지고 윈셋이 좁을수록 국제적 합의의 가능성은 줄어든다.

둘째, 윈셋의 상대적 크기는 합의에 따른 이득의 분배에 영향을 미친다. 윈셋은 협상을 통한 이익의 확보와는 반비례 관계에 있다. 어떤 국가의 윈셋이 클수록 국내의 비준을 받을 가능성이 높아져 국제 협상의 타결 가능성을 높이지만 자국의 이득은 줄어들 수 있다. 반대로 윈셋이 작을수록 자국의 이득을 증대시킬 수 있지만 합의가능영역은 줄어들고, 결과적으로 협상 결렬 또는 교착상태(stalemate)를 초래할 수 있다. 이처럼 윈셋은 국제적 합의 가능성뿐만 아니라 국익 확보와 밀접하게 관련되어 있다. 윈셋이 넓은 국가는 좁은 국가에 비해 상대적으로 협상의 재량이 크지만 이득의 분배에서는 불리할 수 있다는 것이다.

〈그림 9-1〉은 윈셋의 크기에 따라 합의 가능성과 국익 확보가 어떻게 달라질 수 있는지를 도식화한 것이다.

▌그림 9-1▐ 윈셋의 도식화

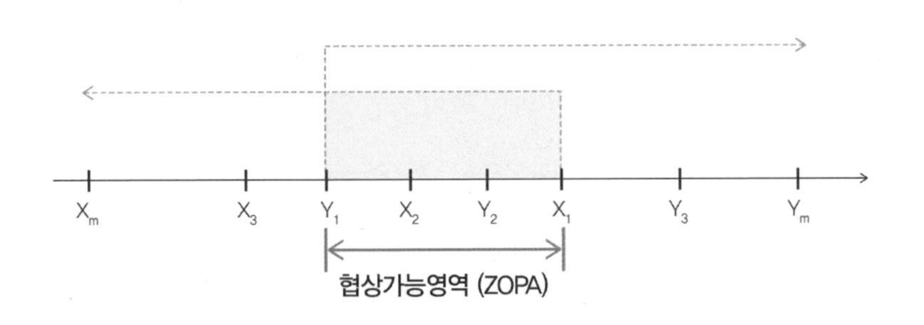

〈그림 9-1〉에서와 같이 X국가의 윈셋은 X_1에서 X_m에 이르는 영역이며, Y국가의 윈셋은 Y_1에서 Y_m에 이르는 영역이다. X와 Y의 윈셋이 겹치는 음영 부분은 합의가능영역(ZOPA: Zone of Possible Agreement)이다. Y_1은 Y국가의 저항점으로, 그 지점을 넘어서면 Y국이 국제 협상에서 철수하는 마지노선이다. X_1은 X국가의 저항점으로, X국가 역시 그 지점을 벗어나면 협상에서 물러날 것이다.

따라서 국제 협상에서 합의 가능한 영역은 양국의 저항점인 Y_1과 X_1의 사이가 될 것이다. 이는 국내 협상에서 최대양보선(RP: Reservation Price)의 변화에 따라 합의가능영역이 달라지는 논리와 유사하다. 그러나 국내 협상에서 최대양보선의 변화는 자발적 조치에 해당되지만, 국제 협상에서 윈셋의 변화는 자신의 의지가 아닌 국내 정치요인과 이익집단의 압박에 의한 비자발적 조치에 해당된다는 점에서 차이가 있다.

국제 협상에서는 다른 조건이 같다면 양 당사자 또는 어느 한 당사자의 윈셋이 넓어지면 넓어질수록 합의가능영역은 늘어난다. 반대로 양 당사자 또는 어느 한 당사자의 윈셋이 좁아지면 좁아질수록 합의가능영역은 줄어들 것이다. 만약 Y국의 윈셋이 Y_1에서 Y_2로 축소되면 그만큼 합의 가능성은 줄어든다. 그러나 Y국의 윈셋이 좁아지면 X의 저항점으로부터 가까운 지점에서 타결될 가능성이 높아져 Y의 이득은 증대되지만 일정 수준 이하, 예컨대 Y_3까지 축소된다면 합의가능영역이 없어져 협상은 결렬될 것이다. X국의 윈셋도 X_1에서 X_2로 줄어들면 그만큼 합의 가능성은 좁아지고 Y의 저항점 가까운 지점에서 타결될 가능성이 높아져 X의 이득은 증대될 것이다. 그러나 만약 X국의 윈셋이 X_3까지 좁아지면 합의가능영역은 없어져 협상은 결렬될 것이다. 따라서 윈셋의 범위는 합의 가능성뿐만 아니라 이익의 크기에 영향을 준다는 것이다.

윈셋은 국제 협상에서 국익의 증진과 합의 도출을 위해서 뿐만 아니라 상생 협상을 위해서도 매우 중요하다. 첫째, 윈셋의 활용은 합의 가능성을 고려한 전략적 대안의 모색을 가능하게 한다는 점에서 상호 수용 가능한 타결을 담보할 수 있다. 협상의 당사자들은 서로의 윈셋을 탐지하고 겹치는 영역이 없을 경우 합의가능영역을 확보하기 위해 윈셋의 조절을 시도할 수 있다.

둘째, 윈셋의 활용은 당사자 사이에 균형 잡힌 이득 분배를 가능하게 한다는 점에서 상생 협상에 기여한다. 윈셋을 활용할 경우 협상 지위가 상대적으로 취약한 당사자의 이해관계를 적절히 고려한 합의안을 도출할 수 있을 것이다.

셋째, 윈셋의 활용은 당사자의 이해관계뿐만 아니라 그를 포함한 전체 집단의 이해관계를 만족시키는 대안을 모색하도록 함으로써 상생 협상에 기여할 수 있다. 윈셋을 고려하지 않을 경우 전체 집단의 이해관계를 충분히 반영한 합의안을 도출하지 못하여 추후 승인의 실패, 그로 인한 협상의 백지화 및 장기화 등이 초래될 수 있다.

2. 윈셋 관련 이론

1) 양면게임이론

윈셋의 이론적 논거는 퍼트남의 양면게임이론에서 찾을 수 있다. 양면게임(two-level game)이론은 일반적인 국제 정치이론과 달리 다음 두 가지 전제를 깔고 있다.

첫째, 국내 정치와 국제 정치는 개념적으로 분리되어 있지 않고 상호 연계되어 있다는 것이다. 신자유주의 등 기존의 국제 정치이론들은 국내 정치와 국제 정치를 분리하여 국내적 요인들을 간과한 바 있다. 그러나 양면게임이론은 국내적 요인과 국제적 요인 그리고 양자간의 상호작용 과정을 함께 고려해야만 국제 협상을 보다 정확히 이해할 수 있다고 강조한다.

둘째, 국가는 단일 행위체가 아니라 다원적 행위자들의 집합이며, 이러한 국내의 주요 행위자들이 국제 협상의 과정과 결과에 중요한 영향을 미친다고 가정한다. 국제 협상의 최종 합의안은 정부를 포함한 국내 주요 행위자들간의 경쟁과 협상의 산물이라는 것이다.

양면게임이론에 의하면, 국제 협상의 당사자는 상대국 대표와의 협상에서 국가 이익의 극대화를 위해 노력하는 동시에 합의안에 대하여 국내의 이해집단 및 국민의 수용성을 확보하는 2단계 협상을 거친다. 국내수준(Level II)에서는 국가의 협상 대표자와 국내의 관련 이익집단 혹은 국민들 간에 협상이 이루어진다. 즉 다수의 이익집단들은 협상 과정 또는 비준 과정에서 그들이 선호하는 정책을 채택하도록 정부에게 압력을 행사하는데, 정부는 이익집단뿐만 아니라 상대 국가의 이해관계를 충족시켜야 하므로 이들과 협상을 벌여야 한다.

국제수준(Level I)에서는 국제적 행위 주체, 즉 국가의 협상 대표자간에 협상이 이루어진다. 이처럼 국제 협상은 협상 대표간 협상과 더불어 협상 대표와 국내 이익집단간 협상이 순차적으로 또는 동시적으로 진행된다는 것이다. '순차적'으로 진행된다는 의미는 국제 협상의 결과는 국회 비준을 받아야 하므로 국제 협상과 국회 비준은 시간적으로 선후의 관계를 갖는다는 것이다. '동시적으로' 진행된다는 의미는 국제 협상을 진행할 때 국내 협상(국회 비준 또는 이익집단의 수용)을 고려하여 타결 또는 합의를 시도한다는 것이다.

2) 거부권 행위자 이론

거부권 행위자 이론(veto player theory)은 국제 협상의 국내 비준과 관련하여 행정부와 국회간 관계, 여야 정당간 관계 등이 영향을 미칠 수 있다는 것에 착안한 이론이다. 체벨리스(Tsebelis, 1999)는 헌법 개정, 쟁점 법률의 제·개정, 그리고 국제 협약의 비준 등 주요 정책의 변화 가능성을 설명하는 거부권 행위자 이론을 제시하였다. 여기서 거부권 행위자는 대통령, 국회 등 국가 정책을 거부할 수 있는 위치에 있는 존재를 말한다.

거부권 행위자는 제도적 거부권자(대통령과 국회)와 정파적 거부권자(지배연합을 형성하고 있는 정당 등)로 구분된다. 이 이론에서는 거부권 행위자의 수가 매우 중요하다. 국제 협상(협약)의 비준 등 주요 정책의 변화를 위해서는 제도적 거부권 행위자와 정파적 거부권 행위자의 동의를 얻어야 하기 때문이다.

대통령제와 내각책임제 등 국가의 정치체제에 따라 거부권 행위자의 수는 달라질 수 있다. 대통령제 국가는 대통령 1인에게 권력이 집중되므로 원칙적으로 거부권 행위자는 1인데 반하여 내각책임제 국가는 내각의 구성에 따라 거부권 행위자의 수는 달라질 수 있다.

첫째, 대통령제 국가의 거부권 행위자 숫자이다. 여당이 다수당일 경우 사실상 거부권 행위자는 1이 되어 국제 협상의 비준 등 주요 정책의 변화가

용이하다. 그에 반해 여소야대 국면일 경우 거부권 행위자가 2가 되어 정부와 국회의 의견이 다르면 쟁점 정책의 채택이 어렵게 된다.

둘째, 내각책임제 국가의 거부권 행위자 숫자이다. 1당지배일 경우 거부권 행위자는 사실상 1이다. 연립내각일 경우 거부권 행위자는 사안별로 달라질 수 있다. 거부권 행위자의 숫자뿐만 아니라 질적 측면에 대한 고려도 필요하다. 대통령과 국회 다수당의 이해관계가 다를 때나 이해집단과 NGO의 반대가 극심할 때는 국제 협상이나 쟁점 법률안이 채택되기 어렵다. 여당지배 국회에서도 당내 계파간에 이해관계가 다를 때나 국회의 표결에서 정당보다는 이념이 지배할 경우 거부권 행위자의 수에 관계없이 국제협상의 비준과 법률의 정치적 채택 가능성은 낮을 수 있다.

여대야소와 대통령의 여당 소속이라는 양적 측면뿐만 아니라 대통령과 여당의 결속력이라는 질적 측면도 중요한 영향을 미친다. 대통령이 여당의 당수를 겸직할 경우 대통령의 정당 장악력이 증대되어 대통령과 국회는 사실상 하나의 거부권 행위자로 기능할 수 있다. 우리나라의 상황은 대통령이 여당에 영향력을 미치지만 결정적이지 않을 수 있다. 국회 선진화법 이후 야당의 협조(또는 동의)없이는 국회 비준이 어렵기 때문이다.

3. 윈셋의 영향요인

윈셋의 활용을 통해 상생 협상을 도모하기 위해서는 윈셋의 구도와 그에 영향을 미치는 요인을 살펴볼 필요가 있다. 윈셋에 영향을 미치는 요인으로는 다음 세 가지를 들 수 있다(Putnam, 1988).

첫째, 국내 다수 집단의 이해관계 및 연합구도이다. 국제 협상에서는 국내 이익집단과 국민의 수용 여부에 따라 윈셋과 합의 가능성이 달라질 수 있다. 그런데 국내 이익집단의 수용 여부는 협상 이슈의 동질성 정도에 좌우된다. 협상 이슈의 동질성은 이슈의 정책적 효과가 국내 여러 집단에게 동일하게 미치는 경우이고, 협상 이슈의 이질성은 이슈의 정책적 효과가 여러 집단에게 다르게 미치는 경우이다.

이슈가 동질적인 경우 각 집단은 정책에 대한 의견차가 크지 않고 수용성이 높아 윈셋은 확대될 것이다. 그에 반해 이슈가 이질적인 경우에는 각 집단은 정책에 대한 의견차가 크고 수용성이 낮아 윈셋의 크기가 축소될 것이다. 특히 국제 협상 이슈에 따른 비용이 특정 집단에게 집중될 경우 그 집단의 극단적 저항을 초래하여 윈셋의 크기는 극도로 축소될 수 있다.

협상 의제의 정치화 수준도 윈셋의 크기에 영향을 미칠 수 있다. 협상 의제가 정치 쟁점화 되지 않은 경우 국민적 동의를 얻기 쉽고, 윈셋은 넓어질 것이다. 즉 쟁점화 수준이 낮은 경우 국제 협상의 결과로부터 영향을 받는 개인이나 집단은 해당 이슈의 내용이나 효과에 대해 잘 알지 못하므로 협상 결과를 쉽게 수용할 것이다. 반대로 협상 이슈가 정치 쟁점화 되면 잠자던 개인이나 집단들은 협상의 영향을 자각하고 협상 과정과 결과에 촉각을 곤두세울 것이다.

다른 조건이 같다면 정치 쟁점화는 윈셋의 크기를 좁힐 수 있다. 특히 정치 쟁점화 상황에서 협상 결렬에 수반되는 비용이 국내 집단들에게 대수롭지 않게 인식될 경우 윈셋은 좁아질 것이다. 또한 협상 이슈에 대한 강경파(매파)의 거센 반발에 다수 국민이 동조한다면 윈셋은 매우 좁아질 수 있다. 아울러 이익단체의 연합이나 응집력도 윈셋의 크기에 영향을 미칠 수 있다. 다수 국민이 중립적인 입장에 있을 때, 이익단체가 강력한 연합을 형성하여 국회 비준에 영향을 미칠 경우 윈셋의 크기는 좁아질 수 있다.

둘째, 국내의 정치제도이다. 국제 협상의 결과에 대한 국회 비준의 의무화 여부가 윈셋의 크기에 영향을 미칠 수 있다. 사드(THAAD) 협상의 경우, 국회 비준 여부를 둘러싸고 정치적 논쟁이 있었으나 사실상 국회 승인을 받아야 한다는 규정이 없어 윈셋을 좁히는 데 기여하지 못하였다. 반면 한미 FTA의 경우, 국회 비준이 의무화되어 있었으므로 상대적으로 윈셋을 좁히는 데 기여할 수 있었다. 국회 비준이 의무화 되어 있는 경우에도 비준 요건의 엄격성 여부가 영향을 미칠 것이다. 예를 들어, 국회 비준을 위한 의결정족수를 과반수 또는 2/3로 하느냐에 따라 윈셋이 달라질 수 있다. 재적 의원 2/3 이상의 찬성 요건은 과반수 또는 1/3 요건보다 윈셋의 크기를 줄일 수 있다.

셋째, 국제 협상 당사자의 전략이다. 국제 협상의 당사자가 국내의 특정 집단(또는 분파)을 선택적으로 동원하거나 국내의 세력에게 공개적으로 약속할 경우 윈셋이 축소될 수 있다. 국내 이익집단이 무관심한 상황에서, 이들에게 비용-편익을 인식시켜 정치적 행동(의제의 정치 쟁점화)에 나서도록 유도하는 것은 국제 협상 당사자의 윈셋을 축소시킬 수 있는 방안이다. 또한 국내 강경파의 반대가 존재하는 상황을 정치적으로 이용할 경우 윈셋은 좁아질 수 있고, 반대로 이면보상(side-payment)을 통해 강경파의 반대를 완화할 경우 윈셋은 확대될 수 있다(Friman, 1993: 390-391).

국내 강경파 집단에게 돌이킬 수 없는 공개 약속을 하는 발목 잡히기 또는 자승자박(tying-hands) 전략도 윈셋의 축소에 기여할 수 있다. 대우차-GM간 자동차 매각 협상에서 대우차는 노조들에게 부평 공장 인수라는 조건을 반드시 관철시킬 것이라고 공개적으로 약속하였는데, 이러한 자승자박 전략이 대우차의 윈셋 크기를 줄이는 데 기여하였고 이로 인해 협상에서 부평 공장 인수조건을 구체화할 수 있었다고 볼 수 있다.

제2절 윈셋의 활용 사례

1. 스크린쿼터 협상 사례

스크린쿼터 협상은 윈셋의 크기에 따라 협상의 결과가 달라진다는 사실을 보여주는 사례이다(김정수, 2004: 95-119). 스크린쿼터 협상은 1998년 6월 한미 투자 협정의 일환으로 추진되었는데, 스크린쿼터(한국 영화 의무상영일수)의 존폐가 핵심 이슈였다. 1998년에 이뤄진 협상에서 미국은 1999년까지 스크린쿼터를 30일로 축소하고 2002년부터 이를 완전히 폐지하는 대안을 제시하였고, 한국은 문화적 예외 인정을 전제로 2002년까지 의무상영일을 92일로 축소하는 대안을 제시하였다.

영화계는 비상대책위원회(이하 비대위)를 구성하고, 민주노총, 경실련, 전교조, 환경운동연합 등 22개 시민단체와 연대하여 우리 영화 지키기 시민사회단체 공동대책위원회(이하 공대위)를 구성하고 대규모 거리시위를 벌이며 반대운동을 전개하였다. 영화계 및 시민단체의 투쟁에 힘입어 당시 문화관광부(현 문화체육관광부)와 국회 문화관광위원회는 한국 영화의 시장 점유율이 40%가 될 때까지 스크린쿼터제를 현행대로 유지해야 한다고 주장하였다.

1999년을 기점으로 스크린쿼터제에 관한 다소 수정된 대안들이 등장하였다. 미국은 한미 투자 협정 발효 즉시 한국 영화의 의무상영일수를 60일로 축소해야 한다고 주장하고, 한국은 장기적인 관점에서 이를 축소할 수 있지만 당분간은 현행 일수를 유지해야 한다고 맞섰다. 비공식 협의 과정을 거치면서 마지노선으로 미국은 90일을, 한국은 120일을 제시하였으나 합의에 실패하였다.

문화관광부는 김대중 대통령의 두 번째 방미를 앞두고 2002년부터 스크린쿼터를 단계적으로 축소하는 협상안을 적극 검토 중이라고 밝혔다. 이에 대하여 비대위와 34개 시민단체로 구성된 공대위는 광화문에서 스크린쿼터 축소 결사 저지와 굴욕적 한미 투자 협정의 반대를 위한 범국민 보고대회를 열며 격렬히 반발하였다. 스크린쿼터 협상은 2000년 이후에도 유사한 양상을 보이고 있었다. 2002년 1월, 재정경제부(현 기획재정부)는 국산 영화의 점유율이 전체 상영 영화 대비 40%를 초과하여 50% 가까이 증가하였으니 73일을 최저선으로 축소하는 절충안을 제시하였으나 국내 영화계와 시민단체는 반대 입장을 분명히 하였다.

이처럼 한미 투자 협정의 체결에 있어서 미국은 스크린쿼터제에 대해 매우 큰 비중을 두고 있었다. 미국은 스크린쿼터제 폐지를 한미 투자 협정의 전제 조건으로 내세우면서 우리 정부를 강하게 압박하였다. 한국은 국가부도 위기를 타개하기 위해 한미 투자 협정이 절실히 필요한 시점에서 미국 측의 요구를 거절하기 어려운 상황이었다. 그러나 영화계와 시민단체가 이에 격렬히 반대하고, 국민들 사이에서 문화 주권의 논리가 확산되면서 한국의 윈셋은 매우 좁아졌다.

한국 영화계는 이슈의 상징적 이미지를 바꾸는 전략을 사용하여 스크린쿼터제에 대한 이해도가 낮았던 일반 대중들의 관심을 제고하였다. 즉 스크린쿼터제를 경제적 이슈가 아니라 문화 주권의 문제로 재정의함으로써 국민적 공감대를 확보할 수 있었다(김정수, 2004: 112). 이러한 과정에서 우리 정부의 윈셋이 좁아졌고, 스크린쿼터제 폐지를 한미 투자 협정의 전제조건으로 내세웠던 미국의 윈셋도 좁아진 상황에서 양국의 윈셋이 겹치는 부분, 즉 합의가능영역(ZOPA)이 존재하지 않아 한미 투자 협정은 결렬되었고 스크린쿼터제는 한국의 요구대로 관철될 수 있었다.

2. 한미 쇠고기 협상 사례

한미 쇠고기 협상은 윈셋의 활용을 통해 국제 협상에서 유리한 결과를 얻은 사례에 속한다. 한미 쇠고기 협상에서 윈셋의 크기가 협상 결과에 어떤 영향을 미쳤는지 살펴보기 위해 미국 정부의 윈셋과 우리 정부의 윈셋을 차례로 살펴보기로 한다.

첫째, 한미 쇠고기 협상이 2006년 1월 미국의 강력한 요청에 의해 시작되었지만, 협상 초기부터 미국의 윈셋은 매우 협소하였다. 미국 내부의 행위주체, 즉 축산업계, 상하원, 여야당 등은 단일한 선호체계를 가지고 미국 정부를 강력하게 압박하는 상황이었다(김관옥, 2009: 31-33). 공식적인 협상 주체인 부시(George W. Bush) 행정부와 이를 비준하는 의회 모두 축산업계가 선호하는 한국 쇠고기 시장의 전면 개방을 강력하게 지지했기 때문에 미국의 윈셋은 매우 좁았고, 이러한 기조는 2008년 6월 추가 협상이 재개될 때까지 유지되었다.

둘째, 한국의 윈셋을 보면, 협상의 초기에는 정치 쟁점화의 수준이 높지 않아 넓은 윈셋을 가지고 있었다. 쇠고기 협상에 대한 농민단체와 시민단체의 반대가 있었으나 국민들 사이의 정치 쟁점화 수준은 높지 않았다. 그에 따라 노무현 대통령은 쇠고기 협상에 긍정적이었고, 쇠고기 시장 개방의 기준과 폭에 대하여 농림부(현 농림축산식품부), 외교통상부(현 외교부), 산업자원부(현 산업통상자원부) 사이에 이견이 있었으나 국민적 수용과 국회 비준에는 큰 문제가 없어보였다.

그러나 2008년 4월 한미 쇠고기 협상이 타결되면서 상황이 급변하였다. 4월 MBC가 PD수첩에서 광우병에 관한 안전성 문제를 제기하고, 5월 중고등학생의 촛불시위가 시작되면서 1,500여개의 사회단체가 참여하는 전국적 차원의 미국 쇠고기 반대 연합이 결성되었다. 나아가 야당의 반대와 부정적인 여론이 형성되고 여당의 재협상 요구가 이어지면서 한국 정부의 윈셋은 매우 좁아졌다.

한미간 윈셋의 변화는 협상 결과에 여실히 나타나 있다. 미국의 윈셋이 좁고 한국의 윈셋이 넓은 상황에서 이루어진 1차 협상(2008년 4월)에서는 30개월 이상 소, 4개 부위(뇌, 눈, 척수, 머리뼈), 등뼈와 내장에 대한 수입 허용 등이 포함되었다. 그러나 한국 내에서 미국산 쇠고기 수입에 대한 반대세력의 증가, 지속적인 대규모 시위(촛불시위), 부정적인 국내 여론 형성 등으로 위기상황이 조성되자 이명박 정부와 여당은 기존의 입장을 포기하고 재협상에 준하는 추가 협상을 채택하였다.

추가 협상 단계에서 미국의 윈셋은 다소 넓어졌으나 한국의 윈셋은 매우 좁아졌다. 그 결과 최종 협상(추가 협상)에서는 30개월 미만의 소만을 수입하고, 광우병 위험물질(SRM: Special Risk Materials)과 4개 부위(뇌, 눈, 척수, 머리뼈)에 대한 수입은 금지하며, 품질 시스템 평가가 도입되었다. 이처럼 한미 쇠고기 협상은 윈셋의 크기 변화가 협상결과에 중요한 영향을 미쳤다는 사실을 보여주고 있다.

3. 미일 자동차 협상 사례

1993~1995년 미국과 일본의 자동차 협상은 일본이 좁은 윈셋을 적극적으로 활용한 사례이다(김관옥, 2000). 1980~1981년 자동차 협상에서 승리한 미국은 클린턴(Bill Clinton) 행정부 들어 무역수지가 급격히 악화되자 일

본을 상대로 자동차에 대한 재협상을 요구하였다. 클린턴 행정부는 자유무역 기조를 견지하던 과거 정부와 달리 관리무역(managed trade)의 접근법을 채택하였는데, 그에 따라 3년 내에 총 GDP 3.2% 수준에 달하는 일본의 무역 흑자를 2.0%로 줄이고 미국 상품의 수입을 총 GDP의 3.0% 수준까지 증가시키며, 이를 계량화할 수 있도록 관리해야 한다고 주장하였다.

미국의 윈셋을 보면, 협상의 초기에는 비교적 좁은 상태였으나 협상 후기에 들어 확대되는 양상을 띠고 있다. 당시 미국은 북미자유무역협정(NAFTA)의 체결을 추진하고 있었는데, 이는 민주당의 지지 계층인 노동자 집단의 이해관계를 침해할 가능성이 높았다. 그에 따라 클린턴 행정부는 일본과의 자동차 협상에서 강경한 입장을 취함으로써 대중의 관심을 자동차 협상으로 전환하고 이를 통해 공화당의 정치적 견제를 약화시키려고 하였다. 또한 일본 미니밴의 관세 인상을 요구한 미국내 자동차 회사들의 이해관계와 미의회가 제출한 법안의 내용을 반영하였다(김관옥, 2000: 17). 이처럼 협상 초기 단계에서는 의회, 이해관계 집단(자동차 회사), 일반 대중의 일치된 의견이 행정부를 압박하는 상황에서 미국의 윈셋은 매우 좁았다.

그러나 협상이 진행되면서 일치된 선호에 의해 좁게 유지되던 윈셋의 크기가 변화되기 시작하였다. 클린턴 행정부가 소위 슈퍼 301조[1]를 발동하여 일본산 대형 수입 자동차에 대하여 100%의 관세를 부과한다고 결정하자 여러 사회단체들이 반대하였고, 특히 자유주의 경제학자들은 이러한 조치가 세계 자유주의 무역원칙을 훼손할 것이라고 주장하였다. 이러한 분위기 속에서 많은 미국 내 단체들이 협상에 대하여 목소리를 내기 시작하면서 선호 정책은 다양해졌고 이익단체의 결집력은 약화되었다. 이러한 선호 정책의 다양화와 이익집단의 결집력 약화는 미국의 윈셋을 확대시키는 결과를 가져왔다(김관옥, 2000: 17). 미국은 국내 이익단체의 결집력 약화로 인해 강경 대응을 위한 국내적 지지가 약화되었고, 그 결과 일본과의 국제 협상

1 슈퍼 301조는 1974년 제정된 미국 통상무역법 301조의 개정조항으로 교역대상국에 대해 차별적인 보복을 가능하도록 한다. 이는 WTO체제에는 정면충돌하는 법률이라는 평을 받는다.

에서 높은 국민적 수용성으로 인해 협상 대표의 재량이 높아졌던 것이다.

일본의 윈셋을 보면, 협상의 전 과정에 걸쳐 매우 좁은 수준을 유지하고 있었다. 일본은 양국간 무역수지 불균형의 해소에는 동의하였지만 미국이 요구하는 수치 목표의 설정에 의한 결과 지향적 접근법에 대해서는 자유주의 무역원칙에 어긋나는 조치라고 반발하였다. 일본의 강력한 반대는 일본 내 정치체제의 변화에 영향을 받았다고 할 수 있다. 당시 일본은 자민당 중심의 일당 지배체제가 붕괴되고 새로 등장한 연립정부에 의한 정치적 불안이 심화되는 시기였다. 특히 7개 정당연합으로 구성된 호소카와(細川 護熙) 행정부는 국내 개혁에 대한 국민의 지지를 유지하기 위해 국내 정치에 손상을 초래할만한 국제적 압력을 회피하려고 하였다.

이처럼 일본 정부는 내부적 갈등관계의 연립정부, 국수주의적 사조의 재등장, 그리고 잦은 정권 교체로 인한 불안정한 국내 정치요인으로 인해 사회단체들과의 관계에서 전통적으로 누려왔던 우위를 확보할 수 없었다(김관옥, 2000: 13). 이와 더불어 일본의 자동차 회사, 자동차 협회, 경제인연합, 그리고 노동자 단체 등과 같은 이익단체도 결집하였고, 경제학자들은 미국의 301조 채택의 압력에 굴복하지 않아야 한다고 목소리를 높였다. 일본의 정부와 자동차 회사는 자동차 시장에 대한 개방은 피할 수 없는 현실이지만 관리무역은 절대로 수용할 수 없다는 것에 일치된 견해를 보였다.

요컨대, 일본은 극심한 경제 침체, 국내정치의 불안정성 고조, 그리고 이해관계 집단의 전폭적인 지지에 기초하여 미국과의 국제 협상에서 강경한 태도를 고수할 수 있었다. 다시 말해 일본 정부는 연합정부내 정파간 이해관계의 불일치로 인해 국제 협상에 대한 의회 비준이 불투명하였고, 자동차 회사로 대변되는 이해관계 집단의 응집력이 높았으며, 그리고 관리무역에 대한 국민적 저항이 높은 상황에 직면해 있었다. 그에 따라 미일 자동차 협상에서 일본 협상 대표의 재량권은 작았고, 국내적 수용성을 전제로 한 일본의 윈셋은 예외적으로 매우 좁은 수준을 유지하였던 것이다.

이상에서 살펴본 바와 같이 양국간 윈셋의 크기 차이는 협상 결과에 중요한 영향을 미쳤다. 협상 결과, 미국이 주장한 수치 목표 설정은 합의안에서 제외되었고, 대신 미국산 생산품의 수입 확대를 위한 조건으로 5개 일본 자동차 회사의 자율계획 수립이 포함되었다. 그러나 이마저도 민간기업의 활동은 정부간 합의 대상이 아니라는 일본의 요구를 반영하여 최종 합의문에서는 빠졌다. 일본은 매우 협소한 윈셋을 적극적으로 활용하여 미국의 요구에 강경 대응하는 전략을 사용할 수 있었는데 반해, 미국은 협상의 전반부에는 강경한 입장을 취하였으나 후반으로 가면서 윈셋이 넓어져 일본의 요구를 수용할 수밖에 없었던 것이다. 특히 슈퍼 301조를 통한 미국의 압력은 자유주의 무역기조를 훼손할 우려가 있었기 때문에 일본의 수용, 유럽 국가의 지지, 심지어 미국내의 지지 확보에도 실패하였다.

제3절 윈셋의 활용 전략

윈셋은 주로 국제 협상에서 활용되는 개념이지만 국내 협상에서도 총회의 승인을 얻어야 되는 노사 협상 등에서 활용될 수 있다. 국내 협상이든 국제 협상이든 윈셋은 고정되어 있는 것이 아니라 여건의 변화나 당사자의 전략에 따라 달라질 수 있다. 특히 정부와 협상 대표는 전략적 선택에 의해 윈셋의 크기를 조절함으로써 국제 협상에서 협상력을 증대시킬 수 있고, 그 결과 유리한 합의를 이끌어낼 수 있다. 다음의 언론 기사는 윈셋의 활용이 협상력의 증대와 상생 타결을 위해 얼마나 중요한지를 보여주고 있다.

"위안부 합의에 설득되지 않는 시민과 정부의 책임"

한국과 일본간 '위안부 합의'의 후폭풍이 심상치 않다. 피해 할머니들은 물론 야당과 시민사회가 반발하고, 그 수위도 높다. 국제 갈등이 정부와 국민간 갈등으로 변질

되는 기미가 보인다. 애초 외교 협상으로 풀기 어려운 사안을 연내 타결 목표에 매달려 서두르다가 본질을 놓친 정부가 자승자박한 결과다.

위안부 문제는 피해자와 국민이 납득하는 방안을 마련하는 것이 본질이다. 정부는 거꾸로 행동했다. 피해 할머니들과 소통하며 최선의 방안을 마련해 협상하지 않고, 먼저 일본과 협상해 도출한 방안을 납득하라고 할머니들에게 요구하고 있다. 국민 뜻을 무시한 채 소통 없이 강행해온 일방적 국정운영의 병폐가 국제 협상에서도 어김없이 표출된 것이다. 정부가 피해자와 시민사회가 수용 불가능한 합의에 대해 '최종적이고 불가역적인 해결'이라고 일본에 약속한 것도 같은 맥락이다. 국민과 피해자의 뜻을 충분히 대변하지 않는 정부가 그렇게 할 권리는 없다. 국제 협상에서 이토록 확실하고 분명하게 외국의 요구를 수용해주는 사례도 드물다.

피해 할머니들이 일본의 법적 책임을 끌어내지 못했으므로 배신이자 담합이라고 비난하고 있다. 국가간 관계는 어디까지나 국민의 행복과 이익을 위해 존재하는 것이다. 외교 협상이 국민의 행복과 이익을 제한하고 희생시켜야 한다면 그에 합당한 이유가 있어야 한다. 정부는 이런 조건을 충족시키지 못했다. 향후 일본의 일탈적 행보 하나하나도 합의의 의미를 약화시키는 결과를 낳을 것이다. 벌써 "일본이 잃은 것은 10억 엔이다"는 기시다 후미오 일본 외무상의 발언이 국민감정을 들쑤시고 있다. 정부가 소녀상 이전 문제에 대해 "적절히 해결되도록 노력한다"는 문구를 합의문에 명시한 것은 심각한 문제이다. 소녀상은 민간이 설립한 것으로 정부가 이전 문제에 간여할 수 없는 것을 일본의 요구에 밀려 공언했기 때문이다. 그건 한국인의 자존심을 굽히고, 심각한 인권 침해와 유린의 기억을 지우겠다는 말이나 다름없다. 협상 하루 전만 해도 절대 타협대상이 아니라고 부인하다가 전격 합의해준 윤병세 외교장관에게 피해자들은 배신감을 느낄 수밖에 없다.

이번 협상은 피해자인 한국이 가해자 일본에 당당히 요구하는 지위를 전제로 한 것이다. 그러나 현실에서는 한국이 더 양보하는 결과가 나왔다. 왜 무엇을 위해 이렇게까지 해야 했는지 정부는 국민적 의구심을 풀어줘야 할 책임이 있다. 합의문에는 국민이 이를 납득할 만한 내용이 없다. 한일 및 한미 관계 발전과 동북아 안정을 위한 대승적 결단이라는 말로는 충분치 않다.

〈출처: 경향신문 사설, 2015.12.30.〉

위의 언론 기사에 따르면, 위안부 협상은 세 가지 문제점을 내포하고 있다. 첫째, 국제 협상에서 국내적 요인을 충분히 고려하지 않았다는 점이다. 위안부 협상은 국회 비준과 같은 공식적인 측면뿐만 아니라 위안부 피해 할머니로 대변되는 이해집단과 국민들의 광범위한 수용성을 확보하지 못하였다.

둘째, 협상 과정에서 한국의 좁아진 윈셋, 즉 국회 비준과 국민의 수용성을 확보하기 어려운 상황을 제대로 활용하지 못하였다는 점이다.

셋째, 합의 결과도 매우 적은 수준의 물질적 보상(10억 엔)에 그쳤으며, 인권 유린에 대한 사죄 등 정서적·심리적 보상에 대한 논의는 전혀 이루어지지 않았다. 특히 불가역적 해결(irreversible solution)과 같은 조항을 포함시켜 피해자와 시민사회의 수용성을 크게 떨어뜨렸다.

이러한 사례를 유념하면서 윈셋의 활용 전략에 대해 살펴보고자 한다. 국제 협상에서 윈셋을 활용하기 위해서는 두 가지 전략, 즉 자국의 윈셋을 조절하는 전략과 상대국의 윈셋을 조절하는 전략을 구사할 수 있다.

1. 자국의 윈셋 활용 전략

국제 협상에서 윈셋의 축소는 당사자의 협상력을 증대시켜 유리한 협상안을 도출하는 데 기여한다. 물론 윈셋의 과도한 축소는 협상의 결렬을 초래할 수 있기 때문에 합의가능영역(ZOPA)을 깨뜨리지 않는 선에서 윈셋의 축소를 시도해야 한다. 또한 협상의 유연성 제고를 위해서는 윈셋을 확대하는 전략도 사용할 필요가 있다. 자국의 윈셋을 활용하는 전략에 대해 살펴보면 다음과 같다.

첫째, 발목 잡히기 또는 자승자박(tying-hands) 전략이다. 이는 국제 협상에 대하여 극렬하게 반대하는 국내의 '강경파' 집단에게 철회할 수 없는 공개적 약속을 함으로써 윈셋을 축소하는 전략이다. 한미 투자 협정에서 미국이 이해집단(영화 산업계)에게 스크린쿼터제 폐지가 투자 협정의 전제조건이라고 공언한 것도 이러한 맥락으로 이해할 수 있다. 이러한 전략은 윈셋의 축소를 통해 자국의 협상력을 증대시켜 유리한 타결을 얻어낼 수 있다는 긍정적인 측면이 있지만 협상 대표의 독립성, 유연성, 그리고 신뢰성을 저하시키는 결과를 초래할 수 있기 때문에 전략의 활용에 있어서 세심한 주의가 필요하다.

둘째, 의제의 정치 쟁점화 전략이다. 국제 협상의 의제를 정치 쟁점화하여 국내 여론의 흐름을 강경한 쪽으로 유도하거나 국내 여론의 분열을 유도하여 자국의 윈셋을 변화시키는 방법이다. 정치 쟁점화는 자국의 윈셋을 축소할 수도 있고 확대할 수도 있다. 먼저 일부 집단에 국한되는 투쟁에서 협상 의제를 정치 쟁점화하면 일반 대중의 관심을 증대시켜 윈셋의 축소에 기여할 것이다. 그 다음 정치 쟁점화는 대중의 관심을 증대시켜 일부 이해집단의 강경 대응을 중화시킴으로써 윈셋의 확대를 유도할 수도 있다. 한미 FTA에서 반대집단들(농민, 축산업자 등)의 강경 대응에 대하여 찬성집단들(전자, 자동차 등)의 관심을 증대시킨 것은 한국의 윈셋을 넓히는 데 일조하였다.

셋째, 고삐 늦추기 또는 재량부여(cutting slack) 전략이다. 이는 국제 협상에 대한 격렬한 반대가 존재하는 상황에서 이를 완화하여 자국의 윈셋을 넓히는 전략이다. 대표적인 전술은 협상 결과에 따른 이득의 재분배, 즉 이면보상(side-payment)을 약속하는 것이다. 예를 들어, 한미 FTA 협상에서 농민들은 FTA 체결에 따른 농산물 수입 증대가 국내 농민들에게 막대한 피해를 가져올 것이라고 주장하며 격렬하게 반대하였는데, 이러한 상황에서 전자부문의 수출 확대에 따른 이익을 농민들의 피해에 대한 보상금으로 재분배하겠다는 정책 지원을 약속할 수 있다.

이러한 윈셋의 확대 전략은 자국의 이익을 줄일 수 있다는 점에서 권장하기 어렵지만, 국제 협상의 대표는 국내 집단들의 이기주의적인 압력에서 탈피하여 보다 거시적인 입장에서 국익을 대변해야 한다는 점에서 활용될 수 있을 것이다. 따라서 자국의 윈셋을 확대하여 협상 대표의 재량권을 높이는 전략은 협상의 유연성 확보와 장기적인 국익 증대에 기여할 수 있을 것이다.

넷째, 상승적 연계(synergistic linkage) 전략도 자국의 윈셋 확대에 기여한다(Moravcsik, 1993: 25). 이는 협상의 의제를 대중적 이슈와 연계함으로써 국내 비준을 얻어내는 전략이다. 이슈 연계 전략은 중요한 국내 이슈를 매력적인 국제적 합의와 연계시킬 때 더 효과적이다. 이슈를 다시 정의하는 전략도 이와 유사하다. 이는 협상 의제를 초국가적 이슈로 재정의하여 새로운 대안을 창출하고, 이를 통해 국내 비준을 얻어내는 전략이다.

예를 들어, 북핵 협상에서 클린턴 행정부는 공화당의 의회 장악과 대통령의 스캔들 상황에서 국내 비준이 어렵게 되자 북핵 문제를 국가 안보와 밀접하게 연결된 사안이라고 재정의함으로써 미국의 윈셋을 확대한 바 있다(김성형, 2004: 91-92). 이처럼 협상 의제를 국가적으로 중요한 이슈와 연계하거나 재정의함으로써 자국의 윈셋을 확대할 수 있다.

2. 상대국의 윈셋 활용 전략

자국의 윈셋을 조절하는 전략에 더하여 상대국의 윈셋에 영향을 미치는 전략도 필요하다. 상대국의 윈셋을 축소 또는 확대하는 것이 쉬운 일은 아니지만 적절히 활용하면 자국의 협상력을 높일 수 있을 뿐만 아니라 상생 협상에도 기여할 수 있다.

첫째, 이슈의 연계를 통해 표적 집단(target group)의 반대 수위를 조절하는 전략이다. 이는 국제 협약의 국내 비준을 얻는 데 핵심적 위치를 차지하는 부동층(swing voters)을 표적 집단으로 삼고 이들의 양해를 받아내는 전략이다(Snyder, 1993: 107-108). 이러한 전략을 통해 국제 협상의 대표는 상대국으로부터 새로운 협상카드를 얻을 수 있고, 단일 이슈에서는 결코 불가능해 보이던 양보를 이끌어낼 수 있다.

표적 집단 전략은 다음의 두 가지 측면에서 윈셋의 확대에 기여할 수 있다. 먼저 상대국 강경파의 효용함수를 변화시켜 보다 온건한 입장으로 돌아서게 할 수 있다. 다음으로 무관심했던 상대국 이익집단의 관심을 증대시켜 이들을 정책 과정에 개입시킴으로써 전반적인 세력 균형을 도모할 수 있다. 만약 한미 FTA에서 미국이 농산물 이슈를 전자 제품 이슈와 연계하여 한국 대중들의 관심을 증대시키는 전략을 사용하였다면, 이는 한국의 윈셋을 확대시켜 국민적 수용과 국회 비준을 용이하게 하였을 것이다.

둘째, 메아리 전략(reverberation)이 있다. 상대국의 국내 집단에게 직접 호소하여 협상 이슈에 대한 기대나 이미지를 바꿈으로써 상대의 윈셋을 확대하는 전략이다. 남북 협상에서 북한은 군사적 도발을 통해 공포 분위기를 조성하여 '조속한 문제해결'을 바라는 국내 여론에 호소하는 전략을 사용하곤 한다. 또한 북핵 협상에서 북한은 카터(Jimmy Carter) 등 미국의 온건론자를 초청하여 이들로 하여금 미국내 집단에게 호소하게 만들고, 이를 통해 북한의 이미지를 개선하여 미국의 윈셋을 확대하려고 시도하였다(김성형, 2004: 93).

이러한 메아리 전략이 가능한 이유는 합리성과 불확실성 때문이다(Putnam, 1993: 444-455). 먼저, 상호 의존적인 국가는 우호적 관계를 유지하는 것이 합리적이라고 생각한다. 상호 의존적이지만 비우호적인 복잡한 세계에서는 무례한 국가가 장기적으로 더 큰 대가를 지불한다고 생각하기 때문이다. 그 다음으로, 외국에서 제공되는 국제적 이슈와 메시지를 둘러싼 불확실성이다. 이러한 불확실성이 기존의 생각을 바꾸고, 부동층을 움직이며, 국내 소수집단에게 용기를 준다는 것이다.

메아리 전략은 표적을 노린 연계 전략과 두 가지 점에서 구별된다. 하나는 직접적인 표적 집단을 찾을 필요가 없다는 것이고, 다른 하나는 이슈연계 전략이 표적 집단의 효용함수에 대한 실질적 변화를 유도하는 데 반해 메아리 전략은 이슈의 상징적 이미지의 변화를 노린다는 점이다.

셋째, 초국가적 요인을 활용하는 전략이다. 먼저 초국가적 로비*(막후교섭)*를 통해 상대국 정책결정자의 정책 선호를 변화시키는 전략이다. 북핵 협상에서 6자회담을 통해 북한 내의 강경파들의 저항 수위를 낮추거나 유엔안보리 결의를 통하여 북한 최고결정자의 정책 선호를 변화시키는 전략이 이에 속한다. 그 다음 비정부간 관계 차원에서 초국가적 제휴를 통해 상대국의 윈셋을 확대하는 전략이다. 교토의정서 등 환경 협약에서 40여개 국가로 구성된 초국가적 환경운동단체인 그린피스를 활용하여 국내적 비준이 어려운 국가의 윈셋을 확대할 수 있다.

10 창조적 대안의 모색

The Aesthetics of Negotiation

Even apart from a shared interest in averting joint loss, there almost always exists the possibility of joint gain. This may take the form of developing a mutually advantageous relationship, or of satisfying the interests of each side with a creative solution.

〈Fisher & Ury, Getting to Yes〉

공동으로 손실을 회피하는 것 말고도 공동 이익을 추구할 수 있는 방법은 항상 존재한다. 이는 호혜적인 관계의 개발일 수 있고, 창조적 대안을 통한 이해관계의 충족일 수도 있다.

〈Fisher & Ury, 1991: 71〉

THE AESTHETICS OF NEGOTIATION

창조적 대안의 모색

이슈 중심에서 시작된 상생 협상의 긴 여정은 창조적 대안의 발견으로 끝난다. 창조적 대안은 지금까지 발견되지 않은 새로운 대안이자 서로의 이해관계를 만족시키는 윈윈 대안이다. 협상 이슈를 둘러싸고 팽팽히 맞선 당사자들이 창조적 대안을 개발하여 합의에 도달하는 과정은 한 편의 드라마이고 협상을 완결 짓는 예술 활동에 비유될 수 있다. 이 장에서는 창조적 대안의 의의와 적용 사례 그리고 개발 전략에 대하여 살펴볼 것이다.

제1절 창조적 대안의 의의

1. 창조적 대안의 개념

창조적 대안(creative options)은 서로의 이해관계(욕구)를 충족시켜 줄 수 있는 새로운 대안을 의미한다. 2003년 개봉한 장규성 감독의 '선생 김봉

두'라는 영화에 창조적 대안의 사례가 나온다. 농부 A는 길 위에 호스를 연결해 논에 물을 대고 있고, 농부 B는 그 길로 경운기를 몰고 시장에 가야 하는 상황이 발생한다. A는 경운기가 호스를 밟고 지나가는 것에 반대하는데(요구), 이는 논에 안전하게 물을 대기 위한 것이다(이해관계). 반면 B는 경운기를 몰고 그 길을 지나가야 한다고 주장하는데(요구), 이는 지름길을 통해 빠른 시간 내에 시장에 가기 위한 것이다(이해관계).

이러한 상황에서 시골학교 선생님은 호스 밑의 땅을 조금 파서 호스를 묻고 경운기를 통과시키는 대안을 제시한다. 땅을 조금 파서 호스를 묻는 대안은 안전하게 물을 대고자 하는 A의 이해관계와 경운기로 신속하게 시장에 가고자 하는 B의 이해관계를 모두 충족시키는 새로운 대안인 것이다. 이처럼 창조적 대안은 이전에 알려지지 않았던 새로운 대안이면서 양쪽의 상충되는 이해관계를 충족시키는 대안을 의미한다.

창조적 대안에서 '창조'는 무에서 유를 만들어낸다는 의미는 아니다. 이는 지구상에 존재하지 않은 대안을 새롭게 만들어낸다는 것이 아니라 당해 협상 테이블에서 제안되지 않은 새로운 대안을 의미한다. 따라서 다른 협상 사례에서 제안된 대안이라 하더라도 당해 협상 과정에서 검토하여 수정한 대안은 창조적 대안이 될 수 있다. 하지만 모든 새로운 대안이 창조적 대안에 속하는 것은 아니다.

서로의 이해관계를 보다 효과적으로 충족시킬 수 있는 통합 대안, 즉 상생의 대안이어야 한다. 통합적 대안은 승자와 패자를 만들어내는 대안이 아닌 서로가 승리하는 대안을 의미한다. 이러한 점에서 창조적 대안은 창조와 통합이 결합된 것으로 상생의 갈등 해결을 위한 새로운 가치 창출 대안으로 정의할 수 있다.

유사한 용어로 상호 특출 대안, 상호 만족 대안 등이 사용되고 있다. 상호 특출 대안(MPA: Mutual Prominent Alternative)은 당사자 모두에게 눈에 잘 띄는(마음에 쏙 들어오는), 다시 말해 월등히 좋은 대안을 의미한다. 상호 만족 대안(MAA: Mutual Acceptable Alternative)은 상호 특출 대안과 달리 서로 만족할 만한 수준의 대안이라는 의미를 가지고 있다.

현실적으로 당사자 모두에게 '특출 나게 좋은 대안'을 발견하기란 쉽지 않다. 당사자들이 다각적인 분석과 전략적 시도를 통하여 서로에게 특출한 대안을 발견하더라도 인지적·심리적 편견으로 인해 그렇게 인식하지 못할 수도 있다. 따라서 이상적으로는 상호 특출 대안을 추구하지만 실제 협상에서는 상호 만족 대안을 중심으로 타결될 가능성이 높다. 따라서 창조적 대안 역시 상호 특출 대안이 아닌 상호 만족 대안인 경우가 많을 것이다.

상생 타결을 위해서는 협상에서 제안된 또는 타결된 대안이 창조적인지 아닌지 구분할 필요가 있다. 이를 구분하지 못하면 창조적 대안이 아님에도 불구하고 채택하거나 반대로 창조적 대안임에도 불구하고 채택하지 못할 수 있기 때문이다. 따라서 창조적 대안을 식별할 수 있는 기준을 찾는 것이 중요하다. 창조적 대안을 판단하기 위해서는 다음의 네 가지 기준을 통과해야 할 것이다.

첫째, 창조성(creativity)이다. 여러 가지 대안 중에서 그 대안이 새로운 결과를 창출하는 대안이냐의 여부이다. 쉽게 발견하거나 추측할 수 있는 대안은 창조성을 충족시킬 수 없을 것이다. 여기서 창조성은 한 번도 적용된 적이 없다는 의미가 아닌 해당 협상에서 새롭게 개발되었다는 의미를 내포하고 있다. 즉 이전의 다른 협상에서 개발된 대안이라고 하더라도 해당 협상에서 이를 원용, 수정, 변형하여 활용한 경우 창조적 대안이 될 수 있다. 이러한 점에서 창조적 대안은 해당 협상에서 새롭게 개발된 결합 이득(joint gain)을 늘여주는 대안을 의미한다.

둘째, 공존성(co-existence)이다. 당사자 모두의 공존을 보장하는 대안이냐의 여부이다. 공존성은 공생 또는 상생을 전제하므로 상호 승리 또는 만족을 보장해야 한다. 당사자 모두에게 이득이 되는 상생 대안(win-win option)이 중요한 것이다. 따라서 결합 이득을 늘여주는 새로운 대안이라고 하더라도 상호 만족이 아니라 일방의 만족을 가져다주는 대안은 창조적 대안의 범주에 포함되기 어렵다.

셋째, 균형성(balance)이다. 당사자의 이해관계를 균형 있게 충족시켜주는 대안이냐의 여부이다. 새롭고 상생적인 대안 중에서도 이득의 균형이 실현되는 대안이 중요할 것이다. 여기서의 균형성은 만족감을 전제로 한 개념이다. 따라서 분배 협상에서 고정된 이득을 50 대 50으로 나누어갖는 타협(fifty-fifty solution)은 이득의 균형을 이루고는 있지만 창조적 대안으로 분류하기 어렵다. 이러한 타협안은 양측의 만족도를 비슷하게 충족시키지만 공동의 몫을 증대시키지 못하기 때문이다.

마지막으로 수용성(acceptance)이다. 당사자 모두에게 수용될 가능성이 높은 대안이냐의 여부이다. 새롭고, 상생적이며, 균형적인 대안이라고 하더라도 당사자의 수용 가능성이 떨어지면 창조적 대안이 되기 어렵다. 그러나 이 기준은 사례 분석이나 협상에서 수용 가능성 여부를 어떻게 확인할 것인지에 대한 새로운 문제를 제기한다. 이 경우 당사자의 요구와 이해관계를 확인하고 제안된 창조적 대안이 서로의 이해관계를 충족하는 정도를 확인하면 수용 가능성을 짐작할 수 있을 것이다.

2. 창조적 대안의 의의

창조적 대안은 서로의 이해관계를 충족시켜 상호 승리 또는 만족을 가져오므로 협상의 타결, 특히 상생 타결에 있어서 매우 중요하다. 상생 협상을 위해 창조적 대안이 중요한 이유는 다음 세 가지로 요약할 수 있다.

첫째, 창조적 대안은 당사자간 생산적인 관계의 유지 및 발전에 기여한다. 창조적 대안은 상호 승리 또는 만족을 도모하기 때문에 당사자간 관계를 깨뜨리지 않을 뿐만 아니라 생산적 관계의 형성과 발전에 기여한다. 만약 일방 승리-일방 패배의 대안을 채택하여 타결한 경우 당사자 중 어느 한쪽, 특히 패배한 당사자는 결과에 불복하거나 불만족할 것이고, 그에 따라 서로의 우호적·생산적 관계는 훼손될 것이다. 따라서 일방 승리 대안이 아닌 창조적 대안은 상호 만족과 신뢰를 통하여 생산적 관계의 유지를 가능하게 할 것이다.

둘째, 창조적 대안은 사회적 이득을 증진시키는 데 기여한다. 창조적 대안의 채택은 상생의 윈윈 협상을 가능하게 할 뿐만 아니라 새로운 지식과 대안의 창출을 통해 사회적 이득(social gain)을 증진시킬 수 있다. 예를 들어, 한약 분쟁에서 채택된 경제정의실천시민연합(약칭 경실련)의 중재안(창조적 대안)은 한의사회와 약사회의 갈등을 해결하는 것에 기여하였을 뿐만 아니라 한약사 제도라는 새로운 아이디어와 지식을 창출함으로써 한약과 양약의 융합에 대한 사회적 수요에 대응할 수 있었다. 이러한 점에서 창조적 대안은 새로운 지식과 아이디어의 창출을 통해 상호간의 만족도를 높일 뿐만 아니라 사회적 이득을 증진시키는 기능을 하게 된다는 것이다.

셋째, 창조적 대안은 갈등의 재발을 방지하는 효과를 갖는다. 창조적 대안은 균형성과 수용성을 확보할 수 있어 갈등의 재발을 막고, 재협상 또는 수정 협상의 여지를 최소화시킬 수 있다. 예를 들어, 한미 쇠고기 협상의 일차적 타결안(30개월 이상 소의 수입과 광우병 위험물질 포함)은 양국의 이해관계를 균형 있게 반영하지 못한 것으로 인식되었다. 특히 한국의 수용성이 낮은 상황에서 촛불시위와 내각 총사퇴 결의 등의 저항에 직면하여 추가 협상을 거치게 되었다. 추가 협상에서는 양국의 이해관계를 충족시키는 창조적 대안이 채택되어 갈등이 종결된 바 있다. 이처럼 창조적 대안은 당사자의 만족과 수용성을 확보하여 갈등의 성공적 해결과 재발 방지에 기여할 수 있다.

3. 협상의 유형과 창조적 대안

1) 상극 협상과 창조적 대안

협상의 유형에 따라 창조적 대안의 도출 여부가 결정된다. 요구에 중점을 두는 상극 협상(입장 협상과 분배 협상)에서는 창조적 대안이 모색되기 어렵다. 입장 협상과 분배 협상은 내용과 성격이 유사하지만 창조적 대안과 관련해서는 다소 차이가 있을 것이다. 입장 협상에서는 서로의 입장에 매몰된 나머지 서로의 이해관계에는 관심을 두지 않으므로 이해관계를 조정한 창조적 대안이 성립되기 어렵다. 특히, 상호 유순한 입장을 고수하는 연성 입장 협상의 경우 상대의 요구를 너무 쉽게 수용하기 때문에 창조적 대안의 모색 기회를 원천적으로 봉쇄할 것이다.

고정된 몫을 나누는 분배 협상의 경우 서로 더 많이 가지기 위해 강성 전술을 구사하기 때문에 서로의 이해관계가 반영된 창조적 대안을 발견하기 어렵다. 이는 창조적 대안이 성립되기 어려운 연성 입장 협상과 다른 점이다. 분배 협상은 대치국면의 장기화로 인해 협상이 결렬되거나 기껏해야 타협안의 채택에 그칠 수 있다. 이러한 측면은 경성 입장 협상과 유사하다. 양측 모두 강경한 입장을 고수하는 경성 입장 협상의 경우 강대 강의 전술로 일관하기 때문에 서로의 이해관계를 조정한 창조적 대안을 모색할 가능성이 매우 낮다.

이처럼 입장 협상이나 분배 협상은 각각 입장 및 몫의 분배에 관심을 두기 때문에 창조적 대안을 발견하기 어렵다. 입장 협상의 경우 숫자 중심의 흥정이 이루어지고, 합리적 논거가 부족하며, 그리고 이를 조정하기 위한 객관적 논거를 찾기가 어렵다. 분배 협상은 자신의 몫을 키우는 데만 관심이 있고, 상대의 몫에 대해서는 배려하지 않는다. 따라서 입장 협상과 분배 협상은 창조적 대안을 채택하지 못하고 다음 세 가지 형태의 결과를 초래할 수 있다.

먼저, 극단적 투쟁으로 인해 일방 승리의 결과를 가져온다. 강대 강의 극한 투쟁은 상호 세력 과시나 사법기관의 판결에 의존하기 때문에 일방 지배의 결과를 초래한다. 둘째, 협상이 교착상태에 빠지거나 결렬될 수 있다. 어느 한 당사자도 힘의 우위를 갖지 못하는 상황에서 입장 대결 또는 강성 전술에 의존할 경우 협상이 교착상태에 빠지거나 결렬될 수 있다. 셋째, 타협(compromise)에 그칠 수 있다. 이는 입장 협상이나 분배 협상에서는 최선의 결과라고 할 수 있는 50 대 50의 해결책이다. 서로 한 걸음씩 양보하여 절충안에 합의하는 것이다. 이 경우 갈등은 타결되었으나 당초의 요구 및 이해관계가 충분히 관철되지 않아 양자 모두에게 불만이 남게 된다.

2) 상생 협상과 창조적 대안

이해관계(욕구)에 중점을 두는 상생 협상(원칙 협상과 통합 협상)은 창조적 대안의 도출을 가능하게 한다. 요구의 충돌 상황에서는 절충과 타협이 최선의 결과이지만 이해관계 중심의 협상에서는 서로의 이해관계를 만족시키는 대안을 모색할 수 있다. 이는 원칙 협상과 통합 협상으로 구분하여 살펴볼 수 있다.

첫째, 원칙 협상은 이해관계 중심, 객관적 기준, 사람과 이슈의 분리, 창조적 대안 등 네 가지 원칙을 강조하는 데, 이해관계 중심과 창조적 대안을 핵심요소로 포함하고 있다. 그에 따라 원칙 협상에서는 서로의 이해관계를 조정한 창조적 대안의 모색이 자연스럽게 이루어질 것이라고 기대할 수 있다.

원칙 협상을 통해 창조적 대안을 발견한 사례로는 제5장에서 살펴본 이집트와 이스라엘간 협상을 들 수 있다. 이 협상에서 양국은 서로의 요구(시나이 반도의 전부 반환 대 일부 반환)가 충돌되는 상황에서 요구 이면에 깔려 있는 근본적인 관심사(이집트의 영토 수복과 이스라엘의 전쟁 방지)에 초점을 두어 시나이 반도를 전부 반환하면서도 전쟁을 방지할 수 있는 '비무장지대화 대안'이라는 창조적 대안을 개발할 수 있었다.

둘째, 통합 협상은 서로의 몫을 나누기 보다는 파이를 키우는 것에 중점을 두는 협상이다. 따라서 파이를 증대시키는 대안 자체가 서로의 이해관계를 만족시킬 수 있는 창조적 대안이 될 수 있다. 또한 증대된 파이를 공정하게 분배하는 과정에서도 창조적 대안이 도출될 수 있다. 즉 파이의 증대는 공동 이익을 가져오고, 이러한 공동 이익을 공정하게 분배하는 절차나 방식도 창조적 대안이 될 수 있다는 것이다.

통합 협상을 통한 창조적 대안의 발견 사례로는 케이크 자르기 협상을 들 수 있다. 이 협상에서는 '언니가 자르고 동생이 먼저 선택하는' 절차 규칙뿐만 아니라 파이의 확대라는 창조적 대안을 채택할 수 있다. 즉 이번의 케이크는 언니의 주도로 나누고 다음번의 케이크는 동생의 주도로 나누도록 함으로써 모두가 만족하는 창조적 대안을 채택할 수 있는 것이다. 이처럼 이해관계에 초점을 둔 원칙 협상과 몫의 증대에 관심을 둔 통합 협상에서는 당사자 모두 만족하는 창조적 대안의 개발이 가능하다.

제2절 창조적 대안의 활용 사례

협상에서 창조적 대안을 활용한 사례를 발견하기란 쉽지 않다. 그 이유는 첫째, 창조적 대안을 발견하기 전에 협상이 끝나는 사례가 많고, 둘째, 외부 관찰자의 경우 타결된 결과가 당사자들에게 얼마나 만족할 수 있는 수준인지를 판단하기 어렵기 때문이다. 여기서는 비교적 창조적 대안으로 생각될 수 있는 세 가지 사례를 제시하고자 한다. 앞서 살펴본 이집트-이스라엘 협상과 가산 하수처리장 협상은 이해관계의 조정을 통해 창조적 대안을 개발한 사례이고, 한국석유공사-테일러에너지간의 협상은 간접적 이해관계의 활용을 통해 창조적 대안을 개발한 사례이다.

1. 이집트-이스라엘 협상 사례

1) 사례 개요

제5장에서 소개한 이집트-이스라엘의 평화 협정을 간단히 요약하면 다음과 같다. 1978년 이집트와 이스라엘은 1967년 전쟁 이후 11년간 지속되어온 불안 상태를 해소하기 위해 협상 테이블에 앉았다. 수차례의 협상을 통해 시나이 반도를 분할하는 국경선을 그렸으나 이를 이집트가 수락하지 않았고, 1967년의 상태로 되돌아가는 대안에 대해서는 이스라엘이 반대하였다. 길고 지루한 협상이 이어지는 가운데 이집트의 사다트(Muhammad Sadat) 대통령과 이스라엘의 베긴(Mieczysław Biegun) 수상은 카터 대통령의 중재하에 미국의 캠프 데이비드(Camp David)에서 만나 국경선 문제에 관한 극적 합의를 이룰 수 있었다.

2) 사례 분석

이집트-이스라엘의 협상은 요구(입장)가 아닌 이해관계에 초점을 두어 상생 대안을 도출할 수 있었다(Bazerman & Neale, 1992: 70-71). 이집트의 요구는 시나이 반도의 전부를 반환하라는 것이었고, 이스라엘의 요구는 일부만이라도 남겨두어야 한다는 것이었다. 양국가의 요구 사이에서는 절충이나 타협이 불가능해 보였다.

그러나 양국은 이해관계 중심의 통합 협상을 통해 창조적 대안을 개발하여 극적인 합의를 이룰 수 있었다. 시나이 반도의 전부 반환에 대한 이집트의 이해관계는 국토 수복뿐만 아니라 국민적 자존심의 회복이었고, 일부만이라도 남겨두겠다는 이스라엘의 이해관계는 전쟁 방지를 위한 완충 지대 설정이었다. 따라서 시나이 반도를 전부 반환하면서 전쟁을 방지할 수 있는 '비무장지대화 대안(유엔 평화유지군 주둔)'은 양측 모두의 이해관계를 충족시킬 수 있는 창조적 대안이었다.

2. 가산 하수처리장 협상 사례

1) 사례 개요

칠곡군이 2011년 3월 가산면에 가산 하수처리 시설의 설치를 추진한 것에 대하여 구미시 장천면 지역주민들이 반발하면서 갈등이 발생하였다. 2012년 1월 장천면 주민들로 구성된 가산 하수처리 시설 설치 반대 비상대책위의 항의를 받고 35%의 공정률에 도달하였던 공사가 중지되었다. 구미시는 주민의 조직화된 지지를 바탕으로 하수처리 시설의 이전 설치 또는 백지화를 요구하였고, 칠곡군은 관련법에 따라 적법하게 진행되는 사업인 만큼 이전이나 사업 변경이 불가능하다는 입장을 고수하였다. 구미시와 칠곡군의 갈등은 깊어졌고, 수개월 동안 서로의 입장만 내세우며 대립각을 세웠다. 경상북도가 중재에 나서 구미시와 칠곡군간의 대화를 유도하는 한편 지역주민 면담, 중앙부처 협의, 하수정비기본계획 수정 등을 통해 접점을 모색하면서 갈등이 일단락되었다.

2) 사례 분석

이 사례에서 칠곡군의 요구는 하수처리 시설의 건설 강행이었고, 구미시의 요구는 하수처리 시설의 건립 중단이었다. 이처럼 양측의 요구가 충돌되는 상황에서 경상북도가 중재자로 나서 양측의 이해관계를 파악하는 데 주력하였다. 칠곡군의 입장은 관할구역 안에서 법적으로 문제가 없는 하수처리 시설의 설치는 자치권의 정당한 행사이고, 생활하수처리를 통해 주민의 불편을 해소하는 것은 자치단체의 책무라는 것이었다. 반면 구미시의 입장은 인근 지역의 하수처리 시설의 설치에 따른 구미시 주민의 피해를 줄이고 이들의 재산권 보호를 위해 공사 중단을 요구하는 것은 불가피하다는 것이었다.

중재자인 경상북도는 당사자의 입장(요구) 대신 이해관계에 중점을 둠으로써 양 지자체의 상충되는 이해관계를 조정한 창조적 대안을 개발할 수 있었다. 경상북도는 현장 방문, 지역주민 면담, 간담회 개최 등을 통해 양 지자체의 이해관계를 파악하는 한편 구미시 하수처리 시설의 여유 용량을 확인하였다(영남일보, 2012.9.21.). 이를 통해 칠곡군(가산면) 주민의 이해관계(생활하수처리)와 구미시(장천면) 주민의 이해관계(환경 피해 감소와 재산권 보호)를 충족시킬 수 있는 대안을 모색하였다. 즉 하수관거[1]의 추가 건설을 통해 칠곡군(가산면)의 하수를 구미시의 하수처리장에서 연계·처리하는 대안을 제시하였고, 구미시와 칠곡군은 이를 수용함으로써 상생 타결을 이룰 수 있었다.

3. 한국석유공사-테일러에너지 협상 사례

1) 사례 개요

이 사례는 한국석유공사(정확히는 삼성물산과 연합한 한국컨소시엄)와 미국의 테일러에너지사(Taylor Energy Company)간에 멕시코만 유전 인수를 둘러싼 협상이다(전성철·최철규, 2015: 66-68). 한국컨소시엄은 2008년 1월 경쟁사인 미국의 컨소시엄(아파치와 스폰사)보다 낮은 가격으로 입찰하고도 유전 인

1 오수와 우수를 모아 하수처리장과 방류지역까지 운반하기 위한 배수관로.

수에 성공할 수 있었다. 사실 외국 기업으로 구성된 한국컨소시엄이 미국의 유전을 인수한 것은 매우 이례적인 사건으로 평가될 수 있었다. 지난 2005년 중국 기업이 미국의 유전 인수에 나섰을 때, 미국 정부가 국가 안보를 이유로 반대한 선례가 있었기 때문이다. 이러한 불리한 여건하에서 한국석유공사는 유전 인수에 성공하였고, 테일러에너지사는 자신의 이해관계를 충족시켜주는 기업에게 매각함으로써 서로가 만족하는 윈윈 결과를 창출하였다.

2) 사례 분석

한국석유공사와 테일러에너지사는 입찰가에 대하여 서로 상이한 입장(요구)을 갖고 있었다. 한국석유공사는 낮은 입찰가를 제시하였고 테일러사는 이보다 높은 가격을 주장하였다. 그러나 두 기업의 이해관계는 그렇게 단순하지 않았다. 테일러사의 이해관계(욕구)는 높은 가격에 유전을 매각하여 경제적 이득을 확보하는 것뿐만 아니라 기존의 사회공헌사업(장학사업)을 계승하고 싶은 간접적 이해관계도 있었다. 한국석유공사의 이해관계는 유전을 낮은 가격에 인수하여 많은 경제적 이득을 남기는 것이었다.

이러한 상황에서는 경제적 이득의 절충, 즉 입찰가의 조정만으로는 서로의 이해관계를 만족시키기 어렵다. 따라서 서로의 이해관계를 충족시키는 창조적 대안을 개발하기 위해서는 경제적 이득뿐만 아니라 사회공헌사업의 승계와 같은 제3의 이해관계도 고려해야 한다. 한국석유공사는 미리 수집한 자료에 근거하여 테일러사의 제3의 이해관계를 파악하였고, 실제 협상과정에서 이를 적극 활용하여 상생 타결을 도모할 수 있었다. 즉 한국석유공사와 에너지테일러사는 '입찰 가격과 사회공헌사업의 승계'라는 창조적 대안에 합의하여 서로가 만족하는 결과를 창출할 수 있었다.

제3절 창조적 대안의 개발 전략

창조적 대안을 개발하기 위해서는 다양한 노력을 기울여야 하며, 무엇보다도 당사자의 진정한 이해관계를 파악해야 한다. 당사자들은 이슈에 관한 다양한 요구를 펼치면서도 실질적인 관심사에 대해서는 명확히 밝히지 않는 경향이 있다. 따라서 반복 질문, 주변 정보, 과거 행적, 성격, 제3자의 활용 등을 통해 당사자의 이해관계를 파악해야 한다. 당사자의 이해관계가 파악되면, 이를 바탕으로 창조적 대안을 개발할 수 있다.

창조적 대안은 이해관계의 특성에 기초하여 개발할 수 있다. 기본적으로 대다수의 이해관계는 유사성, 다양성, 다차원성, 그리고 원근성 등의 특성을 지니고 있는 데, 이러한 특성별로 상이한 전략을 사용할 수 있다. 유사한 이해관계에 대해서는 서로 조정 또는 통합하는 전략을 사용하고, 다양한 이해관계(직접적 이해관계와 간접적 이해관계 포함)에 대해서는 교환 및 연계하는 전략을 사용하며, 그리고 다차원적 이해관계에 대해서는 상위 차원으로 통합하는 전략을 사용할 수 있다.

1. 창조 활동의 강화: 브레인스토밍

창조적 대안의 개발을 위해서는 무엇보다 먼저 여러 가지 아이디어와 대안을 창출해야 한다. 이러한 새로운 아이디어와 대안의 창출은 창조적 대안을 위한 기초 작업일 뿐만 아니라 창조적 대안의 잠재적 후보군을 만드는 작업이다. 새로운 아이디어를 창안하기 위해서는 주로 브레인스토밍(brainstorming) 기법을 활용한다. 피셔와 샤피로(Fisher & Shapiro)는 브레인스토밍을 위한 5단계로 참여자 결정, 이해관계 탐색, 대안의 창안, 대안의 정교화, 대안 활용의 결정을 제시하고 있다(Fisher & Shapiro, 2005: 80). 피셔와 유리(Fisher & Ury)는 브레인스토밍을 위한 3단계로 이전 단계, 브레인스토밍 단계, 이후 단계를 제시하고 있다(Fisher & Ury, 1991: 60-62).

어떤 단계를 채택하든 브레인스토밍의 핵심 규칙은 첫째, 비판 금지(no criticism)이다. 참가자들은 아이디어의 좋고 나쁨이나 실현 가능성을 고려하지 않고 단지 아이디어를 창안하는 데 집중한다. 이처럼 가치 판단을 배제함으로써 다양한 아이디어가 꼬리에 꼬리를 물고 제시될 수 있다. 둘째, 기속 금지(no ownership)이다(Mnookin et al., 2000: 38). 어떤 아이디어든 그것이 제안자에게 불리하게 작용하지 않으며 그에 대한 책임도 뒤따르지 않는다. 참가자들은 설익은 아이디어를 제시하는 것에 대하여 부담을 느끼지 않아도 되고, 다른 사람의 아이디어를 도용하였다는 부담을 갖지 않아도 된다.

피셔와 유리의 브레인스토밍 3단계를 좀 더 구체적으로 살펴보면, 첫째, 브레인스토밍 이전 단계에서는 전반적 내용에 대한 준비 및 설계 작업이 이루어진다. 이 단계에서는 브레인스토밍의 목적, 즉 회의가 끝날 때 얻고 싶은 것이 무엇인지를 명확히 해야 한다. 참가자 수는 의사교환의 촉진과 자유로운 창안을 위해 5~8명이 적절하다. 또한 공식적 토론과는 달리 편안한 시간과 장소의 선택이 필요하다. 그러한 가운데도 회의의 궤도 이탈을 방지하고, 균등한 발언 기회를 보장하며, 근거 규칙을 준수하게 하고, 그리고 질문을 통한 토론 자극을 위해 준비할 필요가 있다.

둘째, 브레인스토밍 단계에서는 실질적인 토론이 이루어진다. 토론 참가자들이 나란히 앉도록 할 필요가 있는 데, 이는 문제에 대한 공동 대응 태도를 강화시킬 수 있다. 비판 금지 규칙을 포함한 근거 규칙을 명시하는 것도 빼놓을 수 없다. 모든 종류의 부정적 비판을 금지하고, 회의의 전체 과정을 비공개로 하며, 아이디어가 누구로부터 나온 것인지 출처를 표시하지 않아야 한다. 이를 통하여 상상 가능한 모든 각도에서 주제를 다룰 수 있고 수많은 아이디어의 제시가 가능하다. 제안된 아이디어를 칠판이나 대형 프린트 용지에 기록할 필요도 있는데, 이러한 조치는 참여자에게 성취감을 주고, 비판 금지 규칙을 강화하며, 반복 경향을 줄이며, 또 다른 아이디어의 제시를 촉진할 수 있다.

셋째, 브레인스토밍 이후 단계에서는 대안의 정교화 작업이 진행된다.

가장 유망한 아이디어를 추려내기 위해 무비판 규칙을 완화하고, 더 발전시킬 가치가 있는 아이디어를 선정한다. 선정된 유망 아이디어에 대해서는 비판적 의견, 즉 개선사항과 실현 가능성 그리고 실행 방안을 제시하도록 한다. 이러한 건설적 비판을 통해 아이디어를 가능한 한 매력적이게 만든다. 또한 아이디어 평가 및 의사결정을 위한 시간을 갖는다. 선택되고 개선된 아이디어의 리스트를 작성하고, 협상시 이들 아이디어 중 어떤 것을 어떻게 활용할 것인지를 결정한다.

2. 창조적 대안의 개발

창조적 대안의 개발을 위해서는 브레인스토밍 등을 통해 다각적인 분석 활동을 강화해야 한다. 그러나 이러한 추상적인 주장만으로는 창조적 대안의 개발을 위한 전략과 방법을 제대로 이해하기 어려울 것이다. 따라서 약간의 구체적 힌트를 더하기 위해 창조적 대안의 개발 유형을 이해관계의 조정, 이해관계의 교환, 이해관계의 연계, 그리고 상위 이해관계의 제시 등으로 구분하여 살펴보고자 한다.

1) 이해관계의 조정

이해관계의 조정을 통해 창조적 대안을 개발하는 전략이다. 조정은 두 가지 의미를 지니고 있다. 조정(調整, adjustment)은 당사자의 유사한 이해관계를 어떤 기준이나 실정에 맞게 정돈하는 것인 반면, 조정(調停, mediation)은 제3자가 상충되는 이해관계를 절충하여 타협점을 찾도록 하는 것이다. 여기서 조정은 전자의 의미를 가지고 있다. 따라서 이해관계의 조정은 유사한 이해관계의 통합 및 조율을 통해 창조적 대안을 개발하는 전략이다. 이해관계의 조정은 나중에 살펴보는 이해관계의 연계와 구분된다.

이해관계의 조정은 유사한 이해관계에 대해서는 일정한 기준에 따라 통합하는 것이고, 상충되는 이해관계에 대해서는 공통점을 기준으로 서로

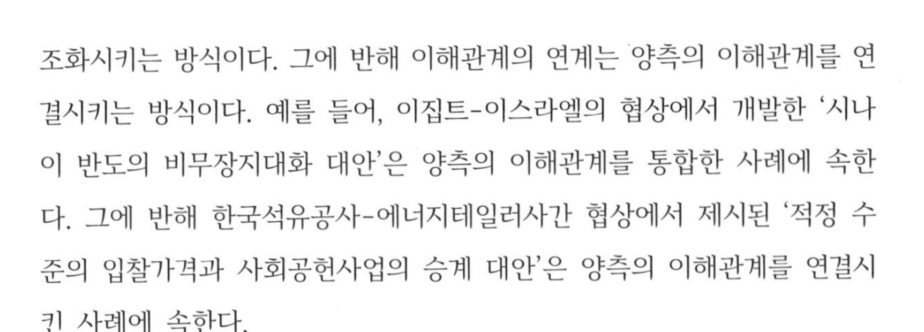

조화시키는 방식이다. 그에 반해 이해관계의 연계는 양측의 이해관계를 연결시키는 방식이다. 예를 들어, 이집트-이스라엘의 협상에서 개발한 '시나이 반도의 비무장지대화 대안'은 양측의 이해관계를 통합한 사례에 속한다. 그에 반해 한국석유공사-에너지테일러사간 협상에서 제시된 '적정 수준의 입찰가격과 사회공헌사업의 승계 대안'은 양측의 이해관계를 연결시킨 사례에 속한다.

이해관계의 조정을 통한 창조적 대안의 개발을 보다 자세히 이해하기 위해 몇 가지 사례를 살펴보고자 한다. 먼저 이집트와 이스라엘 평화 협정 사례는 이해관계의 통합 조정을 통한 창조적 대안의 개발에 해당된다. 조정자인 밴스(Cyrus Vance) 장관은 영토 회복과 국민적 자존심 회복이라는 이집트의 이해관계와 전쟁 재발시 완충지대를 확보하고자 하는 이스라엘의 이해관계를 조정하여 '시나이 반도 전부의 반환과 유엔 평화유지군 주둔'이라는 창조적 대안을 개발하였다.

가산 하수처리장 건설 갈등 사례도 이해관계의 조정을 통한 창조적 대안의 개발 사례에 해당된다. 조정자인 경상북도는 생활하수처리를 통한 주민 편의 증대라는 칠곡군의 이해관계와 재산권 침해 및 환경 피해 방지라는 구미시의 이해관계를 조정하여 '하수관거의 연장으로 칠곡군의 생활하수를 구미시의 하수처리장에서 처리하는' 창조적 대안을 개발하였던 것이다.

'선생 김봉두'라는 영화에서도 호스를 이용해 논에 물을 대야 하는 농부 A의 이해관계와 경운기로 그 길을 통과해야 하는 농부 B의 이해관계를 조정하여 '땅을 파고 호스를 묻는' 창조적 대안을 개발하여 갈등을 상생적으로 해결하였다.

서희와 소손녕의 협상에서도 송나라와의 대치관계에서 후방의 안전을 확보하고자 하는 거란의 이해관계와 전쟁을 막고 땅도 내놓지 않으려는 고려의 이해관계를 조정한 '압록강 주변지역의 중립지대화'라는 창조적 대안을 개발하여 상생 타결을 도모할 수 있었다.

이해관계의 조정 방식에는 이해관계를 한데 섞어 새로운 대안을 개발하는 방식 외에도 다양한 방법이 존재한다. 상대의 순응 비용을 최소화시키는 비용 절감(cost saving)도 이해관계의 통합 방법에 포함된다. 이는 자신의 이해관계를 충족시키는 동시에 상대의 비용(불만)을 최소화하는 전략이다. 예를 들어, 여름 휴가지를 둘러싼 갈등에서 남편이 계곡을 원하는 이유는 조용하고 평화로운 장소이기 때문이고, 아내가 해변을 원하는 이유는 태닝과 해수욕이 가능하기 때문이라면, 두 사람은 아내의 이해관계를 반영하되 남편의 불만을 최소화할 수 있도록 '여타 리조트들과 떨어진 조용한 해변'을 휴가지로 선택할 수 있다(Lewicki et al., 2003).

이해관계의 조정 전략에는 상대의 체면을 훼손하지 않고 물러날 수 있는 퇴각로(golden bridge)를 마련해 주는 방식도 있다(Ury, 1993: 108-109). 이는 협상이 진전되지 않는 상황에서 상대방에게 타결을 압박하는 대신 퇴로를 열어 주는 방식이다. 이러한 전략이 기대한 효과를 거두기 위해서는 상대의 진정한 이해관계를 반영한 창조적 대안이 제시되어야 한다. 더욱이 이러한 퇴각(후퇴)이 상대방으로 하여금 패배나 실패가 아닌 더 나은 대안을 위한 전진으로 생각하도록 만드는 것도 중요하다.

스티븐 스필버그(Steven A. Spielberg)는 어린 시절 자신을 괴롭히던 불량배에게 퇴각로를 열어주었는데, 이는 창조적 대안을 통하여 갈등을 성공적으로 해결한 사례에 속한다. 스필버그를 괴롭히는 불량배의 행위 이면에는 인정받고 싶은 이해관계(욕구)가 있었는데, 스필버그는 이러한 불량배의 이해관계를 간파하고 "유명한 영화배우로 만들어주겠다"고 제안함으로써 불량배 스스로 물러날 명분 또는 퇴각로를 마련해 주었던 것이다. 사실 이러한 퇴각로는 유명해지고 싶은 불량배의 이해관계뿐만 아니라 안정된 학교생활의 유지와 영화감독이 되고자 하는 스필버그의 이해관계를 동시에 충족시킬 수 있었다는 점에서 창조적 대안이라고 할 수 있다.

"스티븐 스필버그의 퇴각로 마련 사례"

내가 13살 때 시골 불량배로부터 오랫동안 고통을 당하였다. 그는 나를 잔디밭에 때려눕히거나 내 머리를 술통에 처박았으며, 풋볼경기를 할 때는 내 얼굴을 진흙땅에 처박아 코피를 터뜨리기도 하였다. 그는 내가 두려워하는 사람이자 이길 수 없는 상대였다. 나는 그를 이길 수 없다면 내 편으로 만들기로 마음먹었다. 그래서 나는 그에게 "내가 나치와 싸우는 영화를 만들 계획인데 너에게 전쟁영웅 역을 맡기고 싶다"라고 제안하였다. 나의 제안을 받은 그는 처음에는 피식 웃었으나 나중에 예스라고 대답하였다. 그는 존 웨인처럼 보였던 14살짜리 소년이었다. 나는 영화에서 그를 헬멧과 전투복 그리고 백팩을 멘 전투단 리더로 만들었다. 그 후 그는 나의 가장 친한 친구가 되었다.

〈출처: Ury, 1993: 108-109〉

2) 이해관계의 교환

이해관계의 교환은 독립적인 다양한 이해관계(욕구)가 존재할 때 이를 서로 교환하는 전략이다. 이 전략은 대체로 이슈가 다양하고 이슈별로 이해관계가 다를 때 사용할 수 있다. 당사자들은 상대방이 이해관계를 표출할 수 있도록 유도하고, 이해관계의 차이를 발견한 후 교환하는 전략을 구사할 수 있다. 당사자간 이해관계를 교환하기 위해서는 무엇보다 먼저 이해관계의 차이를 발견하는 것이 중요하다. 〈표 10-1〉은 이해관계 차이의 유형을 정리한 것이다.

▌표 10-1▌ 이해관계의 차이 유형

당사자	갑	을
이해관계	형식	내용
	경제적 고려	정치적 고려
	대내적 고려	대외적 고려
	상징적 고려	실질적 고려
	가까운 미래	먼 미래
	당장의 결과	인간관계
	하드웨어	이데올로기
	진보	전통 존중
	선례	당면 사례
	위신과 평판	실속
	정치적 주장	집단 복지

출처: Fisher & Ury(1993: 74).

당사자들은 위에서 예시한 사항뿐만 아니라 신념, 시간 선호(할인율), 예측, 위험 선호 등에서도 차이를 보일 수 있다. 이러한 차이를 적절히 활용하고, 교환하는 전략을 사용할 경우 당사자들은 서로 만족스러운 합의에 도달할 수 있다. 실제 협상에서는 이해관계의 교환이 이슈를 중심으로 이루어지는 경우가 많다. 그러나 당사자의 이해관계는 협상 의제나 이슈에 대한 관심사이기 때문에 이슈의 교환이 바로 이해관계의 교환으로 연결될 수 있다. 이해관계의 교환을 위해 많이 사용되는 전략으로는 이슈 교환, 이슈 분리, 가외의 보상 요구, 그리고 파이의 확대 등을 들 수 있다.

첫째, 이슈의 교환(trade-offs)이다. 이는 자신에게는 낮은 우선순위 이슈이지만 상대에게는 높은 우선순위인 이슈와 교환하는 전략이다. 예를 들어, 여름휴가를 둘러싸고 두 가지 이슈, 즉 휴가 장소와 숙박시설에 대하여 의견을 달리하는 부부의 갈등 상황을 생각할 수 있다(Lewicki et al., 2003). 남편은 조용하고 아늑한 휴가를 위해 계곡으로 가되 오두막집을 선호하는 데 반해, 아내는 편리한 휴식을 위해 장소 자체보다는 고급 호텔을 선호할 경우 창조적 대안으로 '계곡의 고급호텔'을 선택할 수 있다. 즉 조용하고 평화로운 휴식을 원하고 있는 남편은 장소가 우선이고, 편리한 휴가를 원하는 아내는 숙박시설이 중요하므로 두 가지 이슈의 교환은 양자의 이해관계를 충족시킬 수 있는 창조적 대안이 될 수 있다.

국회 법안 통과 과정에서 빈번히 사용되고 있는 전략적 지지 교환인 로그롤링(log-rolling)도 이슈 교환에 해당된다. 이는 우선순위가 유사한 이슈에 대한 교환을 포함한다. 전략적 지지 교환은 통나무 위에 두 사람이 올라가 그것을 굴려서 목적지까지 운반하면서 서로 보조를 맞추지 않으면 떨어지게 되는 상황을 상정하고 있다. 미국 의회 내의 로그롤링은 상대의 안건에 대한 찬성투표의 대가로 자신의 안건에 대한 찬성투표를 확보하는 전략이다.

제7장에서 살펴보았듯이, 로그롤링은 세 가지 형태로 존재한다. 먼저 단순형으로, 공동의 목표를 성취하기 위하여 동시에 협조를 주고받는 방식이다. 그 다음은 시차형으로, 상호 합의하에 이번에는 A가 B의 갑(甲) 법안에 협조해 주는 대신 다음번에는 B가 A의 을(乙) 법안에 협조해 주는 방식이다. 마지막은 부수 혜택 제공형으로, 지지를 제공하는 조건으로 이슈와 관련이 없는 혜택이나 이익을 양보 받는 방식이다. 즉 법안 통과에 대한 지지의 대가로 선거 지원, 희망하는 위원회로의 배정, 모임에의 초청 등을 약속받는 것이다.

둘째, 이슈의 분리(unbundling)이다. 이는 하나의 이슈를 둘 이상으로 나누는 전략이다. 여야는 1988년에 이뤄진 지방자치법 협상에서 지방자치제 실시 시기를 놓고 협상하였는데, 당시 여당은 가능한 한 지방자치제의 도입을 미루기를 원하였고 야당은 조기 실시를 원하였다. 대립이 장기화되자 여야는 실시 시기 이슈를 '자치단체장 선거'와 '지방의회 선거'로 분리한 다음 지방의회 선거는 1991년에 실시하고, 자치단체장 선거는 1995년에 실시하는 것으로 합의한 바 있다. 이처럼 경우에 따라서는 이슈의 분리를 통한 이해관계의 교환이 서로의 이해관계를 만족시키는 창조적 대안이 될 수 있다.

셋째, 불특정 보상(nonspecific compensation)의 요구이다. 이는 당초 협상에서 포함되지 않은 이슈에 대해 보상을 요구하는 전략이다. 로그롤링에서 부수 혜택 제공형도 이러한 범주에 속한다. 상대방의 이해관계를 수용하는 대신 협상에 포함되지 않은 이슈에 대하여 양보를 받아내는 전략이다. 여기서 보상은 당초 협상에는 포함되지 않은 사안에 대한 것이기 때문에 가외의 보상 또는 특정되지 않은 보상이라고 할 수 있다. 예를 들어, 여름 휴가지를 둘러싼 협상에서 남편은 아내의 요구를 수용하여 해변으로 가는 대신 카메라 또는 골프채 구매를 약속받는 방식이다.

마지막으로 파이(pie)의 확대를 통한 이해관계의 교환이다. 이는 파이의 분배보다 전체 파이를 키우는 데 주력함으로써 창조적 대안을 개발하는 전략이다. 대다수의 갈등은 자원 부족에 기인하므로 자원의 추가(확대)를 통해 양자의 이해관계를 충족시킬 필요가 있다. 예를 들어, 케이크 자르기 갈등에서 자르기와 나누기의 순서를 정하는 규칙뿐만 아니라 하나가 아닌 두 개의 케이크를 자를 수 있도록 케이크의 개수를 늘임으로써, 즉 파이를 확대하여 분배하는 전략을 통해 상생 해결을 꾀할 수 있다.

또한 4주간의 여름 휴가를 둘러싼 부부간 갈등에서 남편은 산을 선호하고 아내는 해변을 원하는 상황에서, 산과 해변에서 각각 2주씩 휴가를 보내는 대안을 선택할 수 있지만 이는 타협에 불과하다. 금년에는 산으로 4주 휴가를 떠나고, 내년에는 해변으로 4주(순서는 반대도 가능) 휴가를 선택할 경우 파이가 확대되는 효과를 볼 수 있다. 1년치 4주 휴가에서 2년치 8주 휴가로 파이를 확대하여 협상할 경우 서로의 만족도를 높일 수 있다.

3) 이해관계의 연계

이해관계의 교환이 여의치 않을 때는 이해관계의 연계를 통해 창조적 대안을 개발할 수 있다. 이해관계의 연계는 두 가지 이해관계의 조정이나 교환이 아니라 성격이나 가치가 다른 이슈들을 연결시키는 방식이다. 이해관계의 연계 대안은 앞서 살펴본 이해관계의 통합 조정과는 차이가 있다.

이집트-이스라엘간 협상에서 '시나이 반도의 비무장지대화 대안'은 이해관계의 단순한 연계가 아니라 양측의 이해관계를 통합한 대안, 즉 사물의 본질을 변화시킨 조정 대안인 것이다. 그에 반해 이해관계의 연계 대안은 서로의 이해관계를 연결시키는 것이다.

2006년 종결된 KTX 천안역 명칭 갈등에서 이해관계의 연계를 확인할 수 있다. 갈등은 1990년 6월 경부고속철도 기본계획에 천안역으로 표기되자 아산시가 강력 반발하면서 시작되었다. 천안시는 이미 계획에서 사용하였을 뿐만 아니라 최대 이용객과 대외 신인도를 고려하여 천안역으로 하는 것이 타당하다고 주장하였고, 그에 대하여 아산시는 역사가 입지하는 관할 구역이 아산시에 속하는 만큼 아산역으로 하는 것이 타당하다고 맞섰다. 이러한 상황에서 양자의 이해관계를 연계한 '천안아산역' 대안을 제시함으로써 갈등이 종결되었다. 이처럼 경우에 따라서는 이해관계의 연계가 창조적 대안이 될 수 있는 것이다.[2]

이해관계의 연계에는 두 가지 방식, 즉 직접적 이해관계간 연계 및 직접적 이해관계와 간접적 이해관계간 연계가 있다. 먼저 직접적 이해관계간 연계를 통해 창조적 대안을 개발한 사례이다. 앞서 살펴본 천안아산역 대안은 직접적 이해관계의 연계방식에 속한다. 또한 여름 휴가지 협상에서 남편은 사냥과 낚시를 원하고 아내는 수영과 쇼핑 및 야간 유흥을 선호할 경우, 두 사람의 이해관계를 연결하여 '사냥·낚시·수영·쇼핑·야간 유흥이 가능한 리조트'를 찾는 데 주력할 수 있다(Lewicki et al., 2003).

사할린 가스유전개발 협상도 직접적 이해관계간 연계를 통한 창조적 대안의 개발에 해당된다(전성철·최철규, 2015: 43-47). 미국의 아모코(Amoco),

2 여기서 천안아산역 대안에 대해서는 아산시에서 수용하지 못하고 대법원에 제소하였기 때문에 창조적 대안의 조건 중 수용성을 갖추지 못하였다고 주장할 수 있다. 그러나 다른 대안이 없는 상황에서 천안아산역은 양측의 이해관계를 적절히 반영하고 있었고, 이후 대법원도 원안을 인정한 만큼 창조적 대안에 근접한 대안으로 볼 수 있을 것이다. 즉 아산시의 소송 제기는 수용 불가도 있었지만 정서적 측면과 최선을 다한다는 상징적 의미도 있었을 것으로 해석된다.

호주의 BHP, 한국의 H그룹은 컨소시엄을 형성하여 사할린 유전 개발 입찰에 참여하였는데, 세 회사, 특히 아모코와 H그룹간에 컨소시엄 내부의 의사결정 방식을 둘러싸고 의견 충돌이 발생하였다. 아모코는 과반수 의결을 주장하였고, H그룹은 만장일치를 요구하였다. 아모코는 H그룹이 비합리적 행태를 보일 것이라고 불신한 데 반해 H그룹은 아모코가 전횡하는 '다수의 횡포'를 걱정하였다. 이러한 상황에서 양자는 '만장일치를 위해 최선을 다하되 여의치 않을 경우 과반수로 결정하는 대안'에 합의하였다. H그룹의 이해관계(다수의 횡포에 대한 걱정)와 아모코의 이해관계(비합리적 행태에 대한 우려)를 연계함으로써 양자의 이해관계를 충족시킬 수 있었다.

그 다음으로는 직접적 이해관계와 간접적 이해관계간 연계를 통해 창조적 대안을 개발한 사례이다. 직접적 이해관계와 간접적 이해관계가 수평적으로 연결된 경우, 두 이해관계의 연계를 통해 창조적 대안을 개발할 수 있다. 앞서 살펴본 한국석유공사와 테일러에너지사간 협상은 직접적 이해관계와 간접적 이해관계의 연계를 통해 창조적 대안을 개발한 사례이다. 테일러에너지사의 직접적 이해관계는 높은 가격에 매각하여 경제적 이득을 확보하는 것이고, 한국석유공사의 이해관계는 낮은 가격으로 인수하여 경제적 이득을 많이 남기는 것이었다.

또한 테일러에너지사는 경제적 이득이라는 직접적 이해관계에 더하여 창업자의 정신, 즉 사회공헌사업(장학사업)을 승계하고자 하는 간접적 이해관계도 있었다. 이러한 상황에서는 입찰 단가 못지않게 사회공헌사업에 대한 의지를 담아내는 것이 중요하였다. 그에 따라 한국석유공사와 테일러에너지사는 이해관계의 연계를 통해 '적정 수준의 입찰가와 사회공헌사업의 승계'라는 창조적 대안을 개발하여 협상을 성공적으로 이끌 수 있었다.

4) 상위 이해관계의 제시

수직적으로 연결된 다차원적 이해관계의 충돌에 대해서는 상위 이해관계의 제시를 통해 창조적 대안을 개발할 수 있다. 이는 조직내 부서간 갈등에서 많이 활용되는 전략이다. 만약 조직 내에서 후생 전담부서는 사내 복지의 확대를 주장하고 마케팅 부서는 공격적인 제품개발과 홍보 확대를 주장하면서 갈등이 발생하였다면, 조직의 전체 매출액 증대라는 상위 목표를 제시하고 매출액의 일정 비율을 사내 복지비로 지출한다면 조직 갈등을 상생적으로 해결할 수 있을 것이다.

제5장에서 소개한 제1저자를 둘러싼 공동 저자간 협상도 상위 이해관계의 제시를 통한 창조적 대안의 개발 사례이다. 각자 자신의 명예를 더 중시하는 이해관계의 충돌 상황에서 저서 출간이라는 상위의 이해관계를 제시하고, 제1저자의 표기는 저서 출간에 기여도가 더 높은 사람으로 정하면 양자 모두 만족할 수 있을 것이다.

실제 협상에서도 상위 이해관계의 제시 사례를 발견할 수 있다. 물이용 부담금 협상은 상위 이해관계의 제시를 통해 창조적 대안을 개발한 사례이다. 서울시와 인천시는 수질 개선을 원하면서도 주민 부담의 최소화에 관심이 있었고, 경기·강원·충청도는 수질 개선, 하수처리 시설의 확충, 주민 지원의 강화에 관심이 있었다.

이러한 상황에서 수질 개선이라는 상위 이해관계를 충족시킬 수 있는 대안을 제시함으로써 갈등을 해소할 수 있었다. 주민 지원과 하수처리 시설 확충(경기·강원·충청의 이해관계) 그리고 주민부담의 최소화(서울·인천의 이해관계)도 결국은 수질 개선이라는 대 목표 또는 상위 이해관계를 위한 것이었다. 그에 따라 5대 시·도는 '수질 개선(1급수화)에 소요되는 재원의 충당을 위한 물이용 부담금'을 부과하는 창조적 대안에 합의할 수 있었던 것이다.

11 인식 틀(프레임) 전환

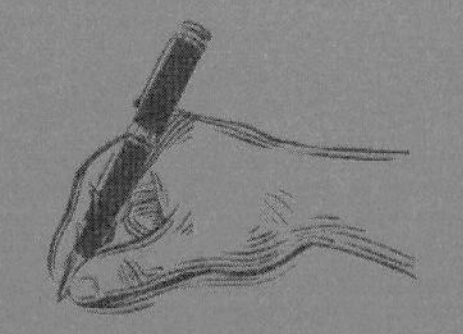

The Aesthetics of Negotiation

Many negotiation experts would agree that the framing ideas have high face validity. The way a negotiation problem is defined, or the manner in which a conversation between negotiators leads to a reframing of the issues, is a critical element to consider as the negotiator begins to develop a strategy and a plan.

〈Roy J. Lewicki et al., Essentials of Negotiation〉

많은 협상전문가들은 인식 틀의 개념이 안면 타당도 향상에 기여한다는 데 동의할 것이다. 협상 문제가 정의되는 방식 또는 대화를 통해 이슈가 리프레임되는 방식은 협상가들이 전략과 계획을 구상할 때 고려해야 할 핵심적인 요소이다.

〈Lewicki et al., 2001: 30〉

THE AESTHETICS OF NEGOTIATION

제11장

인식 틀(프레임) 전환

사람들은 각자 고유한 인식 틀(frame)을 가지고 사물을 감지하고 이해하는데, 이는 협상 과정에서 상대의 인식과 이해에 영향을 미친다. 인식 틀은 사물의 이해에 도움이 되기도 하지만 저해 요인으로 작용하기도 한다. 협상 이슈 및 상대방에 대한 긍정적 인식이 존재할 경우 기존의 인식 틀은 상생 협상에 기여하겠지만, 부정적 인식 틀은 상생 협상은 차치하고 협상 자체를 어렵게 할 수도 있다. 따라서 상생 협상을 위해서는 이러한 인식 틀을 효과적으로 전환하는 방법을 터득해야 한다.

제1절 인식 틀의 이론적 논거

1. 인식 틀의 의의

1) 인식 틀의 개념

인식 틀 또는 프레임(frame)의 본래 의미는 그림의 외곽 경계이다. 카메라의 렌즈나 틀을 생각하면, 이러한 인식 틀의 개념을 짐작할 수 있다. 프레임은 한마디로 '세상을 바라보는 마음의 창'이다. 어떤 문제를 바라보는 관점, 세상을 향한 사고방식(mindset), 세상에 대한 은유, 사람들에 대한 고정관념 등이 이러한 프레임의 범주에 포함된다(최인철, 2017: 23-24). 갈등 및 협상 당사자는 자신의 고유한 인식 틀에 근거하여 갈등의 실체를 감지하고 이해하며, 그에 대한 해결 대안을 모색한다(Dana, 2001: 43). 인식 틀의 개념을 좀 더 자세히 살펴보면, 세 가지 접근법에 따라 조금씩 다를 수 있다.

▌표 11-1▐ 인식 틀에 대한 3가지 접근법

구분	인지 휴리스틱	경험 범주	이슈 개발
정의	지각 편견	범주 및 해석 체계	문제의 개념화
성격	안정적	계층적 정렬	동태적 상호작용 과정
소재	인식	담론형성	담론에서 나온 의미
의미	인간에 내재	프레임 범주와 내용	문제에 대한 이해
전환	편견의 교정	프레임 범주의 전환	이해의 변형
협상	편견의 확인 및 극복	동일한 프레임 개발	공동문제 해결 촉진

출처: Lewicki et al.(2001: 24).

〈표 11-1〉에서 살펴볼 수 있듯이 첫째, 인지 휴리스틱(cognitive heuristic) 관점은 인식 틀을 선택에 관한 지각 편견으로 정의하는데, 이러한 편견은 인간의 인식체계 속에 내재되어 있어 새로운 경험이나 지식에 의해 쉽게 변하지 않는 안정적 특성을 보인다고 주장한다. 이러한 관점은 손실과 이득에 대한 지각, 의사 결정자의 위험선호, 준거 설정 효과(anchoring), 과잉 확신, 격리 효과(isolation effects) 등에 관심을 갖는다.[1]

둘째, 경험범주의 관점은 인식 틀을 당사자의 경험(이전의 협상, 특정 상대

1 격리효과는 여러 가지 자극이나 요소 중에서 가장 독특하고 차별성을 갖는 것을 더 잘 기억하는 현상을 말한다. 이 효과는 1933년 폰 레스토프(Von Restorff)의 실험에 의해 주장되었기 때문에 폰 레스토프 효과(von Restorff effect)라고도 불리며, 실험참가자들은 유사한 항목들 중에서 가장 특징적이고 격리된 항목을 가장 잘 기억하였다(Hunt, 1995).

에 대한 경험, 유사한 상황에서의 경험, 협상 이슈에 대한 태도 등)에 의해 형성된다고 본다. 인간의 경험은 중요한 것과 가치 있는 것을 이해하고 규정하는데, 이러한 이해와 규정이 미래에 대한 기대를 좌우한다는 것이다. 이러한 프레임도 인간으로 하여금 특정한 상황을 간과하는 대신 다른 상황에 주의를 기울이도록 함으로써 편견을 야기할 수 있다. 다음에 소개된 중동 갈등은 오랜 역사적 경험에 의해 발생하였고, 이것이 종교적 신념과 결부되어 고착화되었다는 사실을 알 수 있다.

"중동의 경험 프레임"

요르단강 서안지역을 둘러싼 이스라엘과 팔레스타인간 투쟁에서 이스라엘 지도자는 서안지역(West Bank)을 아브라함과의 밀접한 관련성 때문에 성역화 되었다고 믿는다. 그에 반해 팔레스타인은 그 지역을 아브라함 이전부터 거주했던 가나안 사람으로부터 물려받았다고 주장한다. 평화 협상을 중재하는 사람들은 각 측의 주장 뒤에 깔려 있는 이해관계와 이유(rationale)를 제대로 파악해야 한다. 양측의 이해관계는 역사적 진실뿐만 아니라 종교적 신념에 의해 영향을 받았기 때문이다. 특히 종교적 신념은 프레임의 형성에 영향을 미쳤을 뿐만 아니라 그것을 통해 세상을 바라보는 진리관(truth perspective)을 만든다. 갈등 상황에서 종교적 프레임으로 세상을 바라보는 사람들은 어떤 타협에 대해서든 수용 불가능한 종교적 신념의 타협으로 믿는 경향이 있다.

따라서 갈등의 해결을 위해서는 이러한 인식 틀의 전환이 필요하다. 인식 틀의 전환을 통해 당사자들은 종교적 투쟁을 정치적 투쟁으로 인식하게 된다. 그런데, 영토를 둘러싼 중동지역의 분쟁은 역사적, 종교적 주장과 연결되어 있기 때문에 인식 틀의 전환이 매우 어려운 상황이다. 지구상 가장 휘발성이 높은 분쟁지역 중 하나인 중동지역의 분쟁을 제대로 해결하기 위해서는 역사적 경험에 의해 형성되고 종교적 가치에 의해 강화된 인식틀의 힘을 이해해야 한다.

〈출처: Lewicki et al., 2001: 27〉

셋째, 이슈 개발의 관점은 당사자들이 보유한 지배적인 프레임에 초점을 두기 보다는 당사자들이 갈등 상황에서 의사소통할 때 일어나는 이슈의 변화 패턴(patterns of change)에 초점을 둔다. 즉 협상과 대화가 이슈와 갈등의 성격을 변화 또는 변형시키는 방식을 강조한다.

이상의 관점은 인식 틀에 대한 정의와 강조점에서 차이를 보인다. 그러나 이슈 개발의 관점을 제외한 두 관점은 현상을 감지하고 이해하는 해석렌즈로서 인식 틀을 보고 있다는 공통점이 있다. 이러한 공통점에 착안하면, 인식 틀은 복잡한 정보를 감지하기 위한 감각장치(sense-making) 또는 인지장치라고 할 수 있다(Gray, 1997; Kaufman et al., 2003; Desrosiers, 2012; 심준섭·김지수, 2010; Tversky & Kahneman, 1981; 나태준, 2006). 그에 따라 인식 틀은 개인과 집단이 현실을 감지, 소통, 조직화하는 개념 틀 또는 이론적 관점으로 정의할 수 있다. 협상의 당사자는 각자 고유한 렌즈, 도식(schema) 또는 인지적 여과장치(mental filters)를 통해 협상 이슈, 이슈들간 연관성, 이슈의 우선순위, 그리고 선택에 포함된 기회와 위험에 대하여 지각하고 이해하는데, 인식 틀은 이러한 정신적 여과장치라고 할 수 있다.

인식 틀은 사람들이 주변의 세계를 해석하고 다른 사람에게 이를 설명하도록 도와주는 해석렌즈로서 기능한다. 따라서 갈등 및 협상 당사자는 각자 자신만의 고유한 해석렌즈를 가지고 있기 때문에 갈등의 원인 및 상대방에 대한 인식과 이해에서 차이가 날 수 있다. 즉 당사자는 이해관계, 신념, 가치 면에서 다를 뿐만 아니라 상황과 이슈에 대한 인식 방식에서도 차이가 있다. 이러한 차이는 사건과 이슈에 대한 상이한 해석을 가져오고, 타인들을 부정적 인물로 묘사하며, 창조적 대안의 탐색을 저해할 수도 있다. 특히 현실의 동태적 협상에서는 합리적 선택이론에 의한 설명과는 달리 인식 틀의 차이가 의사소통을 곤란하게 하고, 극단적 태도를 조장하며, 그리고 갈등의 증폭을 초래할 수 있다.

2) 인식 틀의 변화

인식 틀은 경험과 학습을 통해 형성되지만 새로운 지식과 정보에 의해 변화될 수도 있다. 프레이밍(framing)으로 명명되는 인식 틀의 형성은 인식 틀이 만들어지는 과정이자 기존의 인식 틀을 통해 사건을 인식하고 해석하는 과정이다(Kaufman et al., 2003; Chong & Druckman, 2007; Putnam & Holmer, 1992). 인식 틀은 협상이나 의사소통의 과정에서 사건에 대한 이해와 해석을 통해 사회적 담론을 만들기도 하고, 경험과 소통에 의해 인식 틀이 수정·전환되는 과정을 거쳐 재형성되기도 한다(Tewksbury & Scheufele, 2009).

인식 틀은 사건을 이해하고 해석하는 준거로 작용할 뿐만 아니라 새로운 사건에 의해 재형성되는 상호작용 과정을 거친다. 이러한 과정에서 기존의 인식 틀은 그대로 유지되거나 강화될 수 있고, 그 일부가 수정되거나 대체될 수도 있다. 협상의 당사자들은 기존의 인식 틀을 통해 사건, 이슈, 당사자 등을 인식하고 이해하므로 협상 과정에서 인식 틀의 형성은 매우 중요한 요인으로 간주된다. 인식 틀의 형성은 기본적으로 선택(selection)과 부각(salience)의 과정을 포함하고 있다(Entman, 1993: 52; Druckman, 2001: 1042). 인식 틀의 형성은 인지된 실체에서 특정 측면을 선택하는 것이고, 그것을 의사소통 텍스트에서 더 부각시키는 것이다.

인식 틀은 새로운 경험과 학습 과정에서 유지, 강화, 수정, 대체 등을 통해 재형성 또는 전환되는 과정을 거친다. 상생 협상에서는 고착화된 인식 틀을 의도적·계획적으로 재형성 또는 전환할 필요가 있다. 인식 틀의 재형성 또는 전환(reframing)이 협상 이슈와 상대에 대한 새로운 관점을 제공하기 때문이다. 인식 틀의 전환은 첫째, 갈등 및 협상 이슈에 대한 명확하고 새로운 이해를 위해, 둘째, 당사자의 관심사에 대한 명확한 이해를 위해, 셋째, 당사자들간 관점의 차이를 확인하기 위해, 넷째, 메울 수 없는 이해관계의 차이를 확인하기 위해 필요하다(Kaufman et al., 2003). 이러한 점에서 인식 틀의 전환은 협상 과정에서 핵심적인 요소이며, 정보 처리, 메시지 유형, 언어적 신호, 그리고 의사소통 등과 밀접하게 관련되어 있다고 할 수 있다.

인식 틀의 전환은 협상 과정에서 의사소통을 촉진하기 위해서 뿐만 아니라 상생 협상 결과를 창출하기 위해 시도된다(Kaufman & Smith, 1999: 167). 협상 과정에서 인식 틀의 전환은 갈등의 실체와 가능한 해법에 대한 당사자의 지각을 변화시킬 수 있다(Dana, 2001: 43). 협상 당사자들이 각자 자신의 인식 틀에 얽매여 있고 서로 부합되지 않는 인식 틀을 가지고 있다면, 원활한 협상과 상생 타결을 기대하기 어려울 것이다. 예를 들어, 북핵 협상에서 미국은 북한을 '악의 축'으로 인식하는 고정된 해석렌즈를 가지고 있고, 북한은 미국을 '제국주의의 수괴'로 인식하고 있다면, 북핵 협상에서 논의되는 어떤 요구와 제안도 진정성 있는 것으로 간주되기 어려울 것이다. 이러한 상황에서는 인식 틀의 전환이 이루어져야만 생산적인 협상이 가능할 것이다.

"인식 틀과 인식 틀 전환"

- **인식 틀(frame):** 갈등 상황에 대한 당사자의 인식이다. 갈등의 당사자들이 갈등에서 무엇이 진실이고 가능한 해결책이 무엇인지에 대하여 가정하고 해석하는 개념 틀이라고 할 수 있다.
- **인식 틀의 전환(reframe):** 갈등 상황에 대한 당사자의 인식을 전환하는 것이다. 이를 통해 갈등의 당사자들은 갈등에서 무엇이 진실이고 어떤 해결 방법이 있는지에 대한 새로운 가능성을 알게 된다.

〈출처: Dana, 2001: 43〉

인식 틀은 갈등 상황에 대한 당사자의 인식과 밀접하게 관련되어 있다. 당사자들이 갈등 상황을 한쪽이 이득 본 만큼 다른 쪽이 손해 보는 '제로섬(zero-sum)'으로 인식하고 있다면, 이들은 고정된 몫을 더 많이 가지기 위해 경쟁적으로 행동할 것이다. 더욱이 이들은 정치력과 물리력을 앞세우는 투쟁적 행태를 보일 수도 있다. 그에 반해 당사자들이 갈등 상황을 서로가 이득을 보는 '포지티브섬(positive-sum)'으로 인식하고 있다면, 이들은 전체 파이를 키우는 방향으로 행동할 가능성이 높다. 이처럼 인식 틀의 전환은 갈등 상황에 대한 인식을 변화시켜 새로운 해결 대안을 모색할 수 있는 기회를 증대시킬 것이다.

2. 인식 틀의 이론적 논거

1) 프레임 이론

인식 틀에 대한 논의를 위해서는 인식을 포함하는 지각의 전체 과정을 이해해야 한다. 협상의 당사자들은 외부의 자극(협상의 맥락과 당사자의 행동 등)에 대하여 주의, 인식, 전환의 과정을 거쳐 행동을 하게 된다. 지각은 〈그림 11-1〉에서 보는 바와 같이 인식을 포함하는 복잡한 과정을 거친다. 지각(perception)은 자극을 확인, 선별, 해석하는 과정을 말하는데, 개인들은 이러한 지각을 통해 의미 있는 자극을 식별해낸다. 지각은 의미 형성(sense-making)의 과정으로, 사람들은 지각을 통해 주변 환경을 해석하고 그에 적절히 대응한다. 그러나 환경은 매우 복잡한 요소로 구성되어 있으므로 인간의 제한된 인지능력으로 모든 자극 정보를 처리하는 것은 불가능하다. 따라서 지각은 여타 다른 자극은 무시하고 특정 자극에 초점을 두는 선별적 과정을 거치게 된다(Lewicki et al., 2001: 114-115).

▌그림 11-1▌ 지각 과정의 도식화

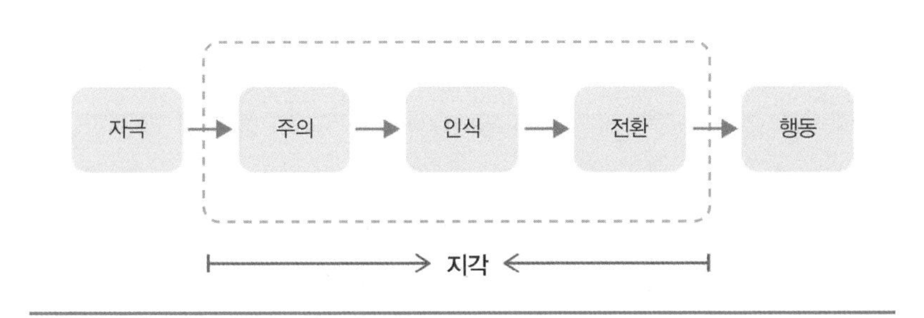

이러한 지각의 과정을 통해 인식 틀이 형성된다. 인식 틀이 형성되면 새로운 요인에 의해 전환될 때까지 당사자의 관점, 행동, 태도를 좌우한다. 협상의 당사자들은 각자 과거의 경험과 지각에 의해 형성된 인식 틀에 따라 사물을 인식·해석·판단하고 행동한다. 따라서 협상 당사자의 주관적 인식과 판단에 따라 협상의 과정과 결과가 달라질 수 있다. 당사자의 인식 틀에 관한 프레임 이론(frame theory)은 인식 틀의 형성과 전환에 대해 다루고 있다. 이러한 인식 틀의 형성과 전환을 다루기 위해서는 인식 틀을 몇 가지 범주로 구분할 필요가 있다.

인식 틀의 유형(frame typology)은 학자들의 수만큼이나 다양하지만, 공통적인 요소에 착안하면 다음 다섯 가지로 구분할 수 있다. 첫째, 특성 부여 프레임(characterization frame)이다. 이는 상대방에 대한 인식과 관련된 것으로 상대방을 신뢰 또는 불신하거나 긍정적 또는 부정적 존재로 인식하는 것이다.

둘째, 정체성 프레임(identity frame)이다. 이는 자신에 대한 인식과 자리매김에 관련된 것으로, 당사자는 상대방이 자기 존재감과 집단 소속감을 존중 또는 위협한다고 인식하는 것이다.

셋째, 갈등 관리 프레임(conflict management frame)이다. 이는 갈등 해결을 위한 가장 적절한 방법에 관한 인식으로, 협상 또는 다른 수단(폭력과 소송)을 가장 적절한 갈등 관리 방법으로 인식하는 것이다.

넷째, 실체 프레임(substantive frame)이다. 이는 갈등의 실체에 대한 인식으로, 주로 갈등의 이슈(이슈와 하위 이슈)에 대한 인식과 관련된 것이다.

다섯째, 준거점 프레임(reference point frame)이다. 이는 갈등 해결 대안이 가져올 결과를 손실로 인식하는가 아니면 이득으로 인식하는가와 관련된 것이다. 전자는 손실 프레임(loss frame)이고 후자는 이득 프레임(gain frame)이다.

2) 인식 틀의 전환과 분해

인식 틀(프레임)에 대한 접근법에 따라 인식 틀의 전환 전략도 달라진다. 인식 틀을 인지 휴리스틱으로 간주할 경우 인지적 편견의 교정을 통해 인식 틀이 전환될 수 있고, 경험 범주로 간주할 경우 새로운 지식과 정보를 통해 인식 틀이 전환될 수 있으며, 그리고 이슈 개발 과정으로 간주할 경우 이슈에 대한 새로운 이해를 통해 전환될 수 있다. 한 가지 공통점은 객관적 정보, 통계자료, 추가적 지식을 투입하여 기존의 시각과 관점을 교정하면 인식 틀이 전환될 수 있다는 것이다. 또한 당사자들은 상이한 인식 틀을 사용할 때 서로 갈등하거나 불만족할 수 있는데, 이 경우 협상을 시스템적으로 전환하고 상대방의 인식 틀 전환을 지원하거나 공통의 인식 틀을 설정할 필요가 있다.

인식 틀의 전환을 위한 방법은 다양하다. 먼저, 특정의 결과를 손실로 인식하는 대신 이득의 기회(opportunity to gain), 즉 긍정적 대안으로 인식하게 만드는 것이다. 그 다음, 협상의 이슈나 상황을 다른 관점으로 지각 또는 이해하도록 하는 것이다. 예를 들어, 협상의 이슈나 상황을 넓게 또는 좁게, 크게 또는 작게, 더 위험하거나 덜 위험하게, 장기적 또는 단기적 시간 제약을 받는 것으로 규정할 수 있다(Lewicki et al., 2001: 123).

상생 협상을 위해서는 인식 틀의 전환을 통해 당사자의 인지적·심리적 제약을 줄여야 한다. 각자의 입장과 요구에 중점을 두는 입장 협상(또는 분배 협상)에서는 상대에 대한 불신과 적대감으로 인해 원활한 협상이 이루어지기 어렵다. 이처럼 협상의 상황을 몫이 고정된 제로섬으로 생각하는 인식 틀하에서는 상대에 대한 이해가 부족하고 집단적 감성에 의해 지배되기 쉬우므로 인식 틀의 전환을 통해 당사자 모두 승리하는 포지티브섬으로 인식하게 만들어야 한다.

인식 틀의 효과적 전환을 위해서는 무엇보다 먼저 인지적 편견을 일으키는 요인을 파악해야 한다. Malhotra & Bazerman(2007: 106-138)은 합리적 선택을 제약하는 인지적 편견으로 지적 편견(mind biases)과 심적 편견(heart biases)을 제시하고 있다. 전자는 머리로 인지하고 지각하는 과정에서 편견이 작용하는 경우이고, 후자는 가슴으로 느끼는 과정에서 편견이 작용하는 것이다. 다음에서 보는 바와 같이 지적 편견은 파이 고정 편견, 선명성 편견, 비합리적 몰입 강화, 프레임 효과 등에 의해 유발되고, 심적 편견은 자기중심성, 과신, 자기 위주 편견, 후회 회피 등에 의해 유발된다.

"합리적 선택의 실패요인"

지적 편견(mind bias)

- **고정된 파이 편견(the fixed-pie bias):** 파이의 크기를 늘릴 수 있는 경우에도 가치나 자원의 파이가 고정되어 있다고 인식하는 현상이다. 이는 단지 상대방이 제안했다는 이유만으로 특정 양보의 가치를 폄하하는 반사적 평가 절하(reactive devaluation)로 이어질 수 있다.
- **선명성 편견(vividness bias):** 상대의 제안 중에서 선명한 요소에 대하여 지나치게 관심을 갖는 반면 선명하지 않은 특징에 대해서는 무시 또는 간과하는 인지적 성향이다.
- **비합리적 몰입 강화(nonrational escalation of commitment):** 자신의 이전 결정과 행동을 정당화해야 한다고 인식하는 성향이다. 즉 많은 비용이 소요되거나 재앙으로 치닫게 될 때조차도 당초의 전략에 비합리적으로 몰입하는 인지적 성향이다.
- **프레이밍 효과(susceptibility to framing):** 선택 상황을 프레이밍하는 방식에 따라 대안 선택이 달라지는 현상으로, 잠재적인 이득을 생각할 때는 위험을 회피하고, 잠재적인 손실을 생각할 때는 위험을 감수하는 인지적 성향이다. 그에 따라 이득 분배 협상에서는 양보와 타협을 우선시하는 반면, 손실 분배 협상에서는 공격적이고 경직적인 성향을 보인다.

심적 편견(heart bias)

- **자기중심성(egocentrism):** 자신에게 이익이 되는 특정한 해석, 믿음, 그리고 결과를 결정한 다음 이를 정당화할 방법을 모색하는 심리적 경향이다.
- **과신(overconfidence), 비합리적 낙관주의(irrational optimism), 우월 착각(illusion of superiority):** 과신은 자신의 능력을 지나치게 높게 평가하는 것이고, 비합리적 낙관주의는 자신의 미래가 상대의 미래보다 밝고 더 나을 것이라고 믿는 것이며, 우월 착각은 자신이 실제보다 더 우월하다고 착각하는 것이다.
- **자기위주 편견(self-serving attributions):** 실패를 외적인 요인으로 돌리고 성공은 자신의 공으로 돌리는 심리적 성향이다.

■ 후회 회피(regret aversion): 후회하고 싶지 않은 심리, 즉 후회 유발 상황을 회피하는 심리적 성향이다. 후회 회피 성향은 당사자로 하여금 일정한 행동을 하지 않고 버티도록 만들 수 있다. 당사자들은 단기적으로 '하지 않은 부작위(acts of omission)'보다 '실패한 행위'에 대하여 더 후회하는 심리적 성향이 있다.

〈출처: Malhotra & Bazerman, 2007〉

그렇다면 구체적으로 어떠한 인식 틀을 어떻게 전환해야 될까? 〈그림 11-2〉는 상생 협상을 위해 각 단계별로 어떤 유형의 인식 틀이 전환되어야 하는지를 도식화한 것이다(하혜수 외, 2014에서 수정).

▌그림 11-2▐ 상생 협상 모형의 도식화

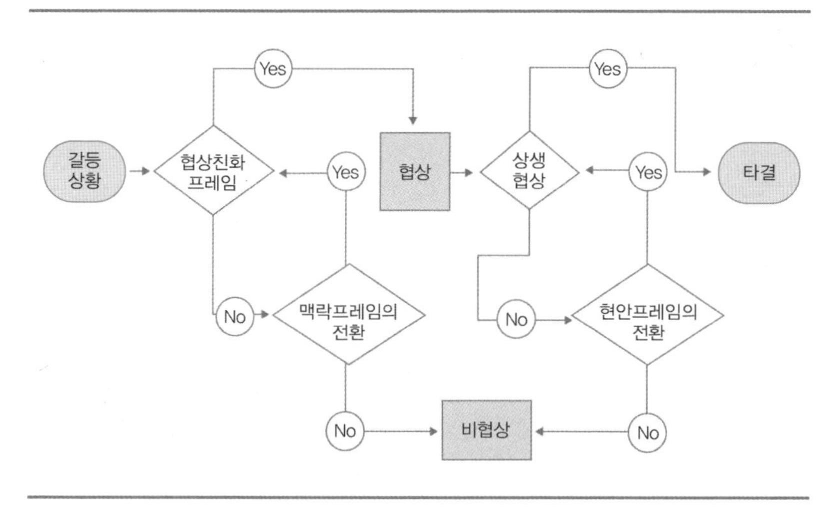

〈그림 11-2〉에서 보는 바와 같이 갈등 상황에서 협상으로의 이행을 가로막는 적대적 대립, 감정적 장벽, 법제도적 문제가 없다면, 합리적인 당사자는 갈등 해결을 위한 수단으로 협상이라는 경로를 선택할 것이다. 즉 당사자간에 신뢰가 형성되어 있고, 상대방이 자신의 존재와 정체성을 위협하지 않으며, 제도적인 제약이 존재하지 않는다면 협상을 통한 갈등의 해소가

보다 용이할 것이다.

좀 더 구체적으로 살펴보면, 인식 틀의 유형 중 다음 세 가지는 협상으로의 이행 단계에서 중요한 역할을 할 것이다. 첫째, 특성 부여 프레임이다. 당사자가 상대를 극도로 불신하거나 부정적인 존재로 간주할 경우 협상이 어려울 수 있다. 둘째, 정체성 프레임이다. 상대방이 자기 존재감과 집단 소속감을 위협하는 것으로 인식할 경우 협상이 전개되기 어렵다. 셋째, 갈등 관리 프레임이다. 폭력이나 사법적 수단을 가장 적절한 갈등 해결 방법으로 인식하는 경우 협상이 진행되기 어렵다.

이 세 가지 프레임은 주로 갈등이나 협상의 상황과 관련되어 있다는 점에서 맥락 프레임(contextual frame)이라고 할 수 있다. 이러한 맥락 프레임이 협상 친화적이면 협상으로 이행될 것이고, 그렇지 못할 경우 제3자의 개입이나 환경 변화 등에 의해 프레임의 전환이 이루어져야만 협상이 진행될 것이다.

인식 틀의 전환에 있어서 첫째, 특성 부여 프레임의 전환은 상대에 대한 부정적 시각과 불신에서 벗어나 긍정적 시각 및 신뢰를 확보하는 것이다. 긍정적 시각과 신뢰를 얻기 위해서는 일관된 행동, 과거 불신행위에 대한 사과, 그리고 미래에 예상되는 행동에 대한 확신 등이 수반되어야 한다. 둘째, 정체성 프레임의 전환은 상대의 정체성에 대한 위협을 줄이고 존중하는 것이다(Atran & Axelrod, 2008). 당사자의 도덕적 신념이나 존재 가치에 대한 위협을 줄여야 하며, 특히 신성한 가치와 물질적 가치의 교환을 제안하는 행위는 도덕적 분노, 혐오감, 그리고 폭력 가능성을 증대시키므로 삼가야 한다. 마지막으로 갈등 관리 프레임의 전환은 폭력이나 권력 동원 그리고 사법수단보다는 협상이 더 효과적인 갈등 해결 수단이라는 인식을 갖도록 하는 것이다.

맥락 프레임의 전환에 의해 협상이 진행된 경우에도 상생 협상이면 갈등이 성공적으로 타결되겠지만, 입장 협상이면 상생 타결을 기대하기 어렵다. 이 경우 다음 두 가지 프레임의 전환이 이루어져야 한다. 첫째, 실체 프레임의 전환이다. 이는 갈등의 실체에 대한 인식의 전환으로, 주로 이슈의 전환(이슈와 하위이슈의 재정의)을 통해 이루어진다. 둘째, 준거점 프레임의 전환이다. 이는 손실 프레임에서 이득 프레임으로 준거점을 전환하는 것이다. 즉 해결 대안이 가져올 결과를 손실로 인식하기 보다는 이득의 기회로 인식하도록 만드는 것이다(Kahneman & Tversky, 1984). 이처럼 손실 프레임을 이득 프레임으로 전환하면 당사자의 위험 선호가 줄어들고, 결과적으로 갈등의 상생 해결에 기여할 수 있다.

이득 프레임이 상생 타결에 기여하는 것은 보유효과에 기인한다(Bazerman & Neale, 1992: 35-37). 보유효과(endowment effect)는 어떤 대상을 보유 또는 소유하고 있다고 느끼는 순간 그 대상에 대한 애착이 생겨 객관적인 가치보다 더 높은 가치를 부여하는 심리적 현상을 지칭한다. 이는 현상유지에 대한 선호 현상으로 볼 수 있는데, 손실보다는 이득에 대하여 더 높은 가치를 부여하기 때문이다.

이상의 실체 프레임과 준거점 프레임은 주로 이슈의 가치나 대안의 표현 방식과 관련되어 있다는 점에서 현안 프레임(issue-related frame)으로 명명할 수 있다. 이러한 현안 프레임도 상황에 맞게 탄력적으로 전환되어야 상생 협상이 전개될 수 있다.

"보유효과(endowment effect)"

보유효과는 사람들이 어떤 물건(또는 지위, 권력 등)을 소유하고 있을 때 그것을 갖고 있지 않을 때보다 그 가치를 높게 평가하여 소유하고 있는 물건을 내놓는 것을 손실로 여기는 심리 현상을 말한다. 코넬 대학교(Cornell University) 경제학부 학생들을 대상으로 실시한 실험에서 이러한 보유효과가 극적으로 드러난다. 학생들을 무작위로 2개의 그룹으로 나누고, 한 그룹에만 대학의 로고가 그려진 머그잔을 선물하였다. 그리고 머그잔을 가진 그룹과 머그잔을 가지지 않은 그룹끼리 머그잔을 경매하도록 하였다. 실험 결과 머그잔을 가진 그룹이 팔려고 하는 금액은 머그잔을 가지지 않은 그룹이 사려고 하는 금액의 약 2배로 나타났다. 그 이유는 보유효과로 인한 것이었다. 이러한 보유효과는 반품 보장 서비스와 같은 체험 마케팅에 적극적으로 활용되고 있다. 일단 체험을 해보면 그 제품에 대한 가치평가가 높아지게 되어 계속 보유하려는 경향이 생기므로 반품하는 사례가 생각보다 적음을 이용한 것이다.

〈출처: 시사상식사전〉

그런데, 인식 틀의 전환에는 분해라는 과정이 선행적 또는 동시적으로 이루어져야 한다. 인식 틀의 분해(frame decoupling)는 대안과 결과 사이의 인과적 관계를 느슨하게 만드는 것으로, 맥락 프레임의 전환과 현안 프레임의 전환에서 공통적으로 작용한다. 원래 분해(decoupling)는 어떤 시스템이나 상황을 구성하고 있는 요소들을 서로 분리시키는 것이다. 이처럼 요소들간 결합의 강도를 완화하거나 이를 분리시킬 경우 시스템은 환경의 변화에 탄력적으로 대응할 수 있고 잘못된 부분의 영향이 시스템 전체로 파급되는 것을 예방할 수 있다(Meyer & Rowan, 1977: 356-357; 윤견수, 2006: 88-89).

예를 들어, A는 P라는 대안이 Q라는 결과를 가져올 것이라고 믿고 있고, B는 X라는 대안이 Y라는 결과를 가져올 것이라고 믿는 상황에서 분해는 긴밀하게 연결된 신념적 인과 고리를 끊는 것이다. 이처럼 분해는 단단하게 연결된 인식 틀의 구성 요소 사이의 결속 관계를 헐겁게 만드는 과정으로, 이를 통해 인식 틀의 전환을 용이하게 한다.

제2절 인식 틀 전환의 활용 사례

1. 서희와 소손녕간 협상 사례

1) 사례 개요

제5장에서 소개한 서희-소손녕간 협상은 인식 틀의 전환을 통해 상생 타결을 이룬 사례에 속한다. 소손녕은 협상을 위한 상견례 자리에서 자신이 대국의 귀인임을 내세워 서희에게 뜰아래에서 절할 것을 요구하였다. 그에

대해 서희는 신하가 임금을 뵐 때만 뜰아래에서 절하는 것이지 같은 대신끼리는 그렇게 할 수 없다고 응수하였다. 그 일로 서희는 협상장을 떠났고 협상은 무기한 연기되었다. 이후 소손녕은 서희에게 대등한 지위에서 대면하도록 허용하였고, 두 사람은 동서로 대좌하였다.

본 협상에서 소손녕은 고려는 옛 신라의 땅에서 일어났으므로 대동강 이북의 땅을 거란에 돌려주어야 한다고 주장하였다. 또한 이번 정벌은 고려가 바다 건너 송나라를 섬기기 때문에 일어난 일이라고 하였다. 서희는 소손녕의 이러한 주장에 대하여 고려가 고구려의 후예이며, 그에 따라 국호를 고려로 하고 도읍도 평양으로 정하였다고 맞섰다. 따라서 국경을 따진다면 거란의 동경도 고려의 국토라고 주장하였다. 또한 고려가 거란과 국교를 맺지 못하고 송나라와 교통하는 것은 압록강 유역의 여진족이 노략질하여 안전한 바닷길을 택한 것이라고 주장하였다. 따라서 압록강 유역에 성과 보루를 쌓고 길을 통하게 한다면 거란과 국교를 맺는 데 장애가 없을 것이라고 하였다. 결과적으로 소손녕이 서희의 요구를 수용하면서 협상이 타결되고 전쟁도 종료되었다.

2) 사례 분석

서희-소손녕간 협상의 경우 초기 단계에는 협상 친화적 인식 틀이 형성되지 않았다. 전쟁이나 권력적 수단보다는 협상을 통해 갈등을 해결하는 것이 낫다는 갈등 관리 프레임은 작동하였으나 특성 부여 프레임과 정체성 프레임은 협상 친화적이지 못하였다. 즉 상대를 불신하거나 부정적으로 인식하는 특성 부여 프레임과 상대국의 존재를 무시하는 정체성 프레임이 형성되어 있었다. 특히 소손녕은 협상의 상대인 서희에 대하여 뜰아래에서 절하게 하는 등 매우 고압적인 자세를 취하였는데, 그에 대하여 서희는 불쾌하게 여겼을 뿐만 아니라 고려의 정체성을 부정하는 처사로 인식하였다.

이러한 상황에서 소손녕은 서희의 강경한 대응을 보고 자신의 언행을 되돌아보는 자기 성찰(self-reflection)을 통하여 상대에 대한 인식 틀을 전환하였다. 서희도 소손녕의 행동 변화를 보고 상대에 대한 부정적 인식을 해소할 수 있었다. 즉 소손녕이 서희를 동등한 협상 상대로 인정하면서 서희도 상대에 대한 부정적 인식을 불식하였으며, 그에 따라 협상이 전개될 수 있었던 것이다.

협상에서도 당초에는 이해관계와 객관적 기준에 근거한 상생 협상이 아닌 각자의 요구와 주장에 집착하는 입장 협상이 전개되었다. 소손녕은 고려가 신라의 후예라는 점을 내세워 대동강 이북의 영토를 내놓으라고 요구하였고, 서희는 고려가 고구려의 후예이므로 압록강 유역과 더불어 거란의 동경 지역도 고려의 땅이라고 맞대응하였다. 또한 소손녕은 고려가 바다 건너 송나라를 섬기면서 거란과 교류하지 않기 때문에 침략하였다고 주장하였고, 서희는 여진족이 육로를 막고 있어 불가피하게 바다 건너 송나라와 교류하는 것이라고 주장하였다.

이러한 입장 충돌 상황에서 실체 프레임이 전환되었다. 국경과 교역 이슈에 대한 서로의 인식이 달랐는데, 협상 과정에서 역사적 사실이 논거로 제시되고 그에 대하여 자신의 주장을 반추하는 성찰의 과정을 통해 실체적 프레임(이슈에 대한 인식 틀)이 전환될 수 있었다. 서희가 국경에 대한 역사적 사실과 송나라와의 교류 이유에 대한 논거를 제시하면서 소손녕은 실체적 진실에 접근할 수 있었던 것이다. 즉 소손녕은 고려가 고구려의 후예라는 역사적 사실에 의해 국경이 압록강 유역까지 확대될 수 있고, 송나라와 교류하고 있는 이유가 여진족 때문이라고 이해하면서 기존의 인식 틀을 바꿀 수 있었다.

이러한 인식 틀의 전환을 통해 두 사람은 이해관계에 근거한 상생 협상을 진행할 수 있었다. 즉 송과의 대치국면에서 후방의 불안 요소를 제거하려는 거란의 이해관계와 전쟁을 막고 영토를 보전하려는 고려의 이해관계를 반영한 '강동(압록강 유역)의 중립지대화 대안'에 합의할 수 있었다.

2. 새마을 테마공원 사업비 갈등 사례

1) 사례 개요

2011년 3월, 새마을 테마공원(구미시 상모·사곡동 입지)의 재원 부담을 둘러싸고 경상북도와 구미시 사이에 갈등이 발생하였다. 새마을 테마공원은 경상북도에서 주관하는 사업으로, 그에 필요한 재원은 국비 50%와 지방비 50%가 투입될 예정이었다. 그런데, 부지 매입비의 부담을 둘러싸고 경상북도와 구미시간에 의견이 충돌하였다. 경상북도는 시설이 입지할 구미시에서 부지 매입비 전액을 부담해야 한다고 주장한 반면, 구미시는 사업의 주관기관인 경상북도가 일부를 분담해야 한다며 반발하였다. 결국 구미시는 부지 매입비 전액(172억원)과 공사비의 25%(155억원)를 포함하여 327억원을 부담하고, 경상북도는 공사비의 25%(155억)를 부담하는 것으로 타결되었다.

2) 사례 분석

이 사례는 갈등 상황에서 협상 친화 프레임이 형성되어 있었다고 볼 수 있다. 경상북도와 구미시는 비록 의견차를 확인하였으나 서로에 대하여 극도로 불신하거나 정체성을 위협하는 존재로 인식하지는 않았고, 갈등의 방치나 권력 수단 등에 대한 특별한 선호도 존재하지 않아 큰 어려움 없이 협상을 진행할 수 있었다. 그러나 협상 단계에서는 이해관계 및 객관적 기준에 입각한 상생 협상을 진행하지 못하고 양측 모두 당초 주장만 고수하는 입장 협상의 양상을 보였다. 구미시는 주관기관인 경상북도에서 부지 매입비를 부담해야 한다는 입장을, 경상북도는 시설이 입지하는 지자체인 구미시에서 부지 매입비를 부담해야 한다고 주장하였다.

수차례의 협상을 통해 현안 프레임이 전환되면서 상생 협상이 전개될 수 있었다. 경상북도와 구미시는 제3자의 도움을 받지 않고 상호 성찰적 대화를 시도하여 실체 프레임을 전환하였다. 특히 구미시는 주관기관-부지 매입비 부담이라는 기존의 인식 틀을 분해하고 전환할 수 있었다. 즉 이슈의 차원이 부지 매입비에서 사업비(부지 매입비+공사비)로 이동하면서 부지 매입비에 고착화 되었던 구미시의 인식 틀이 전환되었다. 그 결과 관례에 따라 부지 매입비는 전액 구미시에서 부담하고, 공사비에 대해서는 경상북도와 구미시에서 각각 25%씩 부담하면서 양측이 만족할 만한 상생 타결을 끌어낼 수 있었다. 일반적으로 기초지자체의 공사비는 도와 기초지자체가

30% : 70%의 비율로 분담하는데, 새마을 테마공원의 경우 50% : 50%의 비율로 분담하는 것으로 합의하였다. 그에 따라 경상북도는 공사비의 25%인 155억원을 부담하고, 구미시는 공사비의 25%인 155억원과 부지 매입비 172억원을 부담하였던 것이다.

3. 대구시 취수원 이전 갈등 사례

1) 사례 개요

2010년 8월, 국토교통부(이하 국토부)가 대구지역 주민의 안전하고 깨끗한 수돗물 이용을 위해 광역취수원을 구미공단 상류지역으로 이전하는 계획을 발표하자 구미시와 시민단체가 이에 반대하면서 갈등이 발생하였다. 대구시는 낙동강 수계의 반복적인 수질오염 사고를 고려할 때 맑은 물 공급을 위해서는 취수원 이전이 불가피하다고 주장하였다. 특히 대구시는 식수원의 70%를 낙동강 표류수에 의존하고 있었는데, 취수원 상류에 위치한 구미와 김천의 대규모 산업단지로 인해 수질사고 위험이 상존한다고 주장하였다.

이에 대해 구미시는 취수원의 상류 이전은 수질 개선에 역점을 둔 4대강 사업에 정면으로 위배된다고 맞섰다. 특히 취수원 이전시 재산권 침해, 유지용수 부족, 오염총량제 시행에 따른 환경 개선비용 부담금 증가, 그리고 수도요금 상승 등이 초래될 수 있다고 주장하였다. 구미시의 반대로 중단되었던 취수원 이전사업은 2013년 대구에서 해평 광역취수장으로 옮기는 대안을 재검토하였고, 2014년 정부에서 지역간 이해관계 조정 방안을 발표하였으나 여전히 해결되지 않고 있다.

2) 사례 분석

이 사례는 갈등 상황에서 협상 친화 프레임이 형성되지 않았다고 볼 수 있다. 초기 단계부터 대구시의 일방적 추진과 구미시의 항의 방문으로 인해 상대를 불신하고 부정적으로 인식하는 특성 부여 프레임(characterization frame)이 형성되었다. 또한 대구시와 구미시 모두 당사자간 협상보다는 권력 수단에 의존하는 것이 효과적이라는 갈등 관리 프레임(conflict management frame)을 갖고 있었다. 즉 대구시는 한국개발연구원(KDI)에 예비타당성 조사를 의뢰하고 시의회 결의안을 채택하였으며, 구미시도 중앙부처 항의 방문과 주민 동원 등의 권력 수단에 의존하였다. 그리고 구미시민들의 경우 타 자치구역에 대한 대구시의 일방적 행위는 자신들을 무시하는 처사로, 구미시민의 정체성을 위협하는 조치로 인식하였던 것이다.

이러한 상황에서 맥락 프레임의 분해 및 전환을 위한 시도는 이루어지지 않았다. 취수원 이전 사업의 주무부처이면서 조정자의 위치에 있었던 국토부는 공정하고 중립적인 조정 노력을 기울이기 보다는 대구시의 입장을 이해하면서 동시에 구미시와의 합의가 우선이라는 일관성 없는 태도를 취하면서 양 당사자의 프레임 전환에 기여하지 못하였다. 아울러 언론과 시민단체 등 중립적 제3자도 사실 보도에 치중하거나 특정 지자체 입장에서 비난 성명을 발표할 뿐 맥락 프레임의 전환을 위한 조정 노력을 기울이지 못하였다.

그에 따라 대구시와 구미시는 맥락 프레임을 전환하지 못하고 기존의 고착화된 인식 틀로 인하여 협상을 채택할 수 없었던 것이다. 구미시는 대구시를 구미시민의 재산권을 침해하는 일방적 행위자로 인식하는 프레임을 유지하였고, 대구시도 구미시를 국가 차원의 수질 개선 정책을 방해하는 저항적 행위자로 인식하는 프레임을 가지고 있었다. 이처럼 맥락 프레임이 전환되지 않은 상황에서 협상은 채택될 수 없었고, 장외투쟁과 그로 인한 사업 중단이 일어날 수밖에 없었던 것이다.

제3절 인식 틀의 전환 전략

1. 인식 틀의 분해 전략

인식 틀의 전환을 위해서는 인식 틀의 분해가 사전적 혹은 동시적으로 이루어져야 한다. 당사자들은 특정 대안이 가져올 결과 사이의 견고한 연결 고리를 헐겁게 분해할 경우 협상에서 유연하게 대응할 수 있고, 자신의 주장과 이해관계를 수정할 수 있다. 당사자들은 상대의 관점과 논거에 관한 정보를 제공받고, 자신의 관점에 대하여 의문을 가지며, 그리고 상황에 대한 대안적 관점을 제공받음으로써 기존의 인식 틀을 분해할 수 있다. 이러한 인식 틀의 분해는 주로 당사자간의 성찰적 대화, 제3자의 중재, 그리고 참여적 의사결정을 통해 이루어질 수 있다.

첫째, 성찰적 대화이다. 성찰은 현상의 표피적 구속에서 탈피하여 사물의 본질을 규명하기 위하여 스스로 생각하거나 지시하는 것을 의미한다(김무규, 2012: 184). 성찰은 상대의 행동과 자신의 내면을 살피는 행위이다. 협상에서의 성찰은 상대의 행동에 대하여 몰입하여 수용하는 내부 성찰(infra-reflexivity)과 자신의 성찰(내부 성찰)에 대하여 성찰하는 메타 성찰(meta-reflexivity)을 포함한다(Latour, 1988). 협상의 본질은 전략적 행동의 교환이므로 상대에 대한 성찰과 자신의 내면에 대한 자기 성찰은 불가피하다. 그에 따라 성찰적 대화는 상대에 대한 자신의 인식, 상대의 언행, 자신의 대응을 깊이 살피면서 진행하는 대화를 말한다.

이러한 성찰적 대화를 통해 당사자들은 각자의 고정된 인식 틀을 분해할 수 있다. 즉 자신의 입장과 태도, 상대방이 전달하는 내용과 의미, 그리고 그에 대한 자신의 해석과 대응에 대하여 깊이 살피는 과정에서 기존에 형성된 인과적 신념 고리가 헐거워질 수 있다. 당사자들은 협상 테이블에서 이루어지는 요구와 제안의 반복적 교환을 통해서는 상대방의 행동이나 자기 스스로에 대한 성찰의 계기를 마련하기 어렵다. 그러나 자신과 상대의 존재, 행동, 그리고 의미를 되새기면서 성찰적 대화를 진행한다면 자신의 고정관념과 인식 틀을 분해할 수 있을 것이다.

둘째, 제3자의 중재를 활용하는 방법이다. 이는 당사자들이 성찰적 대화를 시도하지 못하거나 성찰적 대화를 통해서도 인식 틀을 분해하지 못할 때 활용할 수 있는 방법이다. 알선자, 조정자, 중재자 등 제3자는 당사자들로 하여금 성찰적 사고와 대화를 진행하도록 하는 계기를 마련할 수 있다.

당사자가 각자의 인식 틀에 갇혀 있어 성찰적 대화가 어려울 때 협상 전문가나 명망가 등의 중립적인 제3자가 협상을 주선 또는 중재한다면 자신의 내면과 상대의 주장에 대해 되돌아볼 수 있을 것이다.

또한 제3자의 새로운 관점과 아이디어는 당사자의 인식 틀 분해에 직접적으로 기여할 수도 있다. 한쪽 또는 양쪽의 당사자가 대안-결과간의 인과관계에 대하여 고정된 시각을 가지고 있을 때 제3자가 새로운 지식을 투입하면 기존의 견고한 연결 고리가 헐거워지고 분해될 수 있다. 예를 들어, 이집트-이스라엘의 평화 협정에서 이스라엘은 시나이 반도의 반환이 전쟁의 재발 가능성을 높인다는 고착화된 인식을 가지고 있었으나 밴스(Cyrus Vance) 장관의 유엔 평화유지군 주둔 제안에 의해 시나이 반도의 반환과 전쟁 재발이라는 인과적 연결 관계가 분해될 수 있었던 것이다.

셋째, 참여적 의사결정을 활용하는 방법이다. 이는 협상 과정에 주민 등을 참여시키는 방법이다. 일반적으로 참여적 의사결정은 정부의 정책 결정 과정에 주민들을 참여시켜 함께 결정하는 협치(거버넌스)를 의미한다. 협상 과정에서도 이러한 방식을 적용할 수 있는데, 이는 국제 협상과 국내 협상으로 구분하여 살펴볼 수 있다. 먼저 국제 협상 의제에 대하여 국내 집단을 참여시켜 함께 토의하고 심의하여 요구 및 양보 수준을 결정하는 방식이다. 그 다음 국내 협상에서도 모집단(대의원 집단, 유권자 집단, 주민집단)을 참여시켜 협상 의제를 결정할 수 있다. 예를 들어, 쓰레기소각장 건설을 둘러싼 지방자치단체간 협상 과정에 주민 대표들을 참여시킬 수 있다.

참여적 의사결정의 활용은 두 가지 측면에서 인식 틀의 분해에 기여할 수 있다. 먼저 다수 주민들이 제시한 아이디어나 의견들에 의해 양당사자의 인식 틀이 분해될 수 있다. 다수의 주민 집단과 협력하는 과정에서 당사자들이 고려하지 못했던 새로운 지식, 즉 집단 지성(collective intelligence)이 생성되고, 이러한 지식이 당사자의 인식 틀을 분해하는 것이다. 그 다음 주민들의 참여를 통한 공동 결정은 명분과 정당성을 부여함으로써 당사자의 인식 틀을 분해하는 데 기여할 수 있다. 즉 주민들의 참여적 의사결정을 거친 경우 당사자들은 동일한 대안에 대해서도 긍정적으로 생각할 수 있다는 것이다.

2. 인식 틀의 전환 전략

인식 틀의 분해와 동시에 또는 이후에 인식 틀의 전환이 이루어진다. 인식 틀의 전환을 위해서는 이슈의 차원 재조정과 이슈의 재규정화가 이루어져야 한다. 첫째, 이슈의 차원 재조정이다. 이는 이슈의 정의에 있어서 범위의 광협(넓게 또는 좁게), 크기의 대소(크게 또는 작게), 위험의 수준(고위험 또는 저위험), 그리고 시계(장기 또는 단기)를 조절함으로써 당사자의 관점을 바꾸는 전략이다(Lewicki et al., 1997: 123). 이슈의 추상화 수준을 변화시키는 것도 이러한 전략에 속한다(Putnam, 2010: 329-330). 다음의 사례는 이슈의 범위를 재조정하여 갈등을 성공적으로 해결한 사례이다.

"이슈의 재조정을 통한 프레임 전환 사례"

소도시의 보험대리점은 직원들의 보수체계를 3만 달러 고정연봉에서 성과연봉(고정급 2만 5천 달러와 한도 없는 성과급)으로 전환하는 방안에 대하여 보험설계사들과 협의하였다. 보험설계사들은 수입의 손실을 우려하여 반대하였는데, 새로운 보수체계에서 어느 정도 수입이 보장되는지 알 수 없었기 때문이다. 이러한 상황에서 중립적 제3자가 새로운 아이디어를 제안하였다. 첫째, 새로운 보수 제도를 단계적으로 도입한다. 다른 대리점에서 단계적 도입을 시도하였는데, 보험설계사들은 유보기간이 끝나기도 전에 새로운 제도의 전면도입을 요구하였다고 덧붙였다. 둘째, 기존의 제도를 유지하되 새로운 제도가 운영되는 것처럼 기록시스템을 유지한다. 이 경우 직원들은 두 시스템의 실질 소득을 비교할 수 있다고 설명하였다. 양측은 위의 제안을 수용하였는데, 단계적 도입과 비교부기 대안을 통하여 수입 감소 및 불확실성에 대한 해소 가능성을 제공함으로써 보험설계사의 인식 틀을 전환할 수 있었던 것이다.

〈출처: Lewicki et al., 2001: 31〉

사례에서 보는 바와 같이 이슈의 범위를 전면 도입에서 단계별 도입으로 재조정하면서 보험설계사의 인식 틀을 전환할 수 있었다. 아울러 기존 제도와 새로운 제도의 비교부기를 통하여 이슈의 성격을 불안(불확실)에서 안정(확실)으로 재조정하면서 보험설계사의 인식 틀을 전환할 수 있었다. 이처럼 이슈의 차원과 성격의 재조정은 인식 틀의 전환을 통해 갈등의 상생 해결에 기여할 수 있다.

새마을 테마공원의 사업비를 둘러싼 갈등도 이슈의 차원을 재조정함으로써 인식 틀의 전환에 성공한 사례에 속한다. 이슈의 차원을 부지 매입비에서 사업비(부지매입비+공사비)로 차원을 재조정함으로써 비용 분담에 대한 인식 틀을 전환시킬 수 있었던 것이다. 반대로 이슈의 차원을 재조정하지 못해 실패한 사례로는 정부출연연구기관인 대구경북과학기술원(DGIST)의 입지 및 지원에 관한 갈등을 들 수 있다. 대구시와 경상북도는 DGIST 운영에 투입되는 비용 등 손실에 초점을 둔 나머지 지역 경제에 미치는 파급 효과 등 편익에 중점을 두는 인식 틀로 전환하지 못하여 갈등의 상생 해결에 실패하였던 것이다.

둘째, 이슈의 재규정화 방법이다. 이는 핵심 이슈를 재규정하여 갈등을 효과적으로 해결하는 방식이다(Mayer, 2000: 134-137). 즉 이슈의 표현방식을 함께 대응해야 할 공동 문제로 바꾸는 개념의 재규정화가 대표적인 예이다. 또한 새로운 명칭의 개발, 중립적 단어의 사용, 그리고 감정 완화 등도 이슈의 재규정에 속한다(Asah et al., 2012: 109).

예를 들어, 방폐장 입지 선정 갈등에서 '핵폐기물'이라는 용어 대신 '방사성 폐기물'을 사용함으로써 X-레이나 방사성 치료를 연상하게 하는 등 긍정적 이미지를 제고하였다. 아울러 부지 선정 과정에서 원전 수거물 관리시설이라는 용어를 사용하여 폐기물이나 쓰레기라는 부정적 인식을 원자력 에너지 생산에서 자연적으로 발생된 부산물의 수거라는 긍정적 인식으로 전환하였다(강민아·장지호, 2007: 34). 이처럼 새로운 명칭의 개발이나 중립적 단어의 선택을 통하여 인식 틀을 전환할 수 있다.

12 제3자의 활용

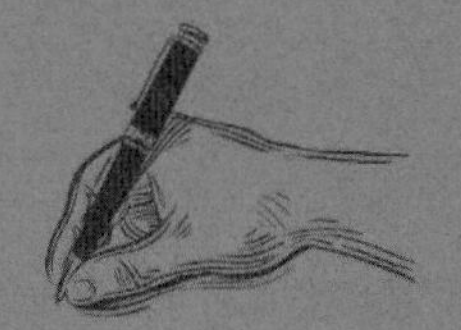

The Aesthetics of Negotiation

The first phase of every mediation, which allows disputants to express and articulate their differences. Sufficient differentiation paves the way for integration. The second phase of every mediation, in which disputants are able to integrate their divergent interests into a common solution. Successful integration requires sufficient differentiation.
〈Daniel Dana, 2001〉

조정의 첫 번째 단계에서 당사자들은 서로의 차이를 분명하게 표현할 수 있어야 한다. 충분한 차별화는 통합에의 길을 열어 준다. 조정의 두 번째 단계에서 당사자들은 상반되는 이해관계를 통합하여 해결 대안을 만들어낼 수 있다. 성공적인 통합을 위해서는 충분한 차별화가 뒷받침 되어야 한다.
〈Dana, 2001: 101〉

THE AESTHETICS OF NEGOTIATION

제12장

제3자의 활용

협상은 원칙적으로 당사자간의 자율적 대화와 협의를 통해 갈등을 해결하는 방식이다. 때때로 당사자들은 전문지식의 부족, 고정관념, 강경한 입장, 그리고 상호 불신 등으로 인해 자율적으로 갈등을 해결하지 못할 수 있다. 이 경우 촉진자, 알선자, 조정자, 중재자 등으로 불리는 제3자의 도움을 받을 필요가 있다. 이 장에서는 협상에 있어서 제3자의 활용방안에 대하여 살펴볼 것이다.

제1절 제3자의 의의

최근 대안적 분쟁 해결 제도(ADR: Alternative Dispute Resolution)가 강조되고 있다. 이는 소송 등 사법적 제도를 대체하는 제도로서 협상, 조정, 중재 등을 포함한다(김영욱, 2015: 42). 이 중 협상을 제외한 조정과 중재는 당사자간 갈등 해결이 아닌 제3자의 도움을 받는다는 특징이 있다. 제3자의 역할이 갈등의 상생 해결에 도움을 줄 수 있다는 점에서 제3자의 개념과 역할에 대한 고찰이 필요하다.

1. 제3자의 개념

제3자(the third party)는 법률 용어로서, 당사자에 반대되는 사람이다. 법률 관계에서 당사자란 소송이나 사건에 직접적 이해관계를 가진 사람을 말하며, 그 외의 사람을 제3자라고 한다. 예를 들어, 토지거래에 있어서 매도자와 매입자는 당사자이고, 중개인과 그 밖의 사람은 모두 제3자이다. 그렇다면, 당사자의 권리와 의무를 위임받은 대리인은 당사자일까 아니면 제3자일까? 일반적으로 본인(주인)의 권리와 의무를 포괄적으로 승계 받은 상속인이나 대리인은 제3자가 아니라 계약 당사자로서의 지위를 갖는다. 노동관계법은 제3자의 개념을 매우 좁은 의미로 사용하고 있다. 즉 노동관계법상의 제3자는 사용자, 근로자, 노조, 법령에 의해 정당한 권한을 부여받은 자를 제외한 사람을 지칭한다.[1] 따라서 노동관계법에서는 법령에 의해 정당한 권한을 부여받은 자도 제3자에 해당되지 않는다.

협상에서 말하는 제3자는 노동관계법이 아닌 일반 법률관계에서의 개념과 유사하다. 협상의 제3자는 당사자를 제외한 모든 사람을 지칭한다. 다만, 당사자의 권한과 의무를 포괄적으로 위임받은 대리인(협상 대표)은 당사자에 포함된다. 따라서 협상의 당사자(party)는 협상에 직접적인 이해관계를 가진 사람과 그 사람의 권한을 위임받아 협상을 진행하는 사람까지 포함한다. 그 외에 협상에 직접적인 이해관계가 없는 전문가, 기관, 단체, 그

1 1980년대 노동조합법과 노동쟁의조정법에 제3자 개입금지 규정을 두고 있었는데, 근로자나 해당 노동조합 또는 사용자 기타 법령에 의하여 정당한 권한을 가진 자를 제외하고는 누구든지 쟁의행위, 노동조합의 설립과 해산, 노동조합에의 가입·탈퇴 및 사용자와의 단체교섭에 관하여 관계 당사자를 조종·선동·방해하거나 기타 이에 영향을 미칠 목적으로 개입하는 행위를 금지하였다. 1997년 근로관계의 지원 조항으로 개정되어 제3자 지원 신고 제도로 변화하였다가 2007년부터 폐지되었다.

리고 국가는 제3자이다.

한미 쇠고기 협상에 있어서 당사자는 한국, 미국, 한국의 협상 대표, 미국의 협상 대표 등이고, 그 외의 사람들은 제3자이다. 이 경우 국회와 대한민국 시민단체는 무엇인가? 국회는 전체 유권자 집단(constituency)을 공식적으로 대표하는 기구이고 시민단체는 전체 또는 일부 시민들의 의견을 대변하는 단체라는 점에서 협상의 당사자라고 볼 수 있다. 그러나 국내 이익집단간 협상에서는 국회와 시민단체는 직접적 이해관계자가 아닌 제3자인 경우가 많다. 예를 들어, 한약 조제권 갈등 협상에서 당사자는 한의사회, 약사회, 한의사회 협상 대표, 약사회 협상 대표이고, 그밖에 한의사회나 약사회에 소속되지 않은 시민단체나 일반 국민은 제3자이다.

당사자들이 자율적인 협상을 통해 문제를 해결하지 못할 경우 촉진자(facilitator), 알선자(conciliator), 조정자(mediator), 중재자(arbitrator) 등의 다양한 사람들로부터 도움을 받을 수 있다. 이들은 협상 과정에 참여하여 의견을 제시하는 등 협상 과정에 영향을 미칠 수 있지만 엄밀히 말해 직접적 당사자가 아니라 제3자이다. 제3자의 활용이라는 관점에서 보면, 제3자의 범위 설정은 보다 신중을 기해야 할 문제이다. 촉진자, 알선자, 조정자, 그리고 중재자는 당사자간 협상의 틀을 깨지 않는다는 점에서 제3자로 볼 수 있다.

그러나 재정자(adjudicator), 사법기관 등은 당사자간 자율적 협상의 틀을 벗어난다는 점에서 제3자로 보기 어렵다. 예를 들어, 재정자가 제시한 재정안은 당사자들에게 수용을 강제하기 때문에 협상의 틀을 벗어난다고 볼 수 있다. 당사자간 협상을 촉진하거나 원만한 타결을 유도하기 위해 제3자를 활용하는 것이므로 그 틀을 벗어난 재정자 등은 제3자의 범위에 속한다고 보기 어렵다.

중재자의 경우 다음 두 가지를 구분해야 한다. 첫째, 일반적인 중재자이다. 이 경우 중재안이 어느 정도 당사자의 수용을 강제하는 성격이 있지만 당사자들이 달리 선택할 여지가 있으므로 협상의 기본 틀을 유지한다고 볼 수 있다. 둘째, 노동위원회와 대한상사중재원 등의 중재자이다. 노동위원회의 중재는 일종의 행정심판에 해당되고 이에 불복할 경우 중앙노동위원회를 피고로 한 행정소송으로 이전된다. 대한상사중재원의 중재도 법원의 확정 판결과 동일한 효력을 가진다. 따라서 이러한 중재자의 중재(재정)는 재판에 준하는 법적 구속력을 가지므로 일반적인 중재자와 달리 보아야 할 것이다.

다음 언론 기사는 민주노총위원장의 중재 요청을 받아들인 대한불교조계종(화쟁위원회)에 관한 기사이다. 만약 정부와 민주노총이 협상을 진행하는 상황이라면 정부와 민주노총은 당사자가 되고, 화쟁위원회는 제3자가 될 것이다. 그러나 언론의 비판적 기사에서 유추할 수 있듯이 화쟁위원회가 협상의 조정자 또는 중재자로서 지위를 누릴 수 있을지는 따져보아야 한다. 언론 기사에 근거하여 제3자의 요건과 지위 등에 대하여 구체적으로 살펴보고자 한다.

"불법시위까지 '중재' 운운하는 조계종 화쟁안의 단견"

대한불교조계종 일각이 불법(不法) 시위까지 '중재' 운운하는 단견(短見)을 드러내고 있다. 체포영장과 구속영장이 발부된 한상균 민주노총 위원장의 중재 요청을 받아들인 화쟁위원회가 "12월 5일의 2차 민중총궐기투쟁대회를 평화적으로 열기 위해 주최 측과 경찰이 대화하자는 취지의 공문을 강신명 경찰청장에게 보냈다"고 25일 밝힌 것이 대표적인 예다. 주최 측이 당연히, 그리고 스스로 지켜야 할 기본인 평화적 진행을 협상·중재 대상으로 내세운 셈이다.

종교단체가 서로 다른 이해관계를 중재하는 일은 원론적으로 바람직하다. 하지만, 불법·폭력 행위가 대상일 순 없다. 지난 14일 서울 도심을 무법천지로 만든 1차 투쟁대회를 주도한 직후부터 은신한 조계사를 사실상 투쟁 본거지로 삼고 있는 한 위원장은 중재 대상이 아니라, 반성과 자수를 권유해야 할 범법자다. 그는 24일에도 페이스북에 "국가가 국민을 죽이고 있다. 우리가 우리 권력을 되찾자"면서 공권력에 대한 적개심과 함께 시위를 선동했다.

전국교구본사주지협의회의 이날 성명서도 단견으로 비치긴 마찬가지다. 이들은 "조계사에 경찰력 투입을 요구한 김진태 새누리당 의원의 진실한 참회를 요구한다"며 "정부와 여당은 공권력에 대한 탐착(貪着)을 버리고 대화와 타협으로 사회 현안을 해결하는 지혜를 발휘하라"고 주장했다. 참회 대상부터 잘못 지목하면서, 불법 폭력 시위에 대한 처벌 아닌 타협을 내세운 것이다. 같은 날 조계사는 호소문을 통해 "조계사 부처님께서 여러분을 품고 있는 것은 오직 자비심이지 여러분 주장에 동조한 것이 아니다. 가장 기본적인 사찰 예법과 생활 청규(淸規)에 동참해 달라"고 민주노총에 주문했다. 그 취지대로 어떤 종교도 불법 폭력시위까지 감싸선 안 된다. 그러는 것은 법치에 대한 도전을 부추길 뿐이다.

〈출처: 문화일보 사설, 2015.11.26., 31면〉

첫째, 종교단체(대한불교조계종 소속 화쟁위원회)가 제3자가 될 수 있는지에 대한 의문이 제기된다. 원칙적으로 직접적 이해관계자가 아니므로 제3자이지 당사자는 아니다. 즉 민주노총의 불법시위에 대한 직접적인 이해관계자는 대한민국 정부와 민주노총이고, 그 외 사람과 집단은 제3자에 속한다. 이러한 관점에서 종교단체인 대한불교조계종은 제3자가 될 수 있다.

둘째, 대한불교조계종이 조정자나 중재자가 될 수 있는가 하는 점이다. 언론에서는 조정자와 중재자를 구분하지 않았지만 종교단체가 제시한 대안에 대한 당사자의 수용이 강제되지 않는다는 점에서 조정자는 될 수 있지만 중재자는 아니다. 그러나 제3자라고 하여 당연히 조정자가 되는 것은 아니다. 조정자에는 법률의 규정에 의한 공식적인 조정자와 당사자의 요청에 의한 비공식적인 조정자로 구분된다. 대한불교조계종의 경우 민주노총위원장의 요청을 받았으므로 비공식적인 조정자라고 할 수 있지만, 당사자의 협의가 아닌 어느 한쪽의 요청을 받은 조정자는 실질적인 조정 역할을 수행할 수 없다는 점에서 조정자로 보기 어렵다.

셋째, 불법 시위자의 체포를 둘러싼 갈등이 조정의 대상이 되는가 하는 점이다. 다시 말해 종교단체가 불법·폭력 행위자의 체포를 둘러싼 갈등을 조정할 수 있는가이다. 원칙적으로 당사자 모두로부터 요청을 받았다면 조정자의 지위를 가질 수 있다. 비슷한 예로 테러 행위도 조정의 대상이 될 수 있다. 실제로 테러범과의 협상에서 조정자 역할을 수행하는 사례도 발견된다. 이는 불법 행위자에 대한 조정이 법적으로 허용되는가 하는 점과는 다른 차원의 문제이다. 따라서 정부와 민주노총 모두로부터 조정을 요청받았다면 대한불교조계종이라는 종교단체는 비공식적인 조정자가 될 수 있을 것이다.

2. 제3자의 유형

제3자는 객관적으로 존재하는 사람이나 단체이고, 이들이 협상에서 어떤 역할을 하느냐에 따라 알선자, 조정자, 중재자가 된다. 따라서 엄밀히 말하면 제3자와 조정자 등은 다른 개념이지만, 제3자를 협상에서 명시적 역할을 하는 사람으로 전제하고 그 유형을 구분해보고자 한다. 제3자는 기본적으로 공식적인 제3자와 비공식적인 제3자로 구분할 수 있다. 공식적인 제3자는 법규에 의해 제3자의 역할을 할 수 있도록 규정된 사람 또는 기관이며, 비공식적인 제3자는 법규에 의해 제3자의 역할을 수행하도록 규정되지는 않았지만 당사자의 합의에 의해 제3자의 역할을 수행하는 사람 또는 단체이다.

1) 공식적 제3자

공식적 제3자는 법률에 의해 갈등 및 분쟁을 조정할 수 있는 권한을 부여받은 행위자들이다. 대다수 갈등조정기구는 한 사람의 최고책임자가 결정하는 독임제보다 여러 명이 합의하여 결정하는 위원회 형태를 띠고 있다. 이들 위원회도 소속 형태에 따라 다양한 유형으로 구분할 수 있다(김정순, 2008: 206-266).

첫째, 행정기관 소속의 분쟁조정위원회이다. 여기에는 환경부 소속의 환경분쟁조정위원회(환경분쟁에 관한 조정), 행정안전부 소속의 중앙분쟁조정위원회(지방자치단체간 분쟁에 관한 조정), 보건복지부 소속의 중앙의료심사조정위원회, 국토교통부 소속의 하천관리위원회(하천 유수에 관한 분쟁 조정)와 건설분쟁조정위원회(건설공사를 둘러싼 분쟁 조정) 및 건축분쟁조정위원회(건축물의 건축 등에 관한 분쟁 조정), 시도 소속의 유통분쟁조정위원회와 시장분쟁조정위원회 등을 들 수 있다. 공공기관의 갈등 예방 및 해결에 관한 규정에 의해 설치된 갈등관리심의위원회도 행정기관 소속의 제3자로 볼 수 있다.

둘째, 독립법인 소속의 분쟁조정위원회이다. 금융감독원 소속의 금융분쟁조정위원회, 한국소비자원 소속의 소비자분쟁조정위원회, 한국전자거래진흥원 소속의 전자거래분쟁조정위원회 등을 들 수 있다. 금융분쟁조정위원회는 금융관련기관, 금융수요자(예금자 등) 및 기타 이해당사자들간에 금융관련 분쟁이 발생할 경우 이용자의 조정 신청에 근거하여 조정하는 역할을 수행한다. 소비자분쟁조정위원회는 소비자의 피해로 인한 분쟁에 대하여 일괄적인 조정 역할을 수행한다. 전자거래분쟁조정위원회는 소비자와 전자거래업체간 거래, 개인간 거래, 전자거래업체간 거래 등 전자거래와 관련된 분쟁을 조정하는 역할을 수행한다.

셋째, 독립적 지위의 분쟁조정위원회이다. 여기에는 중재위원회, 대한상사중재원, 언론중재위원회, 프로그램조정심의위원회 등이 있다. 중재위원회는 노동쟁의 해결을 위해 노동위원회 산하에 설치된 위원회로서 공익을 대표하는 노동위원회 위원 중 관계 당사자의 합의로 선정된 자에 대해 노동위원장이 지명하는 3인의 위원으로 구성된다. 대한상사중재원은 무역거래자 상호간 또는 무역거래자와 외국 업체간 물품의 수출·수입과 관련하여 분쟁이 발생한 경우 조정위원회를 구성하여 분쟁을 조정할 수 있다. 언론중재위원회는 언론보도 또는 게재로 인한 분쟁을 조정하기 위한 기구이다. 프로그램심의조정위원회는 컴퓨터 프로그램 보호법에 의해 보호되는 권리에 관한 분쟁에 대하여 조정하는 기구이다.

2) 비공식적 제3자

비공식적 제3자의 범위는 특정하기 어렵다. 당사자가 제3자로 요청 또는 초빙한 사람이나 기관이다. 따라서 중립성을 가진 것으로 인정받은 사람과 기관은 누구나 비공식적 제3자가 될 수 있다. 이러한 제3자에는 개인, 연구기관, 사법인, 공공법인 등이 포함된다. 예를 들어, 아랍-이집트 협상에서 조정 역할을 수행한 밴스(Cyrus Vance) 장관, 한약 분쟁에서 조정 역할을 수행한 경제정의실천시민연합(경실련), 울진 원전건설에 따른 주민 집단이주 갈등에서 조정 역할을 수행한 국민대통합위원회의 조정팀, 그리고 국립서울병원 이전 갈등에서 조정 역할을 수행한 갈등조정위원회 등을 들 수 있다. 그러나 협상의 바깥에 존재하는 다양한 외부세력이 당사자의 요청을 받지 않은 상황에서 협상에 개입하는 경우가 있다. 이 경우 협상에 긍정적인 영향을 미칠 수도 있고 부정적인 영향을 미칠 수도 있다.

"외부세력 물리치고 신뢰로 푼 새만금 송전탑 갈등"

전북 군산시 새만금 송전선로 건설을 둘러싼 5년 갈등이 주민과 한국전력공사의 대타협으로 해결됐다. 외부(外部)세력의 개입을 막고 끈질긴 대화를 통해 이룬 합의다. 지금도 이어지고 있는 제주해군기지 반대 투쟁이 보여주듯 주요 국책사업에는 거의 예외없이 외부세력이 가세해 갈등을 키워왔다는 점에서 이번 사례는 그런 갈등을 풀어낼 소중한 모델로 꼽힐 만하다.

새만금 송전선로는 30.4㎞ 거리에 345㎸ 송전탑 88기를 건설하는 사업으로 이 중 46기 구간 공사가 주민 반대로 지난해 4월 이후 중단돼 왔다. 협상을 거듭한 끝에 새만금 남북도로를 통하는 우회 노선이 대안으로 떠올랐지만, 미(美) 공군 비행장 전투기 이착륙에 지장을 준다는 문제가 불거졌다. 결국 새 노선의 송전선로 높이를 크게 낮춰 미 공군 측의 기술 검토를 거치기로 했다. 회답에 따라 결정될 노선을 수용하기로 양측이 합의한 것이다. 오랜 갈등으로 국책사업이 지연되긴 했지만 주민들의 소신은 돋보였다. 반대 대책위는 "전기와 송전선로는 국민 생활과 산업에 꼭 필요하다"는 입장을 견지했다. 올해 초 종교·환경단체의 연대 제의를 받았지만 거절했다. 지역 문제를 해결하자는 것일 뿐, 사회 갈등으로 비화하는 것을 원치 않았다. 이런 토대 위에서 쌓인 당사자 사이의 신뢰가 상생으로 이끌었다.

비슷한 갈등을 겪어온 경남 밀양에선 외부세력 개입 후 강경 일색의 투쟁으로 변질

됐다. 지난달 30일에도 대규모 시위버스가 현지로 출동해 사안과 무관한 '반핵(反核)' 등의 구호를 외쳤다. 주민과 한전의 합의로 구성됐던 전문가협의체는 사태를 합리적으로 해결할 호기였다. 하지만 일부 주민들이 그 결론을 묵살하면서 불신은 더 커졌다. 군산·밀양 갈등의 단초는 같았으나 귀결은 달랐다. 그 차이는 공익을 대하는 관점에서 갈렸다.

〈출처: 문화일보 사설, 2013.12.13.〉

양쪽 당사자로부터 요청을 받지 않은 외부세력은 갈등이나 협상에서 어떤 역할을 할 수 있는가? 위의 언론 기사는 당사자들이 외부세력의 개입을 차단하고 대화를 통해 새만금 송전탑 갈등을 성공적으로 해결하였다는 내용이다. 특히 지역주민들은 종교·환경단체의 연대 제의를 받았지만 거절하고 당사자인 한전과 끈질긴 대화를 통해 합의점을 찾았다는 것이다. 이 경우 환경단체나 종교단체는 당사자가 아닌 제3자이지만 당사자의 요청을 받지 못했기 때문에 조정자나 중재자의 역할을 수행할 수 없다.

만약 환경단체나 종교단체가 한전이 아닌 주민들로부터만 요청을 받았거나 반대로 주민들이 이들의 연대 제의를 수용하였다면 중립적인 조정자가 될 수 있을까? 결론은 한전과 주민단체의 양쪽으로부터 요청을 받지 않은 이상 중립적인 조정자가 되기 어렵다. 즉 이들 종교단체 등은 주민과 연대를 이루고 있는 외부의 제3자에 불과할 뿐 양자간 이해관계를 조정할 수 있는 지위를 갖지는 못할 것이다. 이처럼 중립적인 조정자나 중재자가 아닌 단순한 제3자는 어느 한쪽에 치우칠 가능성이 높아 협상 과정에 부정적 영향을 미칠 수 있을 것이다.

3. 제3자의 역할

공식적이든 비공식적이든 조정과 중재 역할을 맡은 제3자는 원활한 협상을 돕고, 당사자간 합의 형성을 촉진하는 역할을 수행한다. 제3자는 중립성, 적극성, 감정 배제, 이해관계 중심, 미래 지향 등의 원칙을 준수해야 한다(문용갑, 2012: 85-86). 이들은 당사자간 자율 협상이 어려울 때 개입하기 때문에 상생 협상에서 강조하는 이슈 중심, 이해관계 중심, 객관적 기준, 창조적 대안 등에 중점을 두어야 하지만 실제로 이보다 훨씬 더 광범위한 역할을 수행한다.

제3자는 중립적 시각에서 당사자들이 협상 테이블에 앉도록 주선하고, 이슈에 대한 입장과 이해관계를 파악하며, 나아가 객관적 기준을 적용하여 서로의 상충되는 이해관계를 충족시킬 수 있는 창조적 대안을 제시하는 역할을 수행하게 된다. 이렇게 보면, 제3자의 역할은 단순히 협상을 촉진하는 역할에서부터 당사자들의 수용을 강제하는 중재안의 제시에 이르기까지 다양한 형태로 나타난다. 〈그림 12-1〉은 Wilmot & Hocker(2011: 276)가 제시한 내용을 참조하여 제3자 개입의 유형을 도식화한 것이다.

▌그림 12-1▐ 제3자 개입의 유형

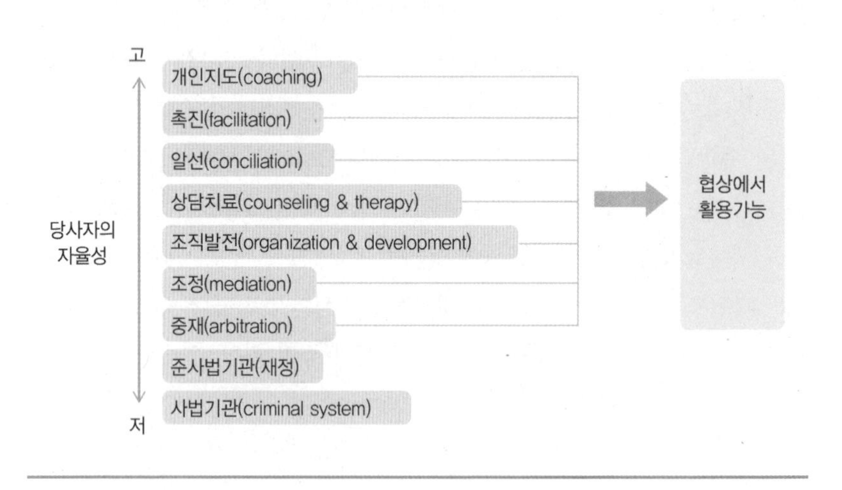

개인 지도(coaching)는 당사자의 자율성이 가장 높은 유형으로, 갈등 조정이나 협상에서 당사자 스스로 방법을 찾도록 조언해 주는 방식이다. 상담치료(counseling & therapy)는 당사자의 자문에 응하여 전문적 지식을 동

원하여 갈등 조정이나 협상에서 당사자들이 현명한 의사결정을 내리도록 조언 또는 심리치료하는 활동이다. 조직발전(OD: Organization Development)은 조직 구성원의 잠재력을 개발하고 행태를 개선함으로써 조직 전체를 혁신하는 접근방법인 데, 이를 협상에 적용하면 당사자의 갈등 해결 잠재력을 개발하고 협상 행태를 개선하도록 지원하는 활동이라고 할 수 있다.

일반적으로 협상이론에서 제3자 개입 방식으로 거론되는 수단은 촉진, 알선, 조정, 중재 등을 들 수 있다. 첫째, 촉진(facilitation)이다. 촉진은 협상이 원활하게 이루어지도록 돕는 역할이다. 원래 촉진은 협상뿐만 아니라 회의나 교육 등의 진행이 원활하게 되도록 돕는 역할을 말한다. 이러한 촉진 기능을 수행하는 사람을 촉진자(facilitator)라고 부르며, 조력자, 조정 촉진자라고도 한다. 촉진은 협상의 진행을 원활하게 하면서 상호 이해 또는 합의 형성을 촉진하여 효과적인 협상이 이루어지도록 조정하는 역할이다. 따라서 촉진 역할을 수행하는 촉진자는 협상에서 논의되는 내용을 잘 아는 전문가일 필요는 없다.

둘째, 알선(conciliation)이다. 알선은 당사자들이 협상을 진행할 수 있도록 주선하는 역할이다. 알선은 당사자들이 협상 테이블에 앉기를 거부하는 상황에서 이들을 초청하여 대화할 수 있도록 주선하는 것이다. 알선은 당사자들로 하여금 스스로 갈등을 해결하도록 주선할 뿐 협상 과정과 이슈에 대해서는 관여하지 않는다. 따라서 알선자는 갈등의 원인 진단이나 해결책의 제시 등과 같은 역할을 수행하지는 않는다.

셋째, 조정(mediation)이다. 조정은 협상에서 양측의 요구와 주장을 듣고 의견 충돌을 해결하기 위한 대안(조정안)을 제시하는 역할이다. 국제법상 조정은 국가간의 분쟁(갈등)에 대하여 당사국의 신뢰와 합의에 의해 설치된 국제조정위원회가 당사국이 수락할 수 있는 해결 조건(조정안)을 제시한다. 노동관계법상의 조정은 노동위원회에 설치된 조정위원회가 조정안을 작성하여 노사 양쪽에게 그 수락을 권고하는 것을 의미한다. 즉 조정위원회는 당사자 사이에 개입하여 양쪽의 주장을 듣고, 이를 기초로 조정안을 작성하고 그 수락을 권고한다. 이러한 조정은 당사자들의 수용을 강제하지 않는다는 점에서 중재와 다르다.

넷째, 중재(arbitration)이다. 중재는 당사자 사이에 제3자가 개입하여 화해를 유도한다는 점에서 조정과 유사하지만 당사자에게 미치는 구속력에서 차이가 있다. 조정에서는 당사자가 제3자의 조정안을 수용하지 않을 수 있지만, 중재에서는 제3자의 판단이 법적인 구속력을 갖는다. 당사자들은 중재안을 수용해야 하는데, 만일 중재안에 불복할 경우 소송을 제기할 수 있다. 협상에 있어서 중재는 당사자의 합의로 중재인을 모시고 법원의 판결이 아닌 중재인의 제안(중재안)에 의해 갈등(분쟁)을 신속하게 해결함을 목적으로 하는 제도이다. 따라서 법령에 규정된 공식적인 제3자뿐만 아니라 사회 저명인사나 전문가 등의 비공식적인 제3자를 활용할 수도 있다.

제2절 제3자를 활용한 사례

1. 한약 조제권을 둘러싼 한약 분쟁 사례

1) 사례 개요

한약 조제권을 둘러싼 한의사회와 약사회간의 갈등 사례이다.[2] 약사회와 한의사회의 갈등(분쟁)은 1980년 약사법 시행규칙에 연원을 두고 있다. 시행규칙 제11조 제1항 제7호에는 "약국에는 재래식 한약장 외의 약장을 두어 이를 깨끗이 관리할 것"이라고 규정하고 있다. 이를 두고 한의사회는 약국에서 한약을 조제해서는 안 된다는 의미로 해석한 반면 약사회는 이것이 약국의 한약 조제를 막는 것은 아니라고 해석하였다. 이러한 상황에서 1993년, 약사법 시행규칙 개정안이 입법 예고되면서 한약 갈등이 표면화되었다.

약사법 시행규칙 제11조의 삭제는 약사의 한약 조제를 사실상 허용하

2 본 갈등 사례는 하용출(2005)의 논문을 참조하였음을 밝힌다.

는 것으로 해석될 수 있기 때문에 한의사회는 강력하게 반발하였다. 한의사회는 집단시위 및 휴업을 실시하였고, 한의대생들은 수업 거부, 삭발과 집회, 농성 등의 집단행동을 취하였으며, 한의대 교수들도 사표를 제출하였다. 이에 대하여 약사회도 면허 반납과 휴업을 단행하였고, 약대생은 수업 거부에 들어가는 등 극단적인 조치로 대응하였다. 사태의 심각성을 인식한 정부는 1993년 6월 약사법 개정 시안을 마련하였다. 한약 조제권은 한약을 취급해온 약사에 한정하고 약제 범위도 당시 보건사회부(현 보건복지부) 장관이 정하는 50~100여종으로 한정하는 것이 주된 내용이었다.

그러나 개정 시안이 발표되자마자 한의사회와 약사회는 동시에 반발하였다. 정부의 강경 대응 방침에도 불구하고 약사회와 한의사회는 폐업, 농성, 그리고 무기한 휴업으로 맞섰다. 이러한 상황에서 9월 경제정의실천시민연합(약칭 경실련)이 한약 분쟁의 해결을 위해 중재에 나서겠다는 입장을 밝혔다. 같은 해 10월 정부(보건사회부)가 경실련 중재안의 일부를 수용하여 약사법 개정안 최종안을 발표하면서 한약 조제권을 둘러싼 갈등은 일단락되었다.

2) 갈등 해결: 경실련의 조정

약사회와 한의사회의 극단적인 대결이 존재하는 상황에서 경실련이 중재자로 나서겠다고 자청하였고 이를 정부와 당사자가 수용하였다. 그에 따라 경실련을 포함한 조정위원회가 구성되었는데, 정부와 약사회 그리고 한의사회는 조정위원회가 의약 분업의 대원칙을 훼손하지 않는 범위 내에서 합의안을 제시하면 이를 수용하겠다는 입장을 밝혔다. 조정위원회는 경실련에서 마련한 중재안을 토대로 협의하여 합의안을 도출하였다. 경실련에서 제시한 중재안의 핵심은 한약사 제도였다. 한약과 양약을 동시에 취급할 수 있는 한약사 제도를 신설하고, 한방의약 분업 실시 시행 후 약사의 한약 임의조제를 금지한다는 내용이 기본 골자였다.

약사회는 일부 약사들이 휴업에 돌입하면서 한약사 제도의 도입을 반대하고 경실련에서 마련한 중재안의 무효를 선언하였다. 하지만 정부가 경실련

중재안의 일부를 채택하고 국회에서 경실련의 중재안을 골격으로 한 약사법 개정안을 통과시키면서 약사회와 한의사회도 어쩔 수 없이 이를 수용하게 되었다. 최종안에 담긴 내용은 한약사 제도를 신설하고, 약사의 한약 조제를 원칙적으로 금지하며, 예외조항으로 기존의 약사와 법 시행 이전의 약대 재학생에게 한약사 시험에 응시할 기회(2회)를 부여한다는 것이었다.

경실련이 중재안으로 내놓은 한약사 제도는 약사회와 한의사회의 근본적인 관심사, 즉 이해관계를 적절히 반영한 것으로 판단된다. 약사회가 약사법 개정안에 반대한 근본적인 이유는 이미 한약을 조제하던 약사에게만 한약 조제권을 부여하면 다른 약사와 약대 졸업생의 기회가 봉쇄되었기 때문이다. 한의사회가 개정안에 반대한 근본적인 이유는 약사의 무분별한 한약 조제로 인하여 한의학의 전문영역이 침해될 수 있었기 때문이다.

한약사 제도는 일정한 과목 이수와 자격시험을 통과하여 전문지식과 자격을 갖춘 한약사들만이 양약과 한약을 취급할 수 있도록 하여 한의사들이 우려했던 '부문별한 한약 조제에 의한 전문영역의 침해 가능성'을 최소화하였다. 또한 기존 약사와 약대 재학생에게도 한약사 시험에 응시할 기회를 2회 부여함으로써 약사회의 관심사인 '약사의 한약 조제 기회'를 확대하였다. 이처럼 공식적인 중재자인 정부(당시 보건사회부)가 중립적인 역할을 수행하지 못한 상황에서 시민단체인 경실련이 중립적인 시각에서 양 당사자의 이해관계를 적절히 반영한 중재안을 제시하여 갈등의 상생 해결에 기여하였다고 볼 수 있다.

2. 울진 신화리 원전 주변지역 갈등 사례

1) 사례 개요

경상북도 울진의 원자력발전소(원전) 인근 지역 신화리 주민의 집단 이주 요구를 둘러싼 갈등 사례이다.[3] 2013년 4월 신화리 생존권대책위원회

3 본 갈등 및 조정 사례는 박수선(2015)의 논문을 참조하였음을 밝힌다.

(2011년 구성)는 한국전력 태백전력소에 전자파와 송전탑 소음 해소 방안을 요구하는 민원을 제기하였다. 이어 국민대통합위원회에 진정서를 제출하고 국회에 민원을 제출하였다. 이러한 민원에 대하여 산업통상자원부(이하 산자부), 한국수력원자력(이하 한수원), 한국전력공사(이하 한전) 등 관계 기관은 신화리가 원전에서 1km 정도 떨어진 주변지역이어서 전원개발촉진법 등에서 정하고 있는 이주 범위에 해당되지 않으므로 신화리 주민의 요구를 들어줄 수 없다고 밝혔다.

이러한 답신을 받은 신화리 주민대책위는 밀양 송전탑 반대시위 현장을 방문하고, 한전 본관 앞에서 고압송전철탑 및 원자력 발전건설 반대 집회를 개최하였다. 주민대책위는 한편으로 지역구 국회의원과의 간담회, 산업부 제2차관과의 면담 등을 통해 문제해결을 촉구하고, 다른 한편으로 전국송전탑반대네트워크 기자회견장에 참석하는 등 전국적 연대 가능성을 모색하였다.

신화리 주민의 집단행동에 대응하여 산자부, 한전, 한수원, 울진군 등 정책관련기관은 신화리 주민의 집단 이주를 협의하기 위한 5자 실무협의체를 구성하여 2013년 9월 제1차 회의를 개최하였다. 그러나 산자부는 5자 협의체의 4차 회의부터 불참하였고, 주민들은 논의 및 진행 과정이 지지부진하다고 느껴 관계 기관의 해결 의지가 없음을 성토하는 집회를 계획하였다. 결국 당사자간 협의를 통해 갈등을 해결하지 못하고 대통령 소속으로 설치된 국민대통합위원회(조정팀)가 제3자로 참여하여 조정함으로써 갈등이 해결되었다.

2) 갈등 해결: 국민대통합위원회의 조정

정부와 신화리 주민간 자율 협상이 어려운 상황에서 국민대통합위원회가 제3자로 개입하게 되었다. 국민대통합위원회가 중립적 제3자로 등장한 것은 한수원, 한전 등 공공기관과 맺은 '공공기관의 실효적 갈등 관리를 위한 업무협약'에 근거한 것이었다. 주민대책위도 반신반의하였으나 결국 국민대통합위원회의 개입을 수용하였다. 국민대통합위원회는 전문가 3인으로 구성된 조정팀을 구성하고, 2014년 7월 이해관계인, 주민 등 30여명이 모인 자리에서 갈등 조정 방식과 진행 과정에 대한 설명회를 개최하였다.

이후 양측 당사자의 동의에 의해 제3자의 지위를 확보한 국민대통합위원회의 조정팀은 3개월이라는 시한을 부여받고 이해관계자 면담을 시작하였다. 조정팀은 주민(주민대책위 위원장과 간부), 울진군 관계자, 한수원 본사 및 한울 본부, 한전 본사와 대구경북지사 관계자 등과 면담하고, 면담을 통해 정리한 내용과 문제해결 절차 설계안을 회람하여 동의를 얻었다. 그리고 2014년 8월부터 본격적인 조정 회의를 시작한 후 3개월에 걸쳐 12차례 회의를 진행하였다.

이러한 과정을 거쳐 조정팀은 5가지 사항의 조정안을 도출하였다. 첫째, 신화리 주민은 집단 이주를 원하였으나 현행 법률로는 불가능하므로 관련 법제도를 개선한다. 둘째, 신화리 관통 도로의 사고 위험을 줄이기 위해 공사용 대형 덤프트럭과 직원 차량의 통행량과 속도를 줄이고, 신한울 3, 4호기 건설시 우회도로를 우선 건설한다. 셋째, 2015년 상반기까지 송전탑 소음 측정 용역을 시행하고 소음 저감 대책을 모색하는 한편 희망자에게 주민건강검진을 받도록 한다. 넷째, 신화리 주민들의 삶의 질 개선을 위해 노력한다. 마지막으로 이상의 합의 사항에 대해서는 재론하지 않으며, 중장기 과제에 대해서는 국민대통합위원회가 지속적으로 모니터한다.

이 사례의 특징은 조정자가 복수(3인)라는 것과 어느 한쪽에서 제시한 조정자를 다른 쪽에서 수용하였다는 점이다. 중립적인 제3자는 어느 당사자와도 연관성이 없어야 하는데, 국민대통합위원회는 업무협약에 의해 한전이나 한수원 등과 이미 관계를 맺고 있는 기관이었다. 그러나 국민대통합위원회 자체가 특정 기관에 치우칠 가능성이 낮았고, 주민대책위원회도 다른 대안이 없는 상황에서 이를 수용함으로써 원만한 조정이 이루어질 수 있었던 것이다. 다행이 국민대통합위원회의 조정팀 구성원들이 조정 과정에 관한 전문성을 지니고 있었고, 중립성과 비밀유지 등 조정자로서 지켜야 할 규칙을 준수하였기 때문에 갈등의 효과적 해결에 기여하였다고 해석된다.

조정팀의 역할을 구체적으로 평가하면, 첫째, 이해관계자의 면담을 통해 도출된 내용과 문제해결 절차에 관한 사항을 회람하여 양측의 동의를 얻었다는 점이다. 실제로 협상을 진행하면서 이미 합의된 이슈에 대하여 재론하거나 번복하는 사례가 빈번한 상황에서 이러한 회람 및 동의 조치는 효과적이었던 것으로 평가된다.

둘째, 3개월의 시한을 부여받고 주민들과 면담하면서 주민들의 요구 이면에 깔려 있는 이해관계를 파악하는 데 집중하였다는 점이다. 이러한 이해관계가 단순히 공사를 저지하는 것이 아니라 안전 확보에 있었다는 점을 인식하고 이를 만족시키는 조정안의 도출에 주력하였던 것이다.

셋째, 조정안의 경우에도 현행 법제도로서 가능한 대안과 그렇지 못한 대안을 구분하였다는 점이다. 현행 법제도로서 가능한 대안은 바로 시행하고, 실현 가능성이 떨어지는 대안에 대해서는 제도 개선을 조건으로 주민들을 설득하는 전략을 사용하였던 것이다.

3. 국립서울병원 이전 갈등 사례

1) 사례 개요

이 사례는 국립서울병원의 이전을 둘러싼 보건복지부와 주민들간의 갈등이다.[4] 국립서울병원은 1961년 서울과 수도권지역의 정신질환자 치료를 위해 서울시 광진구 중곡2동에 건립되었다. 보건복지부는 1989년부터 병원 건물 및 시설의 노후화와 진료 공간의 부족을 이유로 병원 현대화 사업(재건축)을 추진하였다. 그러나 인근 주민들이 국회 청원을 통해 지역 이미지 훼손과 지역 발전을 저해한다는 이유로 병원의 이전을 요구하면서 1994년 재건축이 중단되었다. 보건복지부는 주민들의 이전 요구를 수용하여 1995년 11월부터 2002년 2월까지 서울 시내 개발제한구역과 수도권 인근 지역 등으로 이전을 추진하였으나 이전 후보지 주민의 반발로 무산되었다.

보건복지부는 2003년 8월 병원 이전이 불가능하다고 판단하여 현대화

4 본 갈등 사례는 정정화(2012)의 논문을 참조하였음을 밝힌다.

사업(재건축)을 재추진하기로 결정하고, 2004년과 2005년 두 차례에 걸쳐 재건축기본설계 예산을 국회에 제출하였으나 삭감되었다. 주민들이 2005년 3월부터 병원 이전을 촉구하는 범구민대책추진위원회(이하 주민대책위)를 결성하여 재건축을 격렬히 반대하자, 보건복지부는 2005년 4월부터 7월까지 갈등영향분석을 실시하였다. 이후 보건복지부는 갈등영향분석 결과를 토대로 2005년 11월부터 2006년 7월까지 시나리오 워크숍을 진행하였으나 합의를 도출하지 못하였다. 이후 보건복지부와 주민대책위는 갈등조정위원회의 구성에 합의하고 2009년 2월부터 2010년 2월까지 1년간 이루어진 조정에 기초하여 현 부지에 종합의료복합단지를 조성하기로 합의하였다.

2) 갈등 해결: 갈등조정위원회

국립서울병원 이전 갈등이 장기화되는 가운데 보건복지부, 광진구청, 지역구 국회의원, 국무총리실 관계자들이 갈등조정위원회(이하 조정위원회)를 구성하는 것에 합의하고, 이후 국립서울병원, 광진구의회, 주민대표를 조정위원회에 포함시키기로 결정하였다. 갈등조정위원은 21명으로 구성되었는데, 4명의 갈등관리 전문가도 포함되었다.

조정위원회는 본위원회 31회, 실무소위원회 27회, 기타 6회의 회의를 통해 ① 광진구 외부로의 이전, ② 광진구 내 대체부지 검토, ③ 현 부지에 신축 등 3가지 대안을 도출하였다. 조정위원회는 세 가지 대안에 대하여 순차적으로 검토한 결과 현부지에 종합의료복합단지(가칭)를 신축하기로 합의하였다. 조정위원회의 합의안(종합의료복합단지 조성)에 대하여 주민 보고회를 통한 의견 수렴, 주민 참여형 공론조사(deliberative poll), 그리고 정보 제공형 여론조사를 실시하여 최종 결정하였다(김광구·이선우, 2011: 10-16).

이 조정 사례의 특징은 전문가 중심의 조정위원회가 독립적으로 구성된 것이 아니라 주민대표, 보건복지부, 광진구청 및 구의회, 서울국립병원 관계자 등 21명으로 구성되었으며, 이들의 합의가 조정안으로 채택되었다는 점이다. 즉 조정위원회의 조정안에 대한 주민 동의에 의하여 대안의 채택 여부를 결정하였다. 그리고 주민들의 동의 확보를 위해서도 세 가지 여론조사

방식, 즉 주민설명회, 주민 참여형 여론조사, 정보 제공형 여론조사를 실시하여 전체 주민의 의견이 충분히 반영되도록 하였고, 이를 통해 주민의 수용성 확보 및 갈등의 재발 가능성을 차단하였다.

국립서울대병원 이전 갈등의 성공적 조정 요인으로는 첫째, 조정팀에 전문가뿐만 아니라 주민들을 포함함으로써 양측 당사자의 신뢰를 확보하였다는 점이다. 둘째, 정보 제공형 여론조사뿐만 아니라 공론조사를 실시함으로써 전체 주민들의 의견이 충분히 반영되도록 하였다는 점이다. 셋째, 주민들의 실질적인 이해관계를 반영한 조정안을 도출하지는 못하였을지라도 이를 담보하기 위한 절차를 마련하였다는 점이다.

제3절 제3자의 활용 전략

당사자간 자율적·주도적 협상을 통해 갈등 해결이 어려운 상황에서는 제3자의 조정과 중재가 갈등의 상생 해결을 위한 계기와 대안을 제공할 수 있다. 이 경우 당사자 모두로부터 신뢰를 받는 제3자(사람과 단체)를 찾는 것이 중요하다. 이러한 점에서 조정자 또는 중재자로서의 제3자가 갖추어야 할 자격 요건을 살펴볼 필요가 있다. 이러한 자격 요건은 적합한 조정자나 중재자를 모색할 때뿐만 아니라 실제로 조정자나 중재자로 선정된 사람들이 역할을 수행할 때도 고려해야 할 사항이다. 크롤리(Crawley)는 조정자가 갖춰야 할 자질로 11가지를 들고 있지만[5] 여기서는 크게 협상에 관한 전문지식, 중립적 자세, 공정성의 확보, 그리고 창조적 대안 제시능력을 제시하고자 한다.

5 Crawley(1995)는 조정자의 덕목으로 불편부당, 좋은 경청자, 신뢰의 창출, 설득과 제안의 기술, 창의력과 문제해결, 상호작용의 관리, 자아 인식, 유연성, 균형, 상황과 사람의 이해, 전문가 정신을 들고 있다.

1. 협상에 관한 전문지식

제3자의 활용에 있어서는 협상에 관한 전문지식의 보유 여부를 우선적으로 고려해야 한다. 조정자나 중재자 등의 제3자가 갖추어야 할 가장 중요한 자질은 협상에 관한 전문성이기 때문이다. 전문성(expertise)은 어떤 영역에서 보통 사람이 가질 수 있는 수준 이상의 지식과 경험을 보이는 특성이다. 조정자와 중재자는 갈등과 협상에 관한 지식, 특히 상생 협상에 관한 관점과 마인드를 가지고 있어야 한다. 상생 협상의 핵심 내용인 이해관계 협상, 이슈 중심 협상, 객관적 기준, 창조적 대안, 협상 전략, 배트나(차선책) 등에 대한 숙지는 협상의 당사자뿐만 아니라 조정자나 중재자에게도 그대로 적용되는 사항이다. 조정자 또는 중재자는 당사자들이 상생 협상을 전개하지 못할 때 제3자로서 도와주고 촉진하는 역할을 해야 하기 때문에 상생 협상에 관한 전문지식을 가지고 있어야 한다.

협상에 관한 전문지식을 가진 대상으로는 첫째, 협상에 관한 전문지식을 갖춘 개인을 들 수 있다. 여기에는 대학교수, 변호사, 전직 공무원, 연구자 등이 포함된다. 둘째, 협상에 관한 전문지식을 가진 연구기관이나 관련 단체들이다. 법인격을 지닌 전문 연구기관으로는 한국행정연구원과 한국지방행정연구원 등 국책 연구기관과 대학부설 연구소가 있고, 위원회 조직으로는 국민대통합위원회, 중앙분쟁조정위원회, 소비자보호위원회 등이 있으며, 그리고 관련 단체로는 경제정의실천시민연합 등의 시민단체가 있다. 셋째, 정부기관이다. 중앙행정기관과 시·도 등은 법률에 의해 공식적인 조정자의 지위를 가진다. 시·도는 기초지자체간 갈등이나 기초지자체와 주민간 갈등의 조정에서, 중앙행정기관은 시·도간 갈등의 조정에서 축적된 전문성과 노하우를 보유하고 있다.

2. 중립적인 자세

제3자의 활용에 있어서 중립적 자세의 견지 여부도 매우 중요한 고려

요소이다. 조정자나 중재자는 전문성뿐만 아니라 중립성을 유지할 수 있어야 하기 때문이다. 중립성(neutrality)은 불편부당성과 주관적 가치로부터의 초연함을 포함한다. 불편부당성은 당사자 중 어느 편에도 치우치지 않고 공정하게 처신하는 것이다. 주관적 가치로부터의 초연성은 제3자의 가치관을 당사자들에게 강요하지 않는 특성을 의미한다. 불편부당성의 견지 여부를 판단하기 위해서는 제3자가 어느 한쪽 당사자와 학연·지연·혈연 등의 연고를 갖고 있는지 확인해야 한다. 아울러 제3자가 이념이나 성향 면에서 어느 한쪽에 편중되어 있는지도 따져보아야 한다.

주관적 가치로부터의 초연성 여부는 불편부당성에 비해 훨씬 더 판별하기 어렵다. 그에 따라 주관적 가치로부터의 초연성을 간접적으로 판단하기 위하여 제3자의 평소 행태나 성격을 파악하고, 주변의 평판을 청취할 필요가 있다. 제3자는 어느 한쪽에 치우치지 않는 불편부당성뿐만 아니라 자신의 주관적 가치를 강요하지 않는 초연성을 유지해야 한다. 즉 조정자나 중재자는 자신의 가치관으로 당사자의 문제에 개입하려는 절제되지 못한 자세, 자신을 돋보이게 하려는 태도, 그리고 당사자들을 가르치려는 듯한 태도를 경계해야 한다(배길한, 2016: 153). 즉 조정자 또는 중재자는 양쪽의 의견을 골고루 들어야 하고, 자신의 주관적 가치를 강조하거나 과도하게 투입하지 않아야 한다.

제3자가 협상에 관한 전문성을 보유하고 있더라도 중립성을 의심 받는 경우에는 조정자나 중재자로 역할하기 어렵다. 앞서 언급한 정부위원회나 중앙부처 그리고 전직 공무원 등은 정부-주민간 갈등에서는 정부에 대해 우호적인 존재로 인식될 수 있다. 대학교수나 연구원의 경우에도 그동안의 이념 성향과 정책 태도를 고려하여 특정 당사자에의 편향 가능성을 따져보아야 한다. 시민단체의 경우에도 독립적 NGO도 있고 정부로부터 재정 지원을 받는 단체도 있기 때문에 일률적으로 중립성이 확보되었다고 보기 어렵다. 따라서 중립성을 확보하기 위하여 한 사람이 아닌 복수의 사람을 활용하기도 한다. 또한 당사자와 제3자를 포함한 조정위원회에서 조정안을 제시하는 방식으로 갈등을 해결하기도 한다.

3. 공정성의 확보

제3자의 자질 중 공정성의 확보 여부도 중요하다. 상충되는 이해관계의 성공적 조정을 위해서는 협상에 관한 전문지식과 중립적 자세뿐만 아니라 공정성도 필요하다. 공정성(fairness)은 평등성과 형평성을 포함하는 개념이다. 평등성은 협상 과정에서 의견 투입의 균등한 기회 보장을 의미하고, 형평성은 정의의 기준에 맞는 이득의 분배를 보장하는 것이다. 따라서 어느 한쪽에 치우치지 않고 주관적 가치를 강요하지 않는 중립성은 공정성을 위한 필요조건이지만 충분조건은 되지 못한다. 공정성을 확보하기 위해서는 중립성뿐만 아니라 협상 지식, 전략적 사고, 의사소통 능력, 그리고 리더십 등을 갖추어야 할 것이다.

공정성을 확보하기 위해서는 우선 협상 과정에서 양쪽의 의견이 골고루 반영되도록 해야 한다. 어느 한쪽의 의견·주장·이해관계가 지배하도록 해서는 안 된다. 그 다음 협상 결과의 공정성을 확보해야 한다. 즉 이득의 분배가 정의의 기준에 부합되도록 해야 한다는 것이다. 정의 기준이란 동일 희생, 초과동일원칙, 동일 양보 등의 기준을 의미한다. 조정자 또는 중재자로 선정된 사람은 공정성에 기초하여 협상에 개입하여야 하지만, 제3자의 모색에 있어서는 공정성을 갖춘 사람을 찾기 어렵다. 따라서 제3자의 전문성, 성격, 리더십, 과거의 성과 등을 바탕으로 공정성을 갖춘 사람 또는 단체인지의 여부를 판별해야 한다.

협상에 관한 전문지식과 전략적 사고를 갖춘 사람은 협상 과정과 결과의 공정성을 확보할 가능성이 높다. 또한 평소의 성격이 편파적인 것으로 알려진 사람이나 단체는 협상의 공정성을 담보하기 어려울 것이다. 민주적인 리더십을 가진 사람은 독단적 리더십 소유자에 비하여 협상 과정의 공정성을 확보할 가능성이 높을 것이다. 과거의 조정 결과는 공정성을 알려주는 가장 직접적인 지표이다. 예를 들어, 한약 조제권 분쟁에서 경실련이 중재자 역할을 수행한 사례나, 신화리 주민 이주에 관한 갈등에서 국민대통합위원회가 조정자 역할을 한 사례 등은 공정성을 확인할 수 있는 하나의 증거

자료가 될 수 있다.

4. 창조적 대안 제시 능력

제3자의 자질 중 마지막이지만 매우 중요한 요소는 창조적 대안 제시 능력이다. 상생 협상의 완성이 창조적 대안 제시에 있듯이 제3자의 창의성은 매우 중요한 요소이다. 창의성(creativity)은 새롭고 독창적이고 유용한 것을 만들어내는 능력이며, 전통적 사고방식에서 탈피하여 새로운 관계를 창출하거나 비일상적인 아이디어를 산출하는 능력이다. 제3자가 협상에 관한 전문지식을 갖추고 있다고 해도 양측의 이해관계를 만족시키는 새로운 대안을 제시할 수 없다면 갈등의 상생 해결에 기여하기 어렵다. 따라서 제3자는 새로운 지식과 대안을 창안해낼 수 있는 능력을 갖추어야 한다. 이는 단순히 새로운 것을 창안해내는 능력이 아니라 당사자의 이해관계를 적절히 반영한 상생의 대안을 창안해내는 능력이다.

제3자의 창의성은 전문성·중립성·공정성 등이 전제될 때 발현될 수 있다. 이집트-이스라엘 협상에서 조정자인 밴스(Cyrus Vance) 장관은 전문성·중립성·공정성을 바탕으로 양국의 요구 이면에 숨어 있는 근본적인 관심사인 이해관계를 파악한 후 '시나이 반도의 중립지대화'라는 상생의 대안을 제시할 수 있었다. 경실련도 중립성과 공정성을 바탕으로 약사회와 한의사회의 이해관계, 즉 양측의 주장 기저에 깔려 있는 관심사를 파악한 후 한약사 제도라는 새로운 상생 대안을 창안하여 갈등 해결에 기여하였다. 신화리 주민 갈등에서 국민대통합위원회도 중립성과 전문성에 기초하여 산업부와 주민들의 이해관계를 면밀히 분석하고 이를 만족시킬 수 있는 새로운 대안을 창안할 수 있었던 것이다. 요컨대, 제3자의 창조적 대안 제시 능력은 갈등의 상생 해결을 완성하는 핵심 요소라고 할 수 있다.

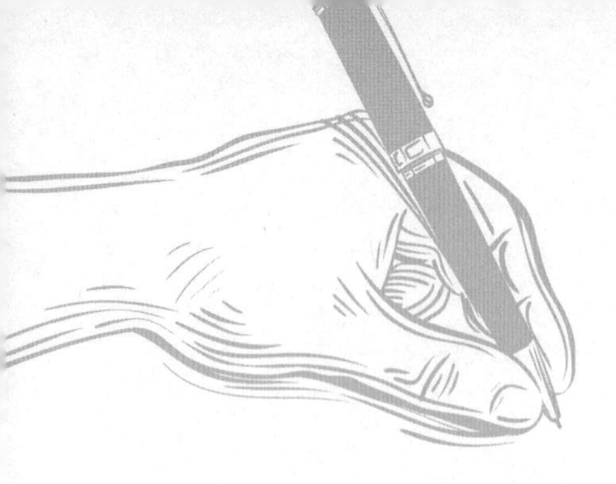

참고문헌

국내문헌

강민아·장지호(2007), 정책결정과정의 프레이밍에 대한 담론 분석: 방사성폐기물 처리장 입지 선정과정을 중심으로, 「한국행정학보」, 41(2): 23-45.

고전연구실(2001), 「신편 고려사 8: 열전 1」, 서울: 신서원.

군사논단 편집실(1997), 「손자」병법 속의 전략사상, 「군사논단」, 10(봄호): 205-216.

김관옥(2009), 국제협상에서의 국내적 제약의 역할: 한미 쇠고기무역협상의 양면게임적 분석, 「국제정치연구」, 12(1): 23-49.

김관옥(2000), 국제협력의 과정과 결과 결정요인 연구: 미일 자동차협상사례를 중심으로, 「국제정치논총」, 40(1): 5-34.

김광구·이선우(2011), 조정기제를 이용한 갈등해소 –국립서울병원 사례를 중심으로–, 「한국지방자치학회보」, 23(1): 1-25.

김기홍(2004), 「서희, 협상을 말하다」, 서울: 새로운 제안.

김 렬(1995), 자치시대의 환경정책: 참여와 협상을 통한 규칙제정, 「한국행정학보」, 29(4): 1153-1170

김무규(2012), 소통을 위한 성찰: 체계이론의 관점으로 살펴본 성찰적 커뮤니케이션 이론 연구, 「한국언론정보학보」, 58: 178-200.

김상구(2002), 협상의 영향요인에 관한 연구: 환경기초시설 입지갈등을 중심으로, 「한국행정학보」, 36(2): 63-83.

김성형(2004), 비대칭적 협상 결과에 대한 Win-Set의 결정요인 분석: 북·미간 영변-금창리-대포동 핵·미사일 협상사례를 중심으로, 「현대사회와 행정」, 14(3): 83-109.

김영욱(2015), 「갈등 해소와 대체적 분쟁 해결: 협상, 조정, 중재 그리고 다양한 ADR 접근 방법」, 서울: 이화여자대학교출판부.

김용범·박정훈(2012), 「누가 협상테이블을 지배하는가」, 서울: 대외경제정책연구원.

김인철·최진식(1999), 지방정부간 갈등과 협상에 관한 연구: 대구 위천공단 조성과 부산 낙동강 수질개선 문제를 중심으로, 「한국정책학회보」, 8(3): 99-120.

김정곤(2013), 「글로벌협상론」, 서울: 박영사.

김정수(2004), 한미 투자협정과 스크린쿼트: 양면게임 모델을 응용한 협상 분석, 「국제통상연구」, 9(1): 95-119.

김정순(2008), 행정법상 재판외 분쟁해결법제, 홍준형 편저, 「공공갈등의 관리, 과제와 해법」, 서울: 법문사.

김주원(2014), 효과적 한·중 FTA 체결을 위한 중국의 협상문화와 협상전략에 관한 연구, 「무역상무연구」, 63: 209-244.

김지용(2002), 무역계약협상의 협상성과에 관한 연구, 「무역학회지」, 27(1): 49-66.

김지용(2009), 협상의 상황적 제약이 협상성과에 미치는 영향에 관한 연구: 무역계약 상황을 중심으로, 「통상정보연구」, 11(2): 329-342.

김태기(2001), 노사협상이론의 새로운 영역과 적용: 공공부문을 중심으로, 「노동경제논집」, 24(2): 197-225.

나은영(1995), 문화간 의사소통의 관점에서 본 국제협상, 「한국심리학회지: 문화와 사회문제」, 2(1): 199-226.

나태준(2006), 정책 인식 프레이밍 접근방법에 따른 갈등의 분석: 교육행정정보시스템 도입 사례를 중심으로. 「한국정책과학학회보」, 10(4): 297-325.

남창희·이종성(2004), 오키나와 주일미군 기지조정 정책결정 요인에 대한 연구: 미군, 일본 정부, 지자체, 주민간의 협상과정을 중심으로, 「일본연구논총」, 19: 57-92.

류성렬(1993), 「전략적 사고: 예일대학식 게임이론의 발상」, 서울: 다음세대.

문용갑(2012), 「갈등조정의 심리학」, 서울: 학지사.

박광서·노승혁(2002), 한국과 EU의 조선산업 통상마찰 배경과 협상에 관한 연구, 「무역학회지」, 27(2): 407-428.

박수선(2015), 당사자간 대화를 통한 갈등해결 사례 연구: 울진 신화리 원전 주변지역 갈등조정 과정을 중심으로, 「공존협력연구」, 2(1): 75-107.

박승락(2011), 2단계 게임이론에 의한 우리나라의 한·중 FTA 협상 성공전략,

「통상정보연구」, 13(3): 511-541.
박정훈(2012), 형사절차상에서의 협상과 합의: 형사절차상 협상제도 도입에 관한 고찰, 「형사정책」, 24(3): 69-97.
배길한(2016), 「갈등의 이해와 해결: 조정을 중심으로」, 서울: 박영story.
송종환(2002), 북한 협상행태 연구의 문화적 접근, 「협상연구」, 8(2): 217-252.
심준섭(2013), 수원기지 비상활주로 이전과정에 대한 협상론적 분석, 「협상연구」, 16(1): 101-120.
심준섭·김지수(2010), 갈등 당사자의 프레임과 프레이밍 변화과정 분석: 청주시 화장장 유치 사례. 「행정논총」, 48(4): 229-261.
안세영(2010), 「협상사례중심 글로벌 협상전략」, 서울: 박영사.
안세영(2014), 「NEW 글로벌 협상전략」, 서울: 박영사.
안수경 역(2016), 「오륜서」, 서울: 사과나무.
오영석·고창택·박종희(2012), 「갈등치유론」, 동국대학교 갈등치유연구소.
윤견수(2006), 정부의 결정을 딜레마 상황으로 가게 하는 요인과 그에 대한 대응책에 관한 연구, 「한국행정연구」, 15(1): 71-100.
윤홍근·박상현(2013), 「협상게임: 이론과 실행전략」, 고양: 도서출판 인간사랑.
이달곤(1996), 「협상론 -협상의 과정, 구조, 그리고 전략-」, 서울: 법문사.
이상현·박윤주(2015), 에콰도르-페루 국경 분쟁의 결과와 의미, 「이베로아메리카」, 17(1): 1-26.
이선우·문병기·주재복·정재동(2001), 영월 다목적 댐 건설사업의 협상론적 재해석, 「한국지방자치학회보」, 13(2): 231-252.
이환범(2002), 공공조직의 전략적 관리 및 기획에 관한 논의, 「행정논총」, 40(1): 23-43.
장영두(2001), 협상에 기초한 지방정부와 주민간의 대안적 환경분쟁해결방안, 「한국행정논집」, 13(3): 693-718.
장훈철·황경수(2011), 지방자치단체장의 협상리더십에 관한 연구: Two-Level 이론을 응용한 제주해군기지 설치협상 분석을 중심으로, 「제주도연구」, 35: 237-278.
전성철·최철규(2015), 「협상의 10계명: 상대의 마음을 움직이는 설득의 기술」, 서울: IGM세계경영연구원.
정정화(2012), 조정을 통한 공공갈등해결의 영향요인 -한탄강댐과 국립서울병원 사례 비교분석-, 「한국사회와 행정연구」, 23(2): 1-24.

정주용(2004), 성공적 갈등해결 전략으로써 협상의 성공요인: 환경기초시설 빅딜 사례를 중심으로, 「정부학연구」, 10(1): 193-240.

정현숙(2002), 커뮤니케이션 관점에서 고찰해 본 한국적 협상 커뮤니케이션의 스타일과 문제점: 사회구성주의모델을 중심으로, 「스피치와 커뮤니케이션」, 1: 252-275.

정희섭 역(2013), 「협상론: 원칙과 테크닉」, 서울: 맥그로힐 에듀케이션코리아(주).

조남신·김승철·정용준(2004), 한국기업의 국제거래 협상에 관한 질적 연구: 이문화간 협상사례의 문화기술지적 접근, 「협상연구」, 10(1): 3-35.

조정곤(2013), 「글로벌협상론」, 서울: 박영사.

지속가능발전위원회(2005), 「공공갈등관리의 이론과 기법(하)」, 서울: 논형.

최인철(2017), 「프레임: 나를 바꾸는 심리학의 지혜」, 서울: 21세기북스.

최철규·김한솔(2015), 「협상은 감정이다」, 서울: 샘앤파커스.

하용출(2005), 보건정책결정과정에서의 국가의 역할: 1993년 한약 조제권 분쟁을 중심으로, 「한국정치연구」, 14(2): 33-68.

하혜수(2003), 지방정부간 분쟁조정과정에 관한 협상론적 분석, 「한국행정학보」, 37(1): 205-224.

하혜수·이달곤·정홍상(2014), 지방정부간 윈윈협상을 위한 모형의 개발과 적용에 관한 연구, 「한국행정학보」, 48(4): 295-318.

한강수계 5개시도 합동(1999), 한강수계 상수원 수질개선대책의 효율적 추진방안, 한강수계 5개시도 연구원 워크숍자료.

한영위·박호환(2006), 협상자의 개인특성과 설득력, 협상이슈의 명료성이 협상성과에 미치는 영향, 「대한경영학회지」, 19(2): 601-622.

한완상·박태일(2007), 「협상테이블의 핵심전략」, 서울: 현대경제연구원.

환경부(1999), 물이용부담금 부과방안, 7.1.

홍석수·이재석·정태윤(2010), 양면게임이론을 활용한 절충교역협상의 영향요인 연구, 「한국방위산업학회지」, 17(2): 174-199.

황상민(1995), 한국의 협상 마인드, 「한국심리학회지: 문화 및 사회문제」, 2(1): 155-175.

서울신문(2014), 대구 취수원 이전 '물꼬', 3.13.

외국문헌

Asah, S.T., D.N. Bengston, K. Wendt, and K.C. Nelson(2012), Diagnostic Reframing of Intractable Environmental Problems: Case of a Contested Multiparty Public Land-Use Conflict, *Journal of Environmental Management*, 108: 108-119.

Atran, Scott and R. Axelrod(2008), Reframing Sacred Values, *Negotiation Journal*, 24(3): 221-246.

Axelrod, Robert(1984), *The Evolution of Cooperation*, Cambridge: Basic Books.

Bazerman, Max A. and Margaret A. Neale(1992), *Negotiating Rationally*, New York: The Free Press.

Child, John and Faulkner, David(1998), *Strategies of Co-operation: Managing Alliances, Networks, and Joint Ventures*, Oxford: Oxford University Press.

Chong, Dennis and James N. Druckman(2007), Framing Theory, *Annual Review of Political Science*, 10: 103-126.

Cohen, Herb(1982), *You Can Negotiate Anything: The World's Best Negotiator Tells You How to Get What You Want*, New York: Bantam House.

Crawley, John(1999), *Constructive Conflict Management: Managing to Make a Difference*, London: Nicholas Brealey Publishing Ltd.

Dana, Daniel(2001), *Conflict Resolution: Mediation Tools for Everyday Worklife*, New York: McGraw-Hill.

Desrosiers, Marie-Eve(2012), Reframing Frame Analysis: Key Contributions to Conflict Studies, *Ethnopolitics*, 11(1): 1-23.

Daugherty, James(2016), *Negotiation, An Ex-SPY's Guide to Master the Psychological Tricks & Talking Tools to Become an Expert Negotiator in Any Situation*, San Bernardino.

Dawson, Roger(2011), *Secrets of Power Negotiating*, NJ, Pompton Plains: Career Press.

Diamond, Stuart, *Getting More*, 김태훈 역(2016), 「어떻게 원하는 것을 얻을 것인가」, 서울: 도서출판 세계사.

Dixit, Avinash and Barry Nalebuff(1991), *Thinking Strategically*, W.W.Norton & Company, Inc.

Dixit, Avinash and Barry Nalebuff, *Thinking Strategically*, 류성렬 옮김(1993), 「전략적 사고」, 서울: 다음세대.

Druckman, James N.(2001), On the Limits of Framing Effects: Who Can Frame?, *The Journal of Politics*, 63(4): 1041-1066.

Entman, Robert M.(1993), Framing: Towards Clarification of a Fractured Paradigm, *Journal of Communication*, 43(4): 51-58.

Fisher, Roger and William Ury(1991), *Getting to Yes: Negotiating Agreement Without Giving In*, New York: Penguin Books.

Fisher, R., W. Ury, and B. Patton(1991), *Getting to Yes: Negotiating Agreement without Giving In*, New York: Penguin Books.

Fisher, R., W. Ury, and B. Patton, *Getting to Yes*, 박영환·이성대 옮김(2016), 「Yes를 이끌어내는 협상법」, 성남: 도서출판 장락.

Fisher, Roger and Daniel Shapiro(2005), *Beyond Reason: Using Emotions as You Negotiate*, London: Penguin Books.

Friman, Richard H.(1993), Side-Payments versus Security Cards: Domestic Bargaining Tactics in International Economic Negotiations, *International Organization*, 47(3): 387-410.

Goleman, Daniel(1997), *Emotional Intelligence: Why It Can Matter More Than IQ*, New York: Bantam Books.

Goodman, Bryan(2015), *Everything is Negotiable: Stories, Strategies and Tips on Negotiation*, Middletown.

Gray, B.(1977), Framing and Reframing of Intractable Environmental Disputes, *Research on Negotiation in Organizations*, 6: 163-188.

Gray, B. and A. Donnellon(1989), *An Interactive Theory of Reframing in Negotiation*, Pennsylvania Univ. Press.

Harvard Business School(2003), *Harvard Business Essentials: Negotiation*, Boston: HBS Press.

Hunt, R. Reed(1995), The Subtlety of Distinctivess: What von Restorff Really Did, *Psychonomic Bulletin & Review*, 2(1): 105-112.

Jennings, N. R., S. Parsons, P. Noriega, C. Sierra(1998), On Argumentation-Based Negotiation, In Proceedings of the International Workshop

on Multi-Agent Systems.
Kahneman, D. and A. Tversky(1984), Choice, Values, and Frames, *American Psychologist*, 39: 341-350.
Kaufman, S., M. Elliott, and D. Shmueli(2003), *Frames, Framing and Reframing, Beyond Intractability*, CO.: Univ. of Colorado.
Kaufman, S, and J. Smith(1999), Framing and Reframing in Land Use Change Conflict, *Journal of Architectural and Planning Research*, 16(2): 164-180.
Kennedy, Gavin(2012), *Everything is Negotiable: How to Get the Best Deal Every Time*, London: Random House Business Books.
Kennedy, Gavin, *Everything is Negotiable*, 신지선 옮김(2009), 「협상이 즐겁다」, 서울: W미디어.
Latour, B.(1988), The Politics of Explanation: An Alternative, In S. Woolgar(ed.), *Knowledge and Reflexivity*, London: Sage.
Lax, David A. and James K. Sebenius(2006), *3-D Negotiation: Powerful Tools to Change the Game in Your Most Important Deals*, Boston: Harvard Business School Press.
Lax, David A. and James K. Sebenius, *3-D Negotiation*, 선대인·김동진·김성훈·이상민 역(2015), 「당신은 협상을 아는가」, 파주: 웅진지식하우스.
Lewicki, Roy J., David M. Saunders, and John W. Minton(2001). *Essentials of Negotiation*, Boston: McGraw-Hill Irwin.
Lewicki, R.J., B. Gray, & M. Elliot(2003), *Making Sense of Intractable Environment Conflict: Frames and Cases*, Washington. D.C.: Island Press.
Lewis, L.F. & R.S. Spich(1996), Principled Negotiation, Evolutionary System Design, and Group Support System: A Suggested Integration of Three Approaches to Improving Negotiations, Proceedings of 29th Annual Hawii International Conference on System Sciences.
Malhotra, Deepak(2016), *Negotiating the Impossible: How to Break Deadlocks and Resolve Ugly Conflicts*, Oakland: Berrett-Koehler Publishers, Inc.
Malhotra, Deepak, *Negotiating the Impossible: How to Break Deadlocks and Resolve Ugly Conflicts*, 오지연 역(2017), 「빈손으로 협상하라」, 서

울: 미래엔.

Malhotra, Deepak and Max H. Bazerman(2007), *Negotiation Genius: How to Overcome Obstacles and Achieve Brilliant Results at the Bargaining Table and Beyond*, New York: Bantam Books.

Malhotra, Deepak and Max H. Bazerman, *Negotiation Genius*, 안진환 역(2008), 「협상 천재」, 파주: 웅진지식하우스.

Mayer, Bernard(2000), *The Dynamics of Conflict Resolution*, San Francisco: Jossey-Bass Inc., Publishers.

Meyer, J.W. and B. Rowan(1977), Institutional Organizations: Formal Structures as Myth and Ceremony, *American Journal of Sociology*, 83(2): 340-363.

Miall, Hugh, Oliver Ramsbotham, and Tom Woodhouse(1999), *Contemporary Conflict Resolution*, Cambridge: Polity Press.

Mnookin, Robert H., Scott R. Peppet, and Andrew S. Tulumello(2000), *Beyond Winning: Negotiating to Create Value in Deals and Disputes*, Cambridge: The Belknap Press of Harvard University Press.

Moran, R. and P. Harris(1999), *Managing Cultural Differences: Leadership Strategies for A New World of Business*, Houston: Gulf Professional Publishing.

Moravcsik, Andrew(1993), Introduction: Integrating International and Domestic Theories of International Bargaining, Peter B. Evans, Harold K. Jacobson, and Robert D. Putnam(eds.), *Double-Edged Diplomacy: International Bargaining and Domestic Politics*, Berkeley, CA.: Univ. of California Press.

Nierenberg, Gerard(1973), *Fundamentals of Negotiating*, New York: Hawthorn Books.

Pasquier, P., R. Hollands, I. Rahwan, F. Dignum, L. Sonenberg(2011), An Empirical Study of Interest-Based Negotiation, *Auton Agent Multi-Agent System*, 22: 249-288.

Poter, Michael E.(1996), What is Strategy?, *Harvard Business Review*, November-December: 61-78.

Pruitt, Dean G. and Peter J. Carnevale(1995), *Negotiation in Social Conflict*, Buckingham: Open University Press.

Putnam, Linda L.(2010), Communication as Changing the Negotiation Game, *Journal of Applied Communication Research*, 38(4): 325-335.

Putnam, L.L. & M. Holmer(1992), Framing, Reframing and Issue Development, L.L. Putnam & M.E. Roloff(eds.), *Communication and Negotiation*, Newbury Park, CA: Sage.

Putnam, L.L. & M.E. Roloff(eds.), *Communication and Negotiation*, Newbury Park, CA: Sage.

Putnam, Robert D.(1993), Diplomacy and Domestic Politics: The Logic of Two-Level Games, Peter B. Evans, Harold K. Jacobson, and Robert D. Putnam(eds.), *Double-Edged Diplomacy: International Bargaining and Domestic Politics*, Berkeley, CA: Univ. of California Press.

Raiffa, Howard(1985), *The Art and Science of Negotiation*, Cambridge, MA: Harvard University Press.

Schellenberg, James A.(1982), *The Science of Conflict*, New York: Oxford University Press.

Schelling, Thomas C.(1980), *The Strategy of Conflict*, Cambridge: Havard University Press.

Schoonmaker, Alan N.(1989), *Negotiate To Win: Gaining the Psychological Edge*, New Jersey: Prentice Hall.

Schwarz, Roger M.(1994), Ground Rules for Effective Groups, Mararet S. Herrman(ed.), *Resolving Conflict: Strategies for Local Government*, ICMA.

Shell, G. Richard(2006), *Bargaining for Advantage: Negotiation Strategies for Reasonable People*, New York: Penguin Books.

Shell, G. Richard, *Bargaining for Advantage*, 박헌준 역(2006), 「세상을 내 편으로 만드는 협상의 전략」, 서울: 김영사.

Shmuli, D., M. Elliott, and S. Kaufman(2006), Frame Changes and the Management of Intractable Conflicts, *Conflict Resolution Quarterly*, 24(2): 207-218.

Snyder, Jack(1993), East-West Bargaining over Germany: The Search for Synergy in a Two-Level Game, Peter B. Evans, Harold K. Jacobson, and Robert D. Putnam(eds.), *Double-Edged Diplomacy: International Bargaining and Domestic Politics*, Berkeley, CA: Univ.

of California Press.

Stanton, Fredrik, *Great Negotiations: Agreement that Changed the Modern World*, 김춘수 옮김(2011), 「위대한 협상: 세계사를 바꾼 8개의 협정」, 서울: 말글빛냄.

Tewksbury, D.A. and D. Scheufele(2009), New Framing Theory and Research, in Bryant, J. and M. Oliver(eds.), *Medea Effect*, New York: Routledge.

Trump, Donald J.(1987), *The Art of the Deal*, New York: Random House.

Tsebelis, George(1999), Veto Players and Law Production in Parliamentary Democracies: An Empirical Analysis, *American Political Science Review*, 93(3): 591-608.

Tversky, A. and D. Kahneman(1981), The Framing of Decisions and the Psychology of Choice, *Science*, 22(4481): 453-458.

Ury, Wiliiam(1993), *Getting Past No: Negotiating Your Way from Confrontation to Cooperation*, New York: Bantam Books.

Ury, William L., Jeanne M. Brett, and Stepen B. Goldberg(1993), *Getting Disputes Resolved: Designing Systems to Cut the Costs of Conflicts*, San Francisco: Jossey-Bass Inc., Publishers.

Voss, Chris(2016), *Never Split the Difference: Negotiating as if Your Life Depended on It*, New York: HarperCollins Publishers.

Wangermann, J.P. & R.F. Stengel(1999), Optimization and Coordination of Multiagent Systems Using Principled Negotiation, *Journal of Guidance, Control, and Dynamics*, 22(1): 43-50.

Wheeler, Michael(2013), *The Art of Negotiation: How to Improvise Agreement in a Chaotic World*, New York: Simon & Schuster.

White, James J.(1984), The Pros and Cons of Getting to Yes, *Journal of Legal Education*, 34: 115-124.

Wilmot, William W. and Joyce L. Hocker(2011), *Interpersonal Conflict*, New York: McGraw Hill.

찾아보기

인명

사항

ㅇ

ㅈ

A-Z

저자소개

하혜수(河慧洙)

- **출생과 학업**: 1961년 4월 5일 경상남도 합천군 용주면 평산리에서 8남매 중 막내로 태어났다. 1976년 용주중학교 졸업 후 2년 늦게 합천고등학교에 입학하고 1981년 경상대학교 행정학과에 진학하였다. 1986년 서울대학교 행정대학원에 입학하여 1989년 석사 학위를 받고 1996년 행정학박사 학위를 취득하였다.
- **주요 경력**: 1996년 경기연구원에 들어가 책임연구원과 연구위원(연구부장)을 역임하였다. 2001년 대학교(상주대학교 행정학과)로 이동한 후 2008년 대학통합으로 경북대학교 교수가 되었다. 2015년부터 2년간 한국지방행정연구원장을 역임하고 현재 경북대학교 행정학부 교수로 재직 중이다.
- **학회 활동**: 2010년부터 2년간 한국정책분석평가학회 편집위원장직을 수행하고, 2009년 서울행정학회 부회장, 2015년 한국정부학회 부회장 및 한국행정학회 부회장을 역임하였으며, 2013년 한국지방자치학회 부회장을 거쳐 2016년 제20대 한국지방자치학회장을 역임하였다.
- **정부 자문 활동**: 2013년 지방자치발전위원회 자문교수, 2013년 및 2016년 입법고시 출제위원, 2014년 국무총리소속 정부업무평가위원회 위원, 2015년 대통령소속 지역발전위원회 위원 및 대구광역시 갈등심의위원회 위원, 2016년 대한민국시도지사협의회 및 전국시장군수구청장협의회 자문위원 등을 역임하고 현재 국무총리소속 정부업무평가위원회 및 국토정책위원회 위원을 맡고 있다.
- **연구 활동**: 주요 저서로 지방정부의 개혁(2000년, 공저), 새 행정학(2005년, 공저), 정부인사혁신론(2007년, 공저), 지방자치론(2012년, 공저) 등이 있고, 주요 논문으로 지방정부간 분쟁조정과정에 관한 협상론적 분석(2003년), 지방정부간 지역갈등 분석틀 설계 및 이의 적용(2014년, 공저), 지방정부간 윈윈협상을 위한 모형의 개발과 적용에 관한 연구(2014년, 공저) 등이 있다.

이달곤(李達坤)

- **출생과 학업**: 1953년 9월 11일 경상남도 창원군 대산면 모산리에서 6남매 중 넷째로 태어났다. 1969년 창원대산중학교 졸업 후 동아고등학교에 입학하고 1972년 서울대학교 공업교육학과에 진학하였다. 1977년 서울대학교 행정대학원에 입학하여 석사 학위를 받고 1987년 미국 Harvard University에서 박사 학위를 취득하였다.
- **주요 경력**: 1988년 서울대학교 행정대학원에 부임하여 조교수, 부교수, 정교수를 거쳐 2005년 대학원장을 역임하였다. 2008년 제18대 한나라당 비례대표 국회의원, 2009년 행정안전부 장관, 2012년 대통령비서실 정무수석 등의 공직을 수행하고 현재 가천대학교 법과대학 교수로 재직 중이다.
- **학회 활동**: 1995년 한국행정학회 연구위원장을 거쳐 2007년 제42대 한국행정학회장을 역임하였다. 1993년 한국정치학회 상임이사, 1994년 한국정책학회 총무위원장, 2000년 한국협상학회 회장 등을 역임하였다.
- **정부 자문 활동**: 1989년 21세기위원회 위원, 1995년 서울특별시 분쟁조정위원회 위원, 1999년 국무총리소속 행정협의조정위원회 위원 및 중앙권한의 지방이양추진위원회 위원, 2004년 국무총리실 정책평가위원회 위원, 2011년 지방행정체제개편위원회 위원 등을 역임하고 현재 2018창원세계사격선수권대회 조직위원장을 맡고 있다.
- **연구 활동**: 주요 저서로 노사협상전략(1990년), 협상론(1995년), 지방정부론(2004년), 지방자치론(2012년, 공저) 등이 있고, 주요 논문으로 중앙정부와 지방자치단체간의 갈등관리에 관한 연구(1992년), 환경갈등관리 – 입지정책 사례를 중심으로(1993년), 한국 공공갈등의 발생과 해결(2007년, 공저), 다차원 분석모형에 기초한 지방자치단체 자율통합 정책과정 분석(2011년) 등이 있다.

수정판
협상의 미학 –상생 협상의 이론과 적용–

초판발행 2019년 6월 14일

공저자 하혜수 · 이달곤
펴낸이 안종만 · 안상준

편 집 김효선

기획/마케팅 장규식
표지디자인 권효진
제 작 우인도 · 고철민

펴낸곳 (주) 박영사
서울특별시 종로구 새문안로3길 36, 1601
등록 1959. 3. 11. 제300-1959-1호(倫)
전 화 02)733-6771
f a x 02)736-4818
e-mail pys@pybook.co.kr
homepage www.pybook.co.kr
ISBN 979-11-303-0784-8 93350

정 가 23,000원